ZU DIESEM BUCH

In Detlef Bernhard Linkes Buch geht es um künstlerische Kreativität und das kreative Gehirn. Wie erzeugen Nervenzellen Bilder aus elektrischen Signalen? Wie arbeiten dabei linke und rechte Gehirnhälfte zusammen? Sind Linkshänder kreativer als Rechtshänder? Und worin unterscheiden sich die Bilder, die ein Künstler hervorbringt, von den uns allen vertrauten visuellen Wahrnehmungen und Vorstellungen, jenem Film, der unablässig in uns abläuft? Wie kommt es zu Wahrnehmungsverzerrungen und optischen Illusionen, etwa bei Schädigungen des Gehirns oder künstlerischem Schaffen? Ist Genialität eine Hirnstörung? Wie entstehen in der visuellen Welt des Künstlers neue Bilder – Bilder, die noch nie zuvor jemand gesehen hat?

DER AUTOR

Detlef Bernhard Linke, geboren 1945, studierte Medizin, Philosophie und Kommunikationsforschung. Seit 1982 Professor für Klinische Neurophysiologie und Neurochirurgische Rehabilitation an der Universität Bonn. Außerdem Professor für Philosophie der Naturwissenschaften an der Hochschule Weilheim-Bierbronnen, Vizepräsident der Society for the Philosophical Study of Genocide and the Holocaust. Mitglied des neurowissenschaftlichen Beirats des New York Psychoanalytic Institute. 1998 Lehrauftrag an der Staatlichen Kunstakademie Düsseldorf.

DETLEF B. LINKE

KUNST UND GEHIRN
DIE EROBERUNG DES UNSICHTBAREN

ROWOHLT TASCHENBUCH VERLAG

RORORO SCIENCE

Originalausgabe
Veröffentlicht im Rowohlt Taschenbuch Verlag GmbH,
Reinbek bei Hamburg, Mai 2001
Copyright © 2001 by Rowohlt Taschenbuch Verlag GmbH,
Reinbek bei Hamburg
Redaktion Imke Hoffmann
Fachliche Beratung der Reihe Eva Ruhnau,
Humanwissenschaftliches Zentrum,
Ludwig Maximilians-Universität München
Alle deutschen Rechte vorbehalten
Umschlaggestaltung any.way, Barbara Hanke
Innengestaltung Daniel Sauthoff, Hamburg
Satz Plantin und Interstate PostScript auf QuarkXPress 4.0
Gesamtherstellung Clausen & Bosse, Leck
Printed in Germany
ISBN 3 499 60258 X

Die Schreibweise entspricht den Regeln
der neuen Rechtschreibung.

INHALT

EINLEITUNG: DER HALBZOMBIE SEITE 11

WIE NICHT SEHEN SEITE 19

Die Ontologie der Verhüllung SEITE 19
Der letzte Mensch blinzelt oder: Das Gehirn als Organ
    der Nichtwahrnehmung SEITE 24
Die Träne SEITE 27
Die großen Augen und der Blick SEITE 31
Mit dem Kopfnicker lächeln SEITE 38
Das erfolgreichste Bild: Die Kunst malt ihr Grabmal SEITE 43
Die Künstler malen seit 200 Jahren gegen Hegel SEITE 48
Die Kunst des Köpfens SEITE 60
Wirklichkeit: Taumel des Begehrens und technologische Fertigung SEITE 66
Van Goghs Brücke und die Abbildung der Simulakren SEITE 73
Die Wirklichkeit der Malerei und die Erzeugung der Welt SEITE 78
Buddhas Gehirn SEITE 85
Das Antlitz der vollendeten Kunst SEITE 89
Der Halbzombie in der Wissensgesellschaft SEITE 93
Das Bilderverbot bedeutet nicht Blendung des Ödipus SEITE 95
Bilderverbot - Gesetz - Fülle der Bilder SEITE 99

VAN GOGH UND DIE FARBE GELB   SEITE 105

Farbe und Sinnlichkeit   SEITE 105
Van Gogh: Das Erscheinen hat die Farbe Gelb   SEITE 117
Imagery und Metabilder   SEITE 125
Kreativität: Das Stirnhirn als Organ des Künstlers   SEITE 129
Die Strandfete   SEITE 133
Alles Theater!   SEITE 138
Distanz zu den Visionen   SEITE 142
Flaubert und die Visionen   SEITE 148
Mason und Dixon   SEITE 151

LEONARDOS HIRN   SEITE 155

Leonardos Hirn   SEITE 155
Hemisphärendominanz bei Künstlern   SEITE 162
Das Rechts und Links im Bilde: Klärung durch das Stirnhirn   SEITE 173
Die Vertikale   SEITE 184
Ein Gedächtnis für Bilder   SEITE 191

NEURONALE ÄSTHETIK DER MEDIEN   SEITE 195

«JEDES TIER IST EINE KÜNSTLERIN»   SEITE 207

Bilder vom Menschen: Ist der Mensch ein Verstoß gegen
    die Menschenwürde?   SEITE 207
«Jedes Tier ist eine Künstlerin»   SEITE 210

DIE ZUKUNFT DER KUNST SEITE 215

Vollendung der Kunst in der Transarchitektur? SEITE 215
Die fünfte Kulturepoche SEITE 218
Die Zukunft der Kunst: Dauerbelichtung? SEITE 225

THESEN ZUR KUNST

(Manifest zu Kunst und Gehirn) SEITE 227

Danksagung SEITE 233
Ausgewählte Literatur SEITE 235
Glossar SEITE 250

Für Ingeborg

«Etwa auf Reisen im Wagen, oder nach guter Mahlzeit, beim Spazieren und in der Nacht, wenn ich nicht schlafen kann, da kommen mir die Gedanken stromweis und am besten. Die mir nun gefallen, die behalte ich im Kopf und summe sie wohl auch für mich hin, wie mir andere wenigstens gesagt haben. Halt ich das nun fest, so kömmt mir bald eins nach dem andern bei, wozu ein Brocken zu brauchen wär, um eine Pastete daraus zu machen, nach Kontrapunkt, nach Klang der verschiedenen Instrumente usw. Das erhitzt mir nun die Seele, wenn ich nämlich nicht gestört werde; da wird es immer größer, und ich breite es immer weiter und heller aus, und das Ding wird im Kopf wahrscheinlich fast fertig, wenn es auch lang ist, so daß ich's hernach mit einem Blick gleichsam wie ein schönes Bild oder einen hübschen Menschen im Geist übersehe, und es auch gar nicht nacheinander, wie es hernach kommen muß, in der Einbildung höre, sondern wie gleich alles zusammen. Das ist ein Schmaus! Alles, das Finden und Machen geht in mir nun in einem schönen starken Traum vor. Aber das Überhören, so alles zusammen, ist doch das Beste.»

Wolfgang Amadeus Mozart

EINLEITUNG: DER HALBZOMBIE

Dieses liebt der Mensch noch bis zuletzt, das sind Bilder und Geschichten, sagt Goethe und er hat damit Recht.

Bilder sprechen den Menschen in seinen Erfahrungen an, und manchmal hat man den Eindruck, dass Geschichten und Erzählungen zu nichts anderem dienen, als in der Vorstellung eines Zuhörers ein schönes Bild hervorzurufen. Manch ein Buch lebt davon, dass es im Leser einmal das richtige Bild erzeugt hat. Ist dies geschehen, kann er dem Inhalt über Hunderte von Seiten folgen, vorausgesetzt er hat das Gefühl, er darf wieder zu dem alles erschließenden Bild zurückkehren. Bilder tragen das Bewusstsein über schwierige Zusammenhänge hinweg. Ihr Licht ist Metapher (Bild!) für die Verhältnisse des Denkens und des Geistes selber.

Lange in den Blick der Augen eines abgebildeten Menschen zu schauen, kann helfen, sich selbst gegenüber anderen stärker zu machen. Bilder können eine heilende Kraft haben und therapeutisch wirksam sein. Es ist das Licht, was den Menschen an den Bildern von Malern und an den Bildern der Welt nicht loslassen lassen will. Aber auch das Licht, das in einer intelligenten Geschichte zutage kommt, nimmt uns unter Umständen so gefangen, dass es in unsere Mitte tritt.

Woher kommt dieses Licht, das sich auf unseren Neuronen ausbreiten kann und auf ihnen Platz nimmt, ohne unbedingt durch unsere Augen hineingekrochen zu sein?

Vielleicht steht uns eine Biophysik des Denkens erst noch bevor, die zu zeigen in der Lage ist, dass eine bestimmte Komplexität und Differenziertheit des Empfindens, Nachsinnens, Denkens und Fühlens auf der Erfahrung und Wahrnehmung des Lichts beruht, weil die elektromagnetisch tragenden Prozesse des Denkens, die von den feinen Töpfen der Neuronen ausgehen, eben aufgrund ihrer besonderen und differenzierten Konfiguration im Kopf Lichtwahrnehmung erzeugen. Lichtwahrnehmung wäre demzufolge etwas, was mit bestimmten Frequenzen, Differenzen und Strukturierungen elektromagnetischer Felder verbunden ist. Licht hängt also mit Denken zusammen, weil Denken auf ganz bestimmten Frequenzspektren der Physik beruht, die nur im Nervensystem in dieser Differenziertheit erzeugt werden können. Nebenher verfügt dieses Nervensystem auch noch über ein Wahrnehmungsorgan, das auf Frequenzen der Außenwelt reagiert und dabei besonders stark Lichtempfindungen erzeugt.

Die Geistesgeschichte ist eine Geschichte der Verzückungen über das Licht. Allerdings wurden Lichter nicht nur als Hüter für das «Göttliche» angesehen. Edmund Jabès wies darauf hin, dass auch das Licht Teil der Schöpfung sei, und es ist keine Frage, dass der Versuch, sich nicht von ihm trunken machen lassen zu wollen, zu einer Strukturiertheit der Gedanken führen kann, die dann aber als Bereitschaft für die Erfahrung des Lichts gelten kann.

Nun sind Menschen aber keine Lichtwesen, für die alle ihre Tätigkeiten durchsichtig wären. Wenn wir denken, bleibt für uns ein großer Teil der zugrunde liegenden Prozesse undurchsichtig. Wir wissen nicht, warum wir von einem Gedanken zum anderen wechseln (oder bekommen es erst durch lange Aufmerksamkeit und Analyse heraus). Wir wissen nicht, wie ein Gedanke, der uns in den Sinn kommt, zu Ende gehen wird. Umso mehr versuchen wir, unser Denken am Licht des Bewusstseins zu orientieren. Nach der Psychoanalyse zeigt uns jetzt auch die Hirnforschung, dass die leuchtenden Eiskristalle des Bewusstseins zu mehr als neun Zehnteln im Meer undurchsichtiger Abläufe verborgen sind. Die meisten Handlungen führen wir automatisch durch, ohne über jeden einzelnen Schritt nachdenken zu müssen. Es ist, als ob wir einen Großteil unseres Lebens wie ein Zombie verbringen, der handelt, ohne davon zu wissen.

Manche Philosophen halten das Konzept eines Zombies nicht für plausibel und logisch widersprüchlich. Warum sollte ein Roboter in ein Museum gehen und sich Bilder anschauen, wenn ihm in der zu einfachen oder zu chaotischen Anordnung seiner elektrischen «Verdrahtung» kein Licht aufgeht? Aber auch uns Menschen geht nicht immer ein Licht auf, beispielsweise im Kleinhirn, das über eine besonders gleichmäßige Architektonik verfügt. Offenbar ist das Licht an eine außergewöhnliche Mischung von Ordnung und Unordnung, an eine ganz besondere Stufe von Komplexität des Nervensystems und damit an unsere Anstrengungen selber gebunden.

So wandern dann die Lichtpunkte und Lichtflecken durch unser Hirn und machen deutlich, wie vieles dabei eher im Schatten oder nur leicht getönt bleibt. Mit der «Einsicht», dass der Mensch ein Halbzombie ist, haben wir uns auf dieser Erde noch nicht so richtig arrangiert. Die Folgerungen aus dem zugrunde liegenden Befund sind zum Teil gespenstig: Das lichte Bewusstsein wird als Geist gedeutet, das einem Automaten, also einem Zombie zugeordnet ist. Der Mensch als Mischung von Gespenst und Computer? Die Gehirnforschung sieht sich durchaus mit der Frage nach dem Bewusstsein konfrontiert. Woran liegt es, welche Eigenschaften der Nervenzellen bewirken, dass manche ihrer Tätigkeiten mit der Erfahrung von Bewusstsein und von Helligkeit (oder auch von Dunkelheit!) verbunden sind? Der Streit der Hirnforscher konzentriert sich dabei insbesondere auf die Hirnrinde des Hinterhauptlappens (V1), die für die über die Augen verlaufende Wahrnehmung wichtig ist. Folgt man der These, dass die «Bewusstseinshelle» ein Phänomen der Hirnneuronen ist, dann könnte man zu der Ansicht gelangen, dass der Rückgriff auf die Bilder in V1 nur eine Art Rückgrat des Bewusstseins darstellt, das sich etwas selber vergegenwärtigen will, und dass dieser Rückgriff am besten in den Hirnzentren (eben V1) gelingt, wo die visuelle Wahrnehmung der Außenwelt etabliert ist.

Das Visuelle der steuerbaren Informationsverarbeitung unterzuordnen, ist schon einmal misslungen, als Malewitsch für die sowjetische Propaganda eine allgemeine Bildsprache entwickeln wollte. Das System der Zeichen endete ungewollt im schwarzen Quadrat. Seit-

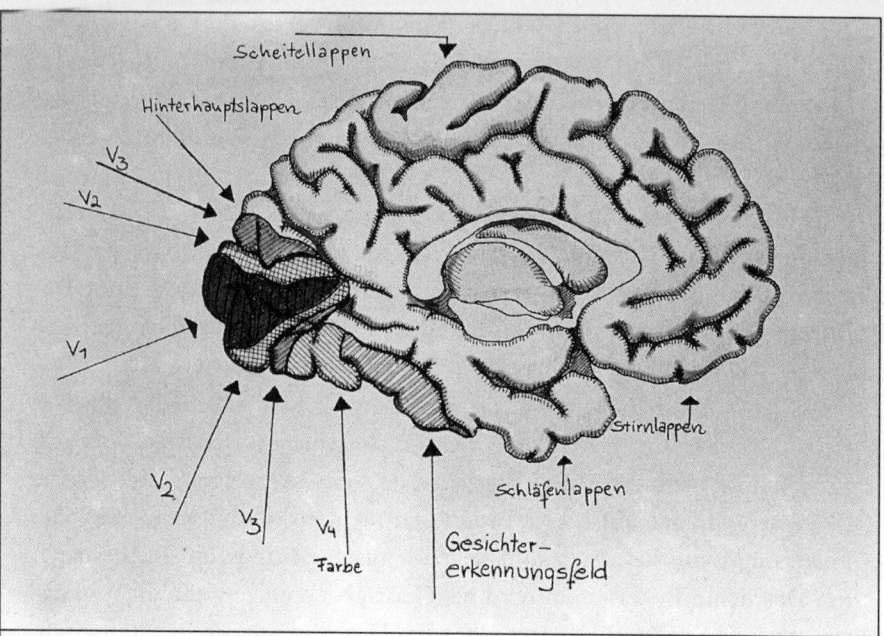

Abb. 1: Sehzentren. Das menschliche Gehirn. Aufsicht auf die linke Hirnhälfte von innen. V1 = primäres Sehareal, V2 = visueller Assoziationscortex, Formwahrnehmung, V3 = weitere Integration, V4 = Farbwahrnehmung, V5 = Zentrum für die Bewegungswahrnehmung, es befindet sich etwas oberhalb von V4, auf der äußeren Hemisphärenseite. (Zeichnung: M. L.)

her sind die Künstler mit der Eroberung des Unsichtbaren und Unnennbaren vorsichtiger geworden. Die Tatsache, dass etwas erscheint, ist das Erstaunliche. Darauf wollen sie mit Verhüllungen aufmerksam machen.

Die Frage nach dem Bild kann auch als Teil der Frage nach dem Menschen verstanden werden. Die Vorstellung des Philosophen Hermann Cohen, dass wir ein Ebenbild Gottes darstellen, in dem Sinne, dass wir kreativer Ursprung von Bildern sind, zwingt den Menschen nicht in ein Bild, sondern macht ihn eben selbst zu deren Ausgangspunkt. Die bildgebenden Verfahren der Medizin vermitteln den Eindruck, an diesen Ursprung heranzureichen und Bilder von der ursprünglichen Tätigkeit des Menschen herzustellen. Bild und Bildlosigkeit überlagern einander hier offenbar, und es könnte sein, dass der Mensch angesichts der Bilder über sich selbst nicht schlecht daran täte, sich an seine Ursprünglichkeit zu erinnern.

Wir können das Verhältnis von Sichtbarkeit und Unsichtbarkeit nicht beherrschen. Das bloße Faktum, dass wir dazu neigen, eine «logische» Zweiteilung der Welt vorzunehmen, darf nicht darüber hinwegtäuschen, dass wir keine absolute Herrschaft über die Grenze zwischen beiden Bereichen ausüben können. Inneres Licht ist kein direkt ansteuerbarer Operator. Hinsichtlich der indirekten Wege, es zu erzeugen, gibt es recht unterschiedliche Lebensentwürfe. Mörikes Satz, «Was aber schön ist, selig scheint es an ihm selbst», besitzt offenbar eine tiefere Zweideutigkeit. Gibt es ein «seliges Scheinen» oder ist es das «Selbst», das selig zu sein scheint? Viele kümmern sich heute um das Selbst, um zumindest Zufriedenheit zu erlangen. Doch wie vermöchten wir das, wenn wir Halbzombies sind, die aus Licht und Dunkelheit und außerdem noch aus einem Jenseits von Licht und Dunkelheit (also aus keinem von beiden) zusammengesetzt sind? Bei der Darstellung des Wissens über das Gehirn hat die Hirnforschung, wenn sie sich auf ein allgemeines Verstehen zurückbeziehen will, mit einem schwierigen Problem zu kämpfen, das sie selbst nicht lösen kann. Die Lösung der Problematik der Selbstabbildung des Gehirns auf das Gehirn des Menschen liegt allerdings auch nicht allein im Fachbereich der Erkenntnistheorie, jedenfalls nicht, wenn sie die Dimensionen der Psychoanalyse und Tiefenpsychologie mit einschließt. Die Selbsterkenntnis des Menschen kann nicht an der Tatsache Halt machen, dass der Mensch im Alltag nur mit anderen zusammenleben kann, wenn er sich nicht völlig erkennt. Das beginnt schon mit der Verdeckung des Körpers, der Kleidung und dem Ereignis der Moden. Die Scham, die sich hier ankündigt, betrifft noch viele weitere Bereiche. Wenn Novalis den Erkenntnisprozess noch als Lüftung eines Schleiers verstand, so muss man heute eher davon ausgehen, dass unter Umständen gerade dies die wahre Gestalt des Menschen nicht zeigt, sondern dass sich kleiden und verbergen ein wesentlicher Teil seiner Erscheinung ist. In diesem Sinne läge Erkenntnis sogar darin, dass man dem Menschen seine Verhüllung wiedergibt.

Es ist nicht schwer, das erkenntnistheoretische Konzept des Entschleierns und Entkleidens «vor die Wand fahren» zu lassen. Am deutlichsten war dies dem Künstler Marcel Duchamp gelungen, als er sogar bei seinen revolutionärsten Kollegen eine Wahrnehmensverweigerung provozierte: Das von ihm für eine Ausstellung eingereichte Urinal wurde vom Kuratorium für die Ausstellung nicht zugelassen.

Nimmt man nicht computerisierte oder formalisierte Wissensdateien in den Blick, sondern die auf Gefühlen auflagernde Erkenntnisstruktur des Menschen, muss man feststellen, dass der Versuch, ein Bild vom Menschen zu erzeugen, diejenigen Momente des Menschen, die der Scham unterworfen werden oder zumindest nicht so gern in den Blick genommen werden, selber bei der Wissensstrukturierung eine Rolle spielen können, indem sie beispielsweise zur Ablehnung bestimmter Wissensformen beitragen. Wie dies im Gehirn erfolgt, ist noch viel zu wenig durchschaut (soll man es überhaupt durchschauen?). Bei der metaphorischen Ausgestaltung von Argumenten können diese Bereiche allerdings eine erhebliche Rolle spielen. In diesem Sinne kann Hegel zumindest thematisch als Vorläufer von Duchamp angesehen werden, wenn er in einer berühmten Passage der Phänomenologie des Geistes das objektivierende Wissen als eine Form des Urinierens (er benutzte einen noch drastischeren Ausdruck) bezeichnet und damit ablehnen will. Für Hegel war dieser Stoffwechselvorgang Grundlage für die Wertung bestimmter Wissensformen. Duchamp provozierte dadurch, dass er die Gestalt des «Ausscheidens» «inkludieren» wollte.

Hegel wandte sich gegen die Lokalisationslehre der Hirnforschung, welche den Geist wie einen Knochenknubbel als aus verhärteten Zentren bestehend deuten wollte. Er bevorzugte das Bild des Wassers, in das keine festen Bilder geschlagen werden können. Damit war er angesichts der Wellentheorien der Hirnfunktion gar nicht so unmodern. Der wechselnde Zusammenhalt der Impulse der Neuronengruppen äußert sich in Schwingungen, die auch bei der Wahrnehmung in der visuellen Hirnrinde eine Rolle spielen. Wahrnehmung erfolgt nicht auf eine statische Fotoplatte, sondern eher auf so etwas wie eine Brandung. So hebt zum Beispiel Amit die Schwingungsnatur von Wahrnehmungsprozessen hervor. Hegel allerdings begnügte sich nicht mit dem Wasser, denn er wollte den absoluten Geist, der sich als Champagner selbst genießt.

Zwischen Knochen, Wasser und Wein wird die Konsistenz des Gehirns nur selten angemessen getroffen. Eher gleicht die Fett-Eiweiß-Masse einem Weichkäse. Aber wer will sich schon auf solch ein Bild einlassen, verzweifelt würde man nach den Luftlöchern für die Psyche, den Hauch der Seele, suchen, wie es die ersten Anatomen taten, die nach der Sektion, wenn beim Zerschneiden des Gehirns das Wasser aus den Hirnkammern floss, in diesen nun mit Luft gefüllten Kammern den Sitz der Seele annahmen. Doch hier konnte kein Atem wohnen, es war der gefangen genommene Hauch, ein Beispiel dafür, wie Bilder die Seele ins Gefängnis stecken können.

Noch wissen wir nicht, wie es uns die elektromagnetischen Geschehnisse, die an den Eiweiß-Fett-Strukturen der Nervenzellmembranen erzeugt werden, gestatten, dass in unserem Kopf ein Licht angezündet wird, das wir dann zumeist als «draußen» erscheinend erfahren.

An dieser Stelle müsste eine experimentelle Hirnforschung versuchen, das Licht des Bewusstseins auszuschalten, ohne das Bewusstsein insgesamt auszuschalten. Ein derartiges Experiment bei einem anderen Menschen durchzuführen, erscheint nicht nur in ethischer Hinsicht problematisch. Vor allem ist völlig unklar, wie man dabei vorgehen sollte. Es müsste also sehr viel ausprobiert werden. Das bedeutet, dass man auf einen Mediziner angewiesen wäre, der im Selbstversuch mit seinem Bewusstsein experimentiert, so wie es der Herzspezialist Werner Forßmann mit dem Herzkatheter 1929 an seinem Herzen gemacht hat (wofür er 1956 den Nobelpreis erhielt). Interessanterweise gibt es bereits viele Künstler, die derartige Experimente vorwegnehmen und im Werk wie im Selbstversuch Fragen der Hirnforschung nach der Beziehung von Erscheinen und Verborgenheit, von Bewusstseinshelle und mitunter auch Unzugänglichkeit des eigenen Handelns aufwerfen oder gar beantworten. Sie könnten Kandidaten für einen Nobelpreis der Medizin sein.

WIE NICHT SEHEN

DIE ONTOLOGIE DER VERHÜLLUNG

Ein Mensch kauft sich in Berlin ein Ticket für eine Zugreise von Wladiwostok nach Berlin, fliegt mit seiner Kamera nach Wladiwostok, setzt sich dort in die Sibirische Eisenbahn und fährt innerhalb von elf Tagen durch die wechselnden Landschaften von Tundra, Steppe, Einöde, prunkvollen grünen Hügeln, unwegsamen Gebirgen durch zwei Kontinente, ohne einen Blick aus dem Fenster zu werfen, denn er hat das Rollo seines Abteils heruntergelassen. Seine Kamera benutzt er, um von den verschiedenen Etappen der Reise Aufnahmen zu machen, allerdings nur von seinen Füßen auf dem Boden des Zugabteils. Er verweigert den Blick in die Landschaft und bringt die Fotos seiner Reise als künstlerisches Produkt zurück in die Bundesrepublik. Der Künstler heißt Jochen Gerz.

Ein anderer Künstler spannt viele Quadratmeter tief roten Nylonstoffs quer durch ein unbewohntes, naturvolles Tal in Kalifornien, so als wollte er einen Paravent durch die Landschaft ziehen. Seine Trennwände oder auch schon einmal überdimensionierten Sonnenschirme durchqueren Gebirgswüsten und Küstenlandschaften. Auch Kleininseln in Florida überspannt er mit monotonen Flächen. Anders als die blauen Vogelnetze der Weinbauern, die über den Reben hängen, haben die ausgespannten Flächen keine andere Funktion als die eines visuellen Abenteuers für den Menschen. Jeanne-Claude und Christo stellen keine Bilder aus, liefern keine Exponate – im Gegenteil: Sie verhüllen den Blick.

Die Verhüllung der Gegenstände betrifft berühmte Bauwerke wie den Pont Neuf, eine Seine-Brücke in Paris, wie auch das Reichstagsgebäude in Berlin. Die Verhüllungen werden für kurze Zeit vollzogen und geben den Blick auf den Gegenstand danach wieder frei. Er erhält dadurch gleichsam ein neues Antlitz, wir gewinnen einen neuen Zugang zu ihm, er war uns entzogen, und wir mussten unseren Geist anstrengen, um ihn uns vorstellen zu können. In der Verhüllung war er uns gegenwärtiger als in seiner alltäglichen Zugänglichkeit. Die verschleierte Wahrheit weckte schon immer das Interesse der Philosophen, nicht selten zogen sie diese der entkleideten Wahrheit vor.

Ein einmal verhülltes Reichstagsgebäude braucht man nicht abzureißen und neu zu errichten, um der Imagination neue Dimensionen zu eröffnen. Eine Verhüllung wirkt wie eine Befreiung von Historie und Wirklichkeit. Sie lässt den Gegenstand paradoxerweise noch präsenter werden, als dies in der unverhüllten Fassung der Fall ist. Wahrnehmung ist entschieden von Interesse, Aufmerksamkeit und Einbildungskraft abhängig. Werden diese nicht geweckt, so kann die Wahrnehmung verkümmern. Die bloße Existenz der Sinnesorgane garantiert nicht, dass ein Gegenstand von unserem Bewusstsein wahrgenommen wird. Die Verhüllung ist daher paradoxerweise ein Mittel der Wahrnehmungsintensivierung.

Die gegenwärtigen Kunsttheorien gehen allerdings vor, als wäre es genau umgekehrt. Interessanterweise laufen ästhetische Theorien zurzeit oft darauf hinaus, Dinge wie Design, Fotos, Filme und Kunstgegenstände danach zu beurteilen, wie zurückhaltend man mit seinen Objekten umgegangen ist. In der Fotoästhetik gilt es als tabu, sich dem Gegenstand unvermittelt zu nähern. Die fotografische Verzerrung, das Verschwindenlassen des Gegenstandes, die schwer entzifferbare Perspektive gelten als Rücksichtnahme gegenüber dem Objekt und als Mittel der Bewahrung der Dinge in ihrer eigenen Würde. Das ist gut so, denn wer will schon die Besonderheit des Kummers in den Mundwinkeln und die Privatheit seiner Freude in den Augenlichtern ausgeleuchtet haben! In diesen ästhetischen Theorien der Zurückhaltung beim Abbilden zeigt sich ein Rest jenes Bilderverbotes, welches zunächst das außerhalb der Schöpfung Liegende, in den vorderasiatischen Kulturen dann aber auch den Menschen selber betraf. In einigen arabischen Ländern, übrigens aber auch weltweit bei Kindern in einem bestimmten Alter findet man noch heute die deutliche Scheu, von einer Kamera abgelichtet zu werden. Wir sollten vor derartigen Zurückhaltungen gegenüber dem Abbilden und Darstellen durchaus Respekt haben und verstehen, weshalb sich ganze Kulturen, statt menschliche Antlitze darzustellen, darauf beschränken, Ornamente und «Arabesken» zu erzeugen.

Das Experimentieren mit Lichtperspektive, Fokussierung usw. stellt aber in der westlichen Kunst, sei es Malerei oder Fotografie oder Film, nicht nur ein partielles Gedenken an das Bilderverbot dar. Zum Teil drückt sich hier die schöpferische Freude des Subjekts aus, da man mit den Elementen und Momenten dieser Welt in einer wilden Kombinationslust neue Gestalten und Formen schaffen kann. In diesem Sinne sind die Verfremdungen und Verdrehungen der Objekte nicht so sehr Ausdruck des Respekts vor ihnen, sondern Durchschlag der Stärke des Subjekts, welches in alte Strukturen völlig neue Bewegungen hineingeben kann. Als ein die Atmung befreiendes Beispiel seien die mit dem Schnellauslöser gemachten Fotos von Heinz und Anna Blume genannt, in denen Waldstücke und Wohnzimmer in völlig neue Verhältnisse zum Menschen gerückt werden, wenn Blumentöpfe und Ehefrauen plötzlich zu schweben anfangen und der Spaziergänger verquer in eine Baumgabelung gerät.

Die Zurückhaltung gegenüber einer präzisen Darstellung des Gegenstandes kann sich also auch in eine mein Tun einbeziehende Übereifrigkeit verwandeln. Möglicherweise ist ein Teil der heute produzierten Bilderflut nicht nur Ausdruck einer inneren Imaginationsebbe, sondern eine von einer ästhetischen Theorie gedeckte Praxis, die sich gern dadurch rechtfertigen lässt, dass sie – salopp gesagt – «die Kamera mal ein bisschen schief hält». Sollte man Bilder nicht besser verbieten, statt mit bloßer Wahrnehmungsverfremdung Idole in die weit reichende Flut zu bauen? Sollte man nicht nur Sibirien, sondern gleich die ganze Welt verdunkeln, um besser über sie nachdenken zu können?

Die fruchtbaren Zonen des Geistes liegen offenbar in den Küstenstrichen zwischen dem Meer der Bilder und der Wüste der Einsamkeit. Die Welt genau abbilden zu wollen würde den Geist zum Gefangenen von Projektionslinien machen. Die Wahrnehmung von Bildern aber schlechthin zu verweigern kann zu der Haltung des Transzendentalphilosophen führen, der die Außenwelt für unerkennbar hält und sich deswegen zum Beispiel gar nicht erst mit dem Gehirn befassen will. Es kann auch zu der Haltung des Kardinals führen, der, als Galileo Galilei auf die Bewegung der Sterne hinwies, sich weigerte, durchs Fernrohr zu schauen. Und es kann zur Weigerung des Industriemenschen führen, Berichten über Hungersnöte eine existentielle Wirklichkeit zuzuordnen.

Es geht längst nicht mehr darum, ob unsere Sinnesorgane die Außenwelt getreu wie eine Fotoplatte abbilden oder ob unser Geist genügend Freiheit beim Entwerfen der Welt besitzt. Wichtiger ist geworden, dass wir uns selber in solche Dispositionen zum Handeln bringen können, dass wir uns auf die Gestaltung der Welt ausrichten können. Hierbei eben müssen wir berücksichtigen, in welch außerordentlichem Maße wir Wesen sind, die mit einem Gehirn ausgestattet sind, das Einbildungskraft, Phantasie, Imaginationsfähigkeit und Visualität zu einer seiner Hauptaufgaben gemacht hat. Achtzig Prozent des Gehirns, so hat man geschätzt, werden für die Analyse von visuellen Informationen herangezogen. Auch die Sprachzentren werden dafür benutzt, und die Sprachverarbeitung selber bedient sich kognitiver Hilfsmittel, die auch auf der Visualität beruhen.

Die Wahrnehmung ist von der Ethik stark geprägt. Man zeigt nicht mit dem nackten Finger auf fremde Leute, man starrt anderen Menschen nicht ohne weiteres studierend in das Gesicht, und es bedarf schon komplexer Werbestrategien, um aus der als Voyeurismus diskreditierten Betrachtung schöner Menschengestalten ein allabendlich in den Wohnzimmern gestattetes Medienereignis zu machen. Die Freudenmuskeln, die den Mund umspielen, werden von den schönen, lachenden Menschen der Werbespots angeregt, und die Seife an der Schulter der Duschenden, das Duftwasser an den Nackenmuskeln des Turmspringers, sie kommen als Botschaft, als Information, und sind durch die Kaufaufforderung der bloßen Blick- und Lustvernutzung entzogen. Nicht ethische Sätze, sondern Markennamen, vom Sprachzentrum absorbiert, durchbrechen das Blickmonopol im Gehirn.

Kaum noch kann man die Reden über Wahrnehmung, Nichtwahrnehmung und Handeln, über Ästhetik, Anästhetik und Ethik, die Vielfalt des Geflechts von Bildern, Szenen, Spots, Worten und Marken, Sprüchen und Sprachen aufzeigen oder gar bewerten. Wenn denn einmal die Ethik der Zurückhaltung gegenüber dem Gegenstand zur Entfaltung kommt, so fordert auch gleich das Gehirn mit seinen vielen evolutionären Möglichkeiten des Bildlichen sein Recht ein. Wird der Reichstag verhüllt, so ist dies nicht einfach eine Nichtwahrnehmung des Gebäudes. Die Nichtbotschaft wird selber zur entscheidenden Information. Die Verhüllung an sich ist das ästhetische Ereignis, nicht der Kaiser, sondern seine Kleider sind entscheidend. Das Subjekt feiert Triumphe, wenn es sich emanzipiert und die Hände der Macht hinter den Handschuhen nicht mehr erkennbar sind. Das Gehirn will sein Recht auf Sehen und macht sich von der Bildlosigkeit ein Bild, und vielleicht ist die Verhüllung die stärkste Ermöglichung: der Freiheit des Wahrnehmenden und der vielfältigen Möglichkeiten des Gegenstandes zugleich. Man sollte jedoch nicht darüber hinwegsehen: Der bilderkritische Geist erlaubt sich den Fetisch als verhüllten.

DER LETZTE MENSCH BLINZELT ODER: DAS GEHIRN ALS ORGAN DER NICHTWAHRNEHMUNG

Der letzte Mensch blinzelt und ist glücklich, sagt Nietzsche. Man kann dies als eine frühe Theorie des Zappens deuten, ist aber dennoch auf die eigentümliche Ausstattung des Sinneskanals Sehen hingewiesen, der anders als die anderen Sinnesorgane eingehende Informationen weitestgehend abblocken kann. Der Organismus ist in der Lage sich selber zu verhüllen, er verfügt über christosche Folien, zumindest wenn es um die Augen geht, die mit dem Lidschlag oder im Schlaf auch auf Dauer vor dem Licht abgeschirmt werden können.

Der Lidschlag ist ein reflektorischer Vorgang, der dem Schutz der Hornhaut dient und Fremdkörper von dieser wegwischt und sie stets neu befeuchtet. Er kann jedoch auch bewusst eingesetzt werden, wenn man jemandem zublinzeln will etwa. Auch auf Dauer werden die Augen geschlossen, bei Müdigkeit fallen sie einem schwer herunter. Der reflektorische Lidschlag funktioniert als Schutzreflex gegen Fremdkörper und kann ein nahendes Insekt oder den Finger oder Kugelschreiber meines Banknachbarn von meinem Auge abwehren. Er wird auch durch starke Lichtreize und akustische Schreckreize ausgelöst. Bei einem Säugling ist er noch Teil eines gleichsam über den ganzen Körper verlaufenden Schreckreflexes. Erst später schränkt sich dieser auf die Lidpartie ein.

Die Verschaltung des Reflexbogens für den Lidschlag erfolgt über das Stammhirn, der vielsynaptische Anteil des Reflexes steht dabei in engem Kontakt mit der Formatio reticularis, einem neuronalen Netzwerk, das für die Wachheit und Aufmerksamkeit bei der Wahrnehmung eine große Rolle spielt. Ist dieses aufsteigende Aktivierungssystem besonders angeregt, so vermittelt es seine Aktivität auch diesem Reflexbogen, sodass die Denk- und zum Beispiel Sprechvorgänge bei bestimmten Anteilen an Aktivierungen unter Umständen mit einer erhöhten Lidschlagfolge einhergehen. Diese Lidschlagfolgen führen nun aber zu einer Intensivierung und Aktivierung der visuellen Wahrnehmung. Der Wechsel von Licht und

Dunkel beim Lidschlag ist ein starker Reiz für das Nervensystem und führt zu einem erhöhten «Energiefluss». Darüber hinaus gleicht der Lidschlag einem «Tafelauswischen». Er lässt den Gegenstand immer wieder aufs Neue erblicken. Auch wenn sich die Welt nicht ändert, so liefert der Lidschlag dennoch ständig einen neuen Zugang zu ihr. Ohne Lidschlag würde das Nervensystem dem Gegenstand gleichmäßig ausgesetzt und am Ende würde er möglicherweise gar nicht mehr wahrgenommen, wie wir es für die Haut z. B. beim Nicht-mehr-Wahrnehmen eines Brillengestells auf der Nase, eines Hutes auf dem Kopf oder eines Rings am Finger und vielem anderen mehr sehr gut kennen. Der Lidschlag aktiviert unsere Differentialrezeptoren und verhindert, dass wir die Gegenstände im Gleichmaß der Wahrnehmung schlussendlich «übersehen».

Eine wichtige Funktion des Augenlides ist die Abwehr von Übersteuerungen im visuellen System, zum Beispiel die Abwehr des zu grellen Sonnenlichts. Dennoch kann man in Nietzsches Äußerung, der letzte Mensch blinzelt, eine Vorwegnahme des modernen subjektivistisch-konstruktivistischen Standpunktes sehen, demzufolge die Wahrnehmung stärker von der Innen- als von der Außenwelt bestimmt wird. Der blinzelnde Blick zerhackt die Außenwelt in «postmoderne» Fragmente, macht sie «verdaulich» und ist Ausdruck des Glückes des Menschen, der sich als von der Außenwelt nicht mehr abhängig fühlt. Das Subjekt selber ist zum Licht geworden und bedarf einer externen Sonne nicht mehr. Alles ist hell, der Mensch muss sogar die Nacht konstruktivistisch noch selber erzeugen, durch den Lidschlag. Dieser ist Ausdruck der internen (vom Glück?) gesteuerten Wahrnehmungsaktivierung und der an der Innenwelt orientierten Wahrnehmungsabbremsung zugleich.

Wenn das Blinzeln als ein System zur Erzeugung von Wahrnehmung nach den Maßstäben des eigenen Glücks verstanden werden kann, gibt es im organismischen Neuronensystem noch andere Mechanismen, die dem dienen, was wir menschliche Wahrnehmung nennen, die aber durchaus zunächst als ein System der *Nichtwahrnehmung* gedeutet werden können. Auf der Höhe der Umschaltung im Thalamus, in der Mitte des Gehirns, empfangen die Umschaltkerne von der Hirnrinde mehr absteigende Einflüsse als aufsteigende Informationen von der Netzhaut des Auges. Die Hirnrinde reguliert die Wahrnehmungsaufnahme im Corpus geniculatum laterale des Thalamus, um von den Licht- und Sinnesreizen nicht überflutet zu werden. Nichtwahrnehmung ist die Voraussetzung für Wahrnehmung. Diese Möglichkeit kann wie jede Möglichkeit im menschlichen Nervensystem natürlich übersteigert werden. Hätte das Nervensystem gegenüber der Außenwelt ein dieses abbildendes Verhalten an den Tag zu legen, so wäre es so sehr mit seinen eigenen Handlungsentwürfen und internen Umstrukturierungen beschäftigt, dass die Wahrnehmung der Außenwelt nur Schwierigkeiten bereiten würde, statt zu einem besseren Umgang mit ihr zu führen. Bei solchen geistigen Zuständen, die von der Medizin als Schizophrenie beschrieben werden, in denen die betreffenden Personen häufig Schwierigkeiten im Abgleich eigener Zustände mit denen anderer Menschen haben, hat man besonders ausgeprägte Mechanismen der Wahrnehmungsblockierung beobachtet. Elektrophysiologisch kann man eine «postinhibitorische negative Variation» in den «ereigniskorrelierten Potenzialen» nachweisen.

Diese postinhibitorische negative Variation ist Ausdruck des Versuchs, Informationen von anderen und von der Außenwelt zu blocken, um auf diese Weise nicht immer wieder mit anderen Realitätsmodellen, die dem eigenen Glückskonzept möglicherweise entgegenlaufen, konfrontiert zu werden. Insofern ist der Thalamus die Umschaltstelle des Gehirns für Sinnesinformationen, eine Art transzendental-philosophisches Diskussionsforum, auf dem immer wieder die Wirklichkeit und Wertigkeit der Außenwelt debattiert werden kann. Etwa fünfzig Prozent der Gehirnaktivität müssen durch hemmende Hirnmechanismen, also inhibitorische Transmittersysteme charakterisiert sein, sonst kommt es zu einer Erregungsüberflutung, zu einer übermäßigen Synchronisation, zum epileptischen Anfall. Wahrnehmungshemmung ist ein wesentlicher Bestandteil der Wahrnehmung, und es wäre zu einseitig, sie nur im Mechanismus der Kontrastverschärfung, der durch Netzhautverschaltungen ermöglicht wird, zu sehen. Wahrnehmung funktioniert in der zeitlichen Dimension auch über den Lidschlag und in der Grundeinstellung über «cortico-thalamische Verbindungsfasern», welche die Durchlässigkeit für den Informationsfluss im Thalamus regulieren.

DIE TRÄNE

Das Organ der Kunst ist nicht das Auge, sondern das Gehirn. Hält man sich konsequent an diese Aussage, so wären fünfhundert Jahre Kunsttheorie neu zu schreiben. Genau genommen müsste man sogar zweieinhalb Jahrtausende des Selbstverständnisses des Menschen korrigieren. Bei Homer begann sich der Mensch als Sehender zu verstehen und nannte dabei das Auge als Organ dieser Tätigkeit. In seiner Einleitung zur Farbenlehre schrieb Goethe noch: «Wär' nicht das Auge sonnenhaft,/Wie könnten wir das Licht erblicken?» Heute müsste man den Satz umformulieren und sagen: Wäre das Gehirn nicht sonnenhaft, so könnte es die Sonne nicht erblicken. Müssen wir also bei allen Kunstaussagen, in denen das Wort Auge auftritt, dieses durch das Wort Gehirn ersetzen? In vielen Fällen ja, aber selbstverständlich nicht dann, wenn das Auge, wie im Porträt, selber als «Objekt» auftritt. Nicht nur das Sehen, sondern auch der Blick sind weitgehend vom Gehirn gesteuerte Vorgänge.

Eine der Komponenten, welche die Art eines Blicks bestimmen, ist sicher der Glanz in den Augen, das heißt der Feuchtigkeitsfilm und damit die Spiegelungsfähigkeit seiner Außenoberfläche (Bindehaut und Hornhaut). Die Befeuchtung des Auges wird vom vegetativen Nervensystem gesteuert, das unter dem Einfluss emotionaler Konstellationen steht. Die zwei Komponenten des vegetativen Systems (Sympathicus und Parasympathicus) regulieren den Feuchtigkeitsfilm des Auges. Bei Aktivierung des Sympathicus ist der Mensch auf Handeln, im Extremfall auf Aggression ausgerichtet. Im Rückzug überwiegt die Aktivierung des Parasympathicus. Die Pupille wird kleiner, die Augen bekommen Glanz. Der Organismus ist jetzt auf Wiederherstellung seiner Funktionen, der Wahrnehmung und damit letzten Endes auf Wiedervorbereitung von Handlung ausgerichtet. Die Stimmung des Rückzugs kann übersteigert auftreten, dann hält sich die Befeuchtungsflüssigkeit nicht mehr am Auge und tropft als Träne hervor. Evolutionstheoretiker haben versucht, dem Weinen eine zielgerichtete, sinnvolle Funktion zuzuordnen. So versuchten sie, die Kopplung von Trauer und Tränenfluss zum Beispiel aus dem Geschehen nach einer dreitägigen erfolglosen Mammutjagd abzuleiten. Der Lauf durch die staubige Steppe und die verlustreiche Jagd sollten zu einer Kopplung der Staubwegspülfunktion der Tränenflüssigkeit und der damit verbundenen Emotionen führen. Sicherlich muss solch eine Kopplung schon vor den Zeiten der Mammutjagd stattgefunden haben. Aus physiologischer Sicht ist die Tränenproduktion in erster Linie als eine überschießende parasympathische Gestimmtheit zu charakterisieren. Dabei muss es sich nicht immer um einen sinnvollen Funktionszusammenhang handeln. Die Resonanztätigkeit von Neuronengruppen kann auch auf eine Übererregung anderer Regionen hin erfolgen, wie das manchmal zum Beispiel bei der Ausbildung einer «Gänsehaut» beim Wahrnehmen von Musik geschieht.

Nicht das Auge, sondern das Gehirn ist das Organ des Sehens. Dennoch muss man, wenn man die Hirnfunktion des Sehens besser verstehen will, einige Eigenschaften des Auges deutlich machen. Hierzu gehören die Möglichkeit des länger dauernden Lidschlusses, die Fähigkeit zur Einstellung der Pupillenweite sowie die Fensterputzerfunktion der Tränenflüssigkeit. Doch selbst die Scheibenwischerleistung des Lidschlags mit der entsprechenden Spülflüssigkeit wird vom Gehirn gesteuert. Die Eigenschaften des Auges, die nicht unmittelbar die Verarbeitung des Lichtes betreffen, sondern zum Teil sogar seiner Abwehr (Lidschluss) sowie der Sicherstellung der Funktion (Spülflüssigkeit) dienen, sind für eine künstlerische Theorie der Wahrnehmung von großer Bedeutung. Die Möglichkeit, dass der Blick unter Tränen verschwimmen kann, bringt zum Ausdruck, dass das menschliche Sehsystem mehr ist als das Zielerkennungssystem einer Jagdwaffe. Die Untersuchung dieses Systems genießt in der Militärforschung hohes Ansehen. Die Physiologie profitiert von der Förderung von Forschungsprojekten, die der immer schnelleren Identifikation von Feindobjekten dienen. Interessanterweise sind ganze Kulturtheorien von der theoretischen Umgebung der Bemühungen um immer bessere Feind- und Beuteerkennung beeinflusst. Die konstruktive Leistung des Sehsystems bei der Identifikation des Gegners ist zu einem Paradigma geworden, das weite Bereiche der Sozialwissenschaften geprägt hat. Die immer bessere Enttarnung des Gegners durch die Analyse optischer Illusionen, die sonst für das Alltagsleben des Menschen keine Rolle spielen, haben eine ganze Generation von Gesellschaftswissenschaftlern geprägt. Es ist nicht verwunderlich, dass nach neuen Möglichkeiten des Menschen Ausschau haltende Künstler und Philosophen den an immer präziseren Detektionsmechanismen technischer Sehsysteme Orientierten die Träne und den verschwommenen Blick in Erinnerung rufen wollen.

Folgt man den Modellen der evolutionären Erkenntnistheorie, dann bildet der Mensch die Welt so gut ab, weil er durch die Geschichte dieser Welt gegangen ist und von ihr geformt wurde. Der Geist des Menschen ist Abbildung der Welt, wie die Flosse des Fisches zum Abbild des Meeres geworden ist. Auch wenn man solchen Überlegungen folgen wollte, müsste man sich fragen, unter welchen Bedingungen der Mensch der Welt am ehesten gerecht wird: durch immer weitere Verfeinerung des Beuteblicks oder auch dann und wann durch das Geschehenlassen einer vom Blick befreiten Existenz?

Besonders in der Fotografie hat sich eine Ästhetik der Unschärfe, der «Nichtrepräsentation» des Objekts, verstärkt. Auch durch eine veränderte Blickästhetik erhofft man sich eine andersartige Ethik des Umgangs mit den Dingen. Doch die verfremdete, halb überdeckte oder perspektivisch verzerrte Fotografie der Dinge, die als solche kaum noch zu erkennen sind, kann wiederum als Einübung in die bessere Enttarnung feindlicher Objekte verstanden werden. Man kann sagen, dass die intelligenten Waffensysteme, die heute ihre Ziele selber suchen können, durch Kunstausstellungen, zum Beispiel Mondrian, geführt werden (man hält Dias vor die lernfähigen Computersysteme), um auf diese Weise zum Beispiel den Farbabgleich bei der Mustererkennung zu optimieren. Auch ein Foto der Verschwommenheitsästhetik stellt hierfür geeignetes Übungsmaterial dar.

Doch die Probleme und damit die ideologischen Hintergrundkämpfe um die Kunst sind noch verworrener. Setzt man auf Unschärfe der Abbildung, um auf diese Weise den Beuteblick des Menschen zu schwächen, so unterstützt man unter Umständen gerade jene von Banken gesponserte Kunst der Nichtdarstellbarkeit, die eine Nichtabbildbarkeit der Welt hochzuheben scheint, welche uns beim Gang an die Börse mit entsprechendem Aktiengewinn so angenehm erscheint, weil dann nicht mehr erkennbar wird, welchen Waffenspekulationen wir unseren Gewinn verdanken.

Die von der französischen Philosophie des letzten Jahrhundertdrittels herausgestellte Widerständigkeit gegenüber dem Darstellen kann daher zu den ursprünglichen Absichten völlig entgegengesetzten Wirkungen gelangen, wenn die Versuche, den «bösen Blick» zu bannen, zur Beendigung eines Rückgriffs auf Darstellung der Welt, vielleicht im Gegensatz zur Absicht der Kritik, führt.

Es scheint mir wichtig, diese Überlegungen explizit werden zu lassen, da die Theorien der Wahrnehmung des Bildes und der Kunst in erheblichem Maße von den Versuchen indirekter Weltverbesserung geprägt sind, bei denen nicht gesagt wird, was man an der Welt ändern will, sondern bei denen man sich lediglich mit der Hochlobung oder Verurteilung von Bildern überhaupt begnügt.

Bei der Aufmerksamkeitsverschiebung vom Auge zum Gehirn sollten die Eigenheiten des menschlichen Auges nicht vergessen werden, auch wenn die Erinnerung an die menschliche Träne nur der Verbesserung der Spülflüssigkeit für die Feinschlifflinsen der Zielobjektive dienen mag.

DIE GROSSEN AUGEN UND DER BLICK

Was macht eigentlich den Menschen aus? Sicherlich ist das Auge ein Suchorgan, das die Aufmerksamkeit selber sehr schnell auf sich zieht. Mit der hellen Bindehaut und den schwarzen Pupillen, noch dazu mit der Dopplung der Bewegung dieser Lichtpunkte können die Augen in der Welt der Farben und Bewegungen sehr schnell gefunden werden. Wie der weiße Sterz eines flüchtenden Rehs, der den Nachfolgern der Gruppe im Gehoppel der Bewegungen zur Orientierung dient, verhilft das lichte Weiß der Augen eines Gegenübers dazu, dass man in der Lage ist, seine Gedankenbewegungen zu verfolgen. Sicherlich liegt in der Art dieser Bewegungen das Wesentliche des Blicks. Doch auch die Konfiguration des Lichtflecks, den man hier beobachtet, signalisiert etwas. Die dunkle Pupille ist von der farbigen Iris umgeben und kann zu eigenen Gunsten vergrößert werden. Die Vergrößerung der Pupille kann unter Umständen so viel Schwarz in die Augenmitte rücken, dass die Augenfarbe eine untergeordnete Rolle bekommt. Die Italienerinnen des Rokoko wussten dies bewusst einzusetzen, indem sie von der Tollkirsche aßen, welche über die Hemmung parasympathischer Nervenfasern zu einer großen schwarzen Pupille führt und den Eindruck einer «bella donna» vermittelt. Belladonna, das italienische Wort für «schöne Frau», wurde zum Apothekerbegriff für die Tollkirsche. Die Werbeindustrie weiß von der Bedeutung der großen Pupille. Pupillometrisch bestimmt sie den Durchmesser dieses Durchlasses, um herauszubekommen, mit welchem Interesse ein Organismus einer Ware gegenübersteht. Je größer der Pupillendurchmesser, desto stärker der Appetit auf das Erblickte. Große Augen machen heißt, dem anderen einen großen Durchlass bieten, in den er zumeist auch willig hineintritt, da er doch meint, im anderen eine angemessen große Darstellung zu finden. Große Augen können der Beginn einer großen Liebe sein. Nicht zuletzt deswegen versuchte man sie mithilfe von Pharmazeutika herbeizuführen. Jemandem große Augen machen bedeutet, ich lasse dich herein. Die mit den großen Augen Blickenden nehmen die Eigenfarbe ihrer Regenbogenhaut zurück und stellen alles auf Durchlass. Große Augen haben keine Farbe, sie sind zum «Geheimnis» des Durchlasses geworden. Im Schwarz der großen Augen wird das Weiß der Bewegung noch intensiver, nicht mehr durch die Eigenfarbe der Iris gemildert. Kommt noch der Glanz der spiegelnden Feuchtigkeit hinzu, so kann das Spiel von Quelle, Wasser, Durchlass, Spiegel und Licht beginnen, in welchem zwei Individuen einander verlieren können. Man kann es verstehen, dass die Menschen Erholung in den Museen suchen, um sich in den ruhenden Blick eines Porträts versenken zu können. Dies umso mehr, wenn der Blick in dem Moment seiner höchsten Entscheidung zugänglich geworden zu sein scheint – zur Betrachtung aus den Polstersitzen der Museumsruhebänke.

Vielleicht verlockt gerade am menschlichen Porträt in der Kunst, dass ein Blick, ohne seiner – visuell «fassbaren» – Herausforderung beraubt zu sein, mehr als für den üblichen Sekundenbruchteil zur Verfügung steht, in welchem ich blickend meinen eigenen Blick offenbare und damit den Blick des anderen zur Bewegung veranlasse. Sicherlich ist es die Abstimmung der Zeiten, die im einander suchenden Blick ausgetauscht wird und gelingen oder misslingen kann. Eine kleine Zögerung, ein kurzes Wegnehmen des Blicks kann anzeigen, dass ich einen Kognitionswechsel vollziehe und einen Vorbehalt signalisiere, einer kleinen Angst anheim falle oder den anderen einer zweifachen oder mehrfachen, jedenfalls nicht einfachen Deutung unterziehe. Blicke können rückwirkend nicht korrigiert werden, ähnlich wie die Läufe im Klavierspiel, eine Korrektur würde alles nur noch mehr durcheinander bringen. Finden sich zwei Blicke, so ist dies ein besonderes Ereignis.

«Herrlich, dieser Blick!», sagt man und meint damit eine Landschaft und nicht die Bewegung der Augen. Im Gegenteil, man möchte die Einheit des Blickens und des Gesehenen festhalten und stillstehen lassen. Wie in einem Stillleben sollen die Dinge zur Ruhe kommen und nicht mit einer Bewegung, einer Augenbewegung zum Beispiel, andeuten, dass sie gleich sprechen könnten. Der Blick in seiner völligen Herrschaft wünscht die Stille über der ungestörten Einheit der weinumrankten Aussichtsveranda und des betrachteten Meeres und der fernen Küsten und möchte dem Neurowissenschaftler am liebsten nur die Rolle zuteilen, die Dendriten des Weines zu beschreiben. Nun betrachtungsgestärkt, kann der

Mensch die Herrschaft des Blickes ausüben, in welcher die Einheit von Kunst und Sponsor zum Ausdruck kommt. So sieht der «normale» Museumsbesucher in den ausgestellten Bildern nicht nur den Blick des Malers, sondern auch den Blick des Mäzens, der dessen Augenbewegungen dressiert hat oder auch in deren Undressierbarkeit ein Modell für seine eigene Freiheit erkennt.

Die unter den Bedingungen der Blickzähmung arbeitenden Künstler wussten besonders viel über die Bewegung des Auges. Gerade der gezähmte Blick kann verräterisch sein, und wenn die Augenbewegung von den übrigen Kopf- und Körperbewegungen abgekoppelt ist, wie Jan Vermeer dies in seinem Bild der Kupplerin dargestellt hat, kann der Mensch erahnen, dass ein von der zwischenmenschlichen Interaktion abgekoppelter Wille am Werk ist. Der Blick ist verräterisch, dann, wenn er ganz dem Willen unterworfen ist, genauso wie wenn er sich der Situation hingibt. Schaut die Frau nur zum Kopf des Mannes und nicht auch einmal in Richtung seines Gürtels, so ist ebenfalls alles gesagt. Was hierbei aber an Regeln zutage kommt, kann in keinem Managerseminar neurolinguistischen Programmierens gelernt werden. Die Optimierung zwischenmenschlicher Interaktion wird als Wille hierzu selber entdeckt und macht deshalb misstrauisch. Das Verhältnis von willentlicher und unbewusster Wahrnehmung des anderen kann nie zugunsten einer Seite völlig durchstrukturiert werden, und die Wahrheit tritt im Blick letztlich doch zutage. Hierbei spielen drei Dinge eine Rolle:

1. das Verhältnis von bewussten und unbewussten Blickbewegungen, wobei diese Unterscheidung der Trennung von langsamen Folgebewegungen und ruckartigen Zielbewegungen entspricht;
2. die Rechts-/Linksorientierung beim Erinnerungsabgriff in den Hirnhälften und die damit verbundene emotionale Akzentuierung;
3. die Direktheit des Blicks beziehungsweise deren Gebrochenheit im zweifachen «Zufassen».

Ein Blick verrät alles, sagt man, und dies findet seine Ermöglichung in dem doppelten Sakkadensystem, welches die Augenbewegungen steuert und in kurze, ruckartige bewusste und langsame unbewusste Steuerungen der Folgebewegungen getrennt ist. Der Wille hat keinen Zugriff auf die langsamen Bewegungsabläufe; wird dies aber versucht, so geben die daraus resultierenden Augenbewegungsformen in ihrer mangelnden Spontaneität selber eine Auskunft. Blicke sagen mehr als tausend Worte, heißt es, und das liegt daran, dass der Blick durch die gesprochenen Worte hindurch neue Grenzen der Kognition ziehen kann.

Dabei ist auch die Richtung des Blickes nicht ohne Bedeutung, und zwar auch dann, wenn es sich nicht um Gegenstände fixierende Blicke handelt. Nach links schauen deutet eine Aktivierung der rechten Hirnhälfte an und steht eher mit negativen Emotionen in Beziehung. Wer sich also vorteilhaft fotografieren lassen will und dabei nicht direkt in die Kamera blicken möchte, schaue also eher nach rechts. Den Test mit den Negativemotionen des nach links gerichteten Blicks kann man sehr schnell vollziehen, man fordere beispielsweise einen Gesprächspartner auf, er möge sich an einen Liebhaber erinnern, mit dem er im Streit auseinander ging. Erzählt jemand im Kaffeehaus von verflossenen Liebschaften und schaut dabei nach links, um sich zu erinnern, so zeigt bereits der Blick die komplexe emotionale Problematik an.

Nicht alle sehen einander direkt in die Augen, und in manchen Kulturen ist es eher sogar verpönt, so zum Beispiel bei den Afroamerikanern. In einer Kultur, in der der Versuch, Augenkontakt während des Gespräches aufzunehmen, eher üblich ist, kann das doppelte Zufassen Unsicherheit signalisieren. Manche Psychiater benutzen es sogar als Test für psychische Störungen; ob beim Objekterfassen dies mit der ersten Augenbewegung gelingt oder noch eine zusätzliche Korrekturbewegung erforderlich ist. Gesprächspartner, bei denen man den Eindruck hat, sie würden erstaunt auf einen Gegenstand neben einem schauen, der sich dann aber gar nicht ausmachen lässt, mögen sehr konzentrierte Monologe halten, und man kann auch nicht einmal sagen, dass sie nicht auf einen eingehen würden. Der Impuls, den man ihnen gibt, scheint bisweilen aber für eine halbe Stunde Abhandlung auszureichen.

Jeder kann helfen, wieder blicken zu lernen; es wäre falsch, im Blick nur ein Zeichen des Herrschaftswillens sehen zu wollen. Was bei dem einen ein Mittel zur Machterweiterung sein mag, ist für den anderen unverzichtbare Ermöglichung von Existenz, Beziehungs- und Liebesfähigkeit. Diesen Sachverhalt könnte man in dem Sinne, dass über den «Wert» von Bildern nie allgemein befunden werden kann, sondern erst im Zusammenhang von Psyche und Sozialisation ein Urteil möglich ist, zu einer allgemeinen Gesetzmäßigkeit erheben. Die Unterscheidung der beiden Sakkadensysteme scheint mir für die Wahrnehmungstheorie von großer Bedeutung. Die Analyse von Augenbewegungen bei der Bildbetrachtung hat wichtige Erkenntnisse zutage gefördert (siehe zum Beispiel Lurija: The Working Brain). Bildbetrachtung geschieht jedoch bereits unter den Bedingungen des Blicktrainings, der Blickzähmung und der Blickdressuren. Es erscheint mir daher außerordentlich wichtig, das Bild bereits als ein Kangloswerden des Lebens, als ein Stillen der Lebenswünsche und eine Einschränkung unserer Säuglingsherzen auf den Befriedigungsgrund zu verstehen.

Der über unserer Säuglingspsyche ruhende Blick kann sehr unterschiedlich empfunden werden. Ein Großteil gegenwärtiger ästhetischer Theorien ist davon geprägt, den Blick abwehren zu wollen. Die bewusste Verdeckung des Blickes allein wird jedoch auch nicht ohne weiteres als Wohltat empfunden. In einem amerikanischen Film will eine Frau ihre Freundin dazu bringen, wieder Kontakt zu Männern aufzunehmen. Sie arrangiert eine Verabredung in einem Restaurant. Die Freundin, noch zurückhaltend, erscheint mit Sonnenbrille und nimmt diese im Restaurant, ohne geblendet zu sein, nicht ab. Der ihr bis dahin unbekannte Date-Partner fordert sie auf, sich doch nicht hinter der Sonnenbrille zu verstecken. Sie behält die Brille jedoch auf, und es kommt zum Streit über die Verdeckung der Augen. Bei der Verabredung mit dem nächsten Kandidaten erscheint sie wieder mit einer riesigen Sonnenbrille. Ihr Gegenüber macht Komplimente, wie gut ihr die dunkle Brille stehe. Accessoires können als Teil des Körpers empfunden werden, nicht nur vom Träger selber, sondern auch vom Betrachter. Die fehlende Notwendigkeit, auf die Koordination der Blicke einzugehen, ermöglicht die Illusion des Einverständnisses. Die Forderung, die Augen des anderen zu sehen, kann tyrannisch werden, wenn man sich von ihnen und ihrem komplexen Spiel nicht enttäuschen lassen will. Die Sonnenbrille ist das Outfit der «Existentialisten», die eine menschliche Beziehung von vornherein für Verrat halten. Der Blick kann für diese nicht mehr verräterisch werden, durch den Griff zum Strohhalm des Aperitifs oder das Weiterkauen des Apfels kann die tiefe Versenkung der Augen ineinander nicht desillusioniert werden. Mehr und mehr wird das Glück der innigen Versenkung zweier Sonnenbrillen ineinander gesucht.

Der Blick ist nicht nur verräterisch durch die Objekte, die er in der Außenwelt aufsucht, sondern auch durch die Zensuren, die er in der Kognition setzt, und die Gegenstände, die er in der Innenwelt durchmustert. Doch über den Stillstand hinaus, der eine abgelaufene oder geplante Bewegung signalisiert, hat der Blick noch eine andere Dimension. Er ist auch nicht nur die stillgelegte Landschaft oder das Festhalten der Gegenstände im Stillleben in dem Sinne, dass hier das Leben verschwindet und jedes Stillleben eigentlich ein Vanitas-Motiv ist, welches die Leere und den Verlust des Lebens zum Ausdruck bringt. Der Blick, der die Landschaft erobert, ist nicht einfach nur mein Blick, oft sehe ich die Dinge sogar mit den Augen eines anderen. Nicht selten steht das Einrichten eines Wohnzimmers unter dem perspektivischen Spruch «Wenn man hereinkommt», womit gemeint ist, dass man es unter dem Blick des Gastes betrachtet, der es beim Hereintreten wahrnimmt.

In der Wirklichkeit nehmen sich die Menschen dieses Blickes des anderen oft an, als wäre es ihr eigener. Dies scheint mir für die neurowissenschaftliche und nuklearmedizinische Erforschung der menschlichen Wahrnehmung ein wichtiger Punkt zu sein. Die Wahrnehmung geschieht nicht selten unter der Perspektive des «Gastgebers», ohne dass damit schon die «Autonomie des Selbst» verloren wäre. Die wissenschaftliche Methodik, zwischen dem Beobachter und dem Beobachter des Beobachters zu unterscheiden, muss daher berücksichtigen, dass die Beobachtung des Beobachters in der wirklichen Wahrnehmung oft eine größere Rolle spielt als das Konstrukt einer Primärbeobachtung. Die konstruierte Unterscheidung von erstem und zweitem Beobachter wird von den wirklichen Gehirnen durch Wissen um die eigene Situation ständig durchlaufen. Die Abtrennung des zweiten Beobachters mag manchem Theoretiker wohltuend als eine Art Befreiung von einem Doppelgänger oder auch gar als Einnahme von dessen Position empfunden werden, kann den «Blick» auf das zu untersuchende Gehirn jedoch auch verstellen.

Die Zähmung der Blicke durch die Unterscheidung der Blicke erster und zweiter Ordnung wird nie ganz gelingen. Dennoch lässt sich diese Unterscheidung als Baustein für eine Theorie des Bildverstehens weiterverwenden. Die Bedeutung eines Bildes konstituiert sich im Zusammenspiel verschiedener Blicke.

In der Sprachtheorie hat man mittlerweile gelernt, nicht nur nach absoluten lexikalischen Bedeutungen von Worten zu suchen, sondern die Sprechakte und Sprechhandlungen zu analysieren, in deren Zusammenhang sie gebraucht werden (Versprechen, poetisches Geschenk, Ironie usw.). Eine entsprechende Blicktheorie für das Verständnis von Bildern als Erstarrung des Blickes unter sich weiter kreuzenden Blicken steht noch aus. Ob diese Dimension mit den derzeitigen bildgebenden Verfahren in der Neuromedizin «erblickt» werden kann, ist eher noch offen.

Werden Argus und Perseus, die Meister des Blicks, nun zu den Orientierungsfiguren einer Hermeneutik der Kunst? Oder wird die gegenwärtige Kunst weiter an der Demontage des Blickes arbeiten, als ob es ihn nur als bösen gäbe? Perseus und Argus sind Symbole der Herrschaft. Man sollte jedoch nicht meinen, dass dies die einzigen Formen des erobernden Blickes wären. Unter der Überschrift «Telekinese» arbeitet so mancher Parapsychologe an der Machtdimension des Blickes, um die Hexerei in die Wissenschaft einzuführen (beziehungsweise dieser verständlich zu machen). Es ist kein Wunder, dass die Kunst lange Zeit auch jenes Auge darstellte, das ohne Lidschlag und Träne noch von manchen barocken Kirchendecken als Auge des Herrn herabblickt, das als Ausdruck reiner Güte empfunden wurde.

Im Blick in den Spiegel sehen wir unsere Augenbewegungen nicht. Die Hirnforschung zeigt, was während der Augenbewegungen nicht wahrgenommen wird. Die Metaphysik unserer eigenen Präsenz und die Metaphysik vom Traum von der Dauer des Augenblicks (die Übergänge zwischen den Augenblicken werden von den Wahrnehmungssystemen nicht wahrgenommen, sondern ausgefüllt) haben hier ihren Ursprung.

MIT DEM KOPFNICKER LÄCHELN

Nur ein Bürokrat könnte der Ansicht sein, dass Lächeln eine Angelegenheit der Mundmuskulatur wäre. Es ist nicht einmal der Mund, bei dem es ums Lächeln geht, sondern man sagt, man könne auch mit den Augen lächeln. Aber ist das schon alles? Kann nicht auch der ganze Körper lächeln? Und ist andersherum, wenn der Körper starr ist, das Lächeln, wenn es sich nur am Mund ausdrücken würde, mitgefroren oder nur zu einem Zucken des Mundwinkels fragmentiert? Die Computerfachleute bauen derzeit an Interfaces, die echte Gesichter haben: Gummimasken, die eine nonverbale Kommunikation mitteilen sollen. Module, welche den ganzen Körper oder zumindest den ganzen Kopf mitbetreffen, sollte man dabei nicht vergessen. Es ist der Kopfnickermuskel, der einen wesentlichen Anteil am Lächeln hat. Es ist der Halsmuskel, der sich etwa zwei Fingerbreit seitlich vom Kehlkopf zu beiden Halsseiten vom Brustbein zu einem Knochenvorsprung der Schädelbasis hinter dem Ohr zieht. Natürlich ist das Lächeln auch nicht einfach Funktion dieses Muskels, doch wenn er mitaktiviert wird, gerät die nonverbale Kommunikation in eine wichtige Phase. Der Kopfnicker ist für die Seitwendung und Schräghaltung des Kopfes verantwortlich.

Die Schräghaltung des Kopfes gibt wesentliche Auskünfte über die «Haltung» des anderen. Bezieht man die Schräge der Kopfstellung, messbar zum Beispiel an der Höhendifferenz der Augenbrauen, mit in die Betrachtung ein, dann kommen wir auch bei der Lösung des Rätsels der Mona Lisa ein Stück weiter. Betrachten wir die Darstellung von Jan Tulp, in welcher die Mona Lisa den Kopf leicht schräg hält, so wird deutlich, dass die paradoxe Ernsthaftigkeit des Lächelns nun in eine etwas allgemeinere Auflockerung eingebettet erscheint. Die Mona Lisa hat sich von der süffisanten Domina zu einer mitfühlenden Person entwickelt. Die Erforschung des Gesichtsausdruckes und dessen Darstellung in den großen Epochen der Porträtmalerei stellt ein interessantes Forschungsgebiet für die Beziehung anatomischer und neurophysiologischer Kenntnisse dar. Der Schräghaltung des Kopfes wurde dabei bisher zumeist zu wenig Auf-

Abb. 2: Diego Velázquez, Las Meniñas, 1656, Öl auf Leinwand, 318 × 278 cm, Prado Madrid
Ein Spiel der Schräghaltung des Kopfes. Die Neigung der Augenhöhe ist die typische Haltung des Malers, der von seinem Bild zurücktritt, um es kritisch zu betrachten. Auch bei der Face-to-face-Kommunikation werden dadurch die Paradoxien der Rechts-Links-Zuordnung vermieden.

merksamkeit geschenkt. Betrachten wir das Gemälde «Las Meniñas» («Die Kinderfrauen») von Velázquez, so können wir uns sehr schnell in das Spiel der Blicke und Perspektiven hineinfinden, das Foucault so vortrefflich analysiert hat. Es ist ein erstaunliches Gemälde, in dem mehrfach gebrochene Blicklinien auftreten. Auch ein Maler kommt darin vor, der das Königspaar malt, das selber nicht sichtbar ist, sondern ungefähr an der Stelle steht, an der man sich als Betrachter befindet. Die beiden Regenten sind jedoch in einem hinter dem Maler an der Wand befindlichen Spiegel mit unterschiedlicher Körpergröße gespiegelt. Dies ist ein interessanter Befund für die Darstellung des Subjekts des Betrachters: Er erscheint in der Darstellung als Gedoppelter, eher als männlich-weiblich Gedoppelter, gleichsam wie es auch seine Hirnhälften sind.

Es fällt noch etwas anderes auf: Die vielen Personen auf dem Gemälde, Kindermädchen usw., weisen alle eine Schräghaltung des Kopfes auf. Bei einigen ist er nach rechts geneigt, bei anderen nach links. Nur die Augenbrauen des Königvaters, der im Türrahmen steht und die Szene überblickt, befinden sich auf gleicher Höhe. Es ist verlockend, eine Klassifikation der Kopfhaltung durchzuführen, auch im Hinblick darauf, ob die Schräghaltung nach rechts oder nach links erfolgt.

An dieser Stelle erscheint es nutzbringend, auf das Modell der Zweikoordinatensysteme der menschlichen Raumwahrnehmung zurückzugreifen. Die «subjektive Vertikale» wird weitgehend von der Kopfhaltung bestimmt, wie dies unter anderem Untersuchungen über Raumwahrnehmung bei Astronauten im Orbit deutlich machen. Dennoch spielt auch die an der Schwerkraft orientierte Haltung des gesamten Körpers für die Entwicklung einer Raumerfahrung eine Rolle. Im Hinblick darauf kann es nicht gleichgültig sein, ob der Kopf angesichts der Asymmetrie des Gehirns nach rechts oder nach links geneigt wird. Ist es als Zufall anzusehen, wenn jemand den Kopf nach links statt nach rechts beugt? In «Las Meniñas» ist es neben anderen der Künstler, der das Ganze von seinem Bild zurücktretend noch einmal überschaut und dabei den Kopf nach links neigt. Aber auch der Schäferhund in der Mitte hat den Kopf leicht nach links gewinkelt. Man fühlt sich an Rosemarie Trockels Spruch «Jedes Tier ist eine Künstlerin» erinnert. Sollte bei der

Kopfneigung nach links die mehr bildnerische rechte Hirnhälfte aktiviert sein, weil diese schließlich den linksseitigen Kopfnicker für die Linkswendung des Kopfes aktiviert? (Zur Frage der Hirnlateralisation bei Tieren siehe das Beispiel der Hühner, die sich als Küken im Ei so entwickeln, dass der Kopf auf die rechte Schulter gebeugt ist und dadurch nur das linke Auge durch die Kalkschale Licht erfährt.) Sieht man davon ab, zu welcher Seite hin die Haltung des Kopfes erfolgt, so ist festzuhalten, dass sie Ausdruck des Versuches ist, die Hemisphärenunterschiede in Beziehung zu den Höhendifferenzen, also in Bezug auf die Vertikale, nicht aber in Bezug auf die Horizontale geltend zu machen.

Man könnte sagen, dass jemand, der den Kopf neigt und andere in dieser Haltung betrachtet, dabei aufs Ganze geht. Wenn Sie jemandem am Caféhaustisch gegenübersitzen und die Augenbrauen horizontal über den Cocktailstrohhalmen stehen, dann wird es sich eher um den geschäftlichen beziehungsweise sachlichen Teil des Gespräches handeln. Durch eine Schrägstellung aber kommt die Face-to-face-Kommunikation an eine entscheidende Stelle: Der andere geht jetzt aufs Ganze. So verhält sich auch der Künstler, wenn er den Kopf zur Seite neigt und den Gesamteindruck eines Gemäldes beim Zurücktreten auf sich wirken lassen will. Anders ist es bei der romantischen Pose des jungen Fräuleins, welches, vielleicht einen Brief in der herabgesunkenen linken Hand haltend, vor dem Schreibtisch sitzend, den Kopf in die rechte Hand stützt und dabei den Kopfnicker zur Schrägneigung des Kopfes nicht aktiv veranlasst, sondern sich gleichsam in die Schräglage fallen lässt. Dies ist höchste Hingabe, Passion.

Aufgrund physiologischer Experimente über die Cortexreizung ist bekannt, dass die dadurch ausgelöste Extremitätenbewegung in ihrer Ausgestaltung in erheblichem Maße von der Ausgangsposition der Extremität bedingt ist. In den Neuronen des Gehirns hängen die ausgelösten Handlungsfolgen jeweils von der Gesamtsituierung des Organismus im Raum ab. Dies reicht bis in den Bereich kognitiver Funktionen hinein. Für einen Philosophen wie zum Beispiel Hegel, der alles auf den Begriff bringen wollte, für den nur der Begriff galt, könnten derart angesprochene Raumdimensionen keine Bedeutung haben. Er wies einmal darauf hin, dass der Grad der Nachhintenneigung unseres Kopfes doch wohl keinen Einfluss auf die Verehrungsdimension eines Gedankens haben könne (die Managementberater und die Religionen sind in diesem Punkte klüger). Der Psychophysiologe G. E. Müller hat um die Jahrhundertwende gezeigt, dass die Kopfneigung sogar auf die Wahrnehmung vorgestellter Buchstabenfolgen einen Einfluss hat. Nun genügt es nicht, die räumliche Positionierung eines Organismus als Komplement zur verbalbegrifflichen Dimension mit der Kategorie nonverbalen Verhaltens als bereits eingefangen anzusehen. Wenn man verstanden hat, dass im Gehirn keine Engramme, also keine Schriftstücke, niedergelegt sind, sondern nur Spuren, dann wird man nicht nach den Komplementen von Texten suchen, als ob es sich um «Kontexte» handeln würde. Die Welt ist lesbar. Versteht man sie jedoch als ein griechisches Alphabet, dann liest man zu einseitig. Sie ist eine Bilderschrift und Spur, in der das kleinste räumliche Moment eine Bedeutung hat, so wie dies im Spiel der Neuronen der Fall ist. Würde man dieses verstehen, so könnte man sagen, das Gehirn sei die Metapher zur Deutung der Welt. Bis dahin müssen wir uns der Anmutungsqualität der Kopfhaltung anheim geben, ohne sie bis ins Letzte «buchstabieren» zu können. Die Neuronalisierung kann keine letztgültige Interpretation liefern. Wahrnehmung bleibt auch bei Einbeziehung der Hirnforschung unabschließbar.

DAS ERFOLGREICHSTE BILD:
DIE KUNST MALT IHR GRABMAL

Anselm Kiefers Bild «Das Grabmal des unbekannten Malers» zeigt eine verschneite Landschaft, in welcher nur umrisshaft zwischen den mit weißen Pinseltupfern hingemalten, sanft fallenden Schneeflocken ein leicht abgedachtes Holzkreuz als Grabzeichen des unbekannten Malers zu erkennen ist. Das Bild wirkt von der Größe und Ausgestaltung her nicht allzu auffallend. Bemerken wird der Betrachter jedoch, dass mitten in die fallenden Schneeflocken hinein der Schriftzug «Das Grabmal des unbekannten Malers», der dem Bild den Titel gibt, mit dem Pinsel gemalt ist. Was ist denn nun das Grabmal des unbekannten Malers? Das Bild heißt so, zeigt aber auch den gemalten Schriftzug mit dem gleichen Text. Ist der unbekannte Maler unter dem Holzkreuz in der Landschaft, welche durch das Bild gedacht werden, beerdigt, oder ist vielleicht die gesamte bemalte Leinwand als solche die Grabstätte? Oder ist, seltsame Parodie, der gemalte Schriftzug der Ort des Gedenkens?

Das Bild von Anselm Kiefer vermittelt hinsichtlich vieler Malerschicksale eine gewisse Demut, die trotz großer, bisweilen sogar genialer Begabung und großer Hingabe des Individuums im gleichsam Unbekannten verliefen. Diese Maler mögen ihre Erfüllung gefunden haben, vielleicht sogar eine größere als jene, denen bekannte Grabstätten, Gedenkstätten und Museen gewidmet werden. Dennoch wird man von einer gewissen Wehmut der Vergänglichkeit befallen, wenn man dieses Bild betrachtet. Es greift noch einmal die Frage nach der Wirklichkeit auf, und man ist geneigt, hier von verschiedenen Schichten der Wirklichkeit zu sprechen, so wie sich bei der Bildentstehung bisweilen auch verschiedene Schichten auf die Leinwand lagern. Interessant ist, dass sich hier die Schrift auf eine seltsame Weise in die verschiedenen Tiefen von Bild und Wirklichkeit, Abbildung, Imagination und Materialität hineinlagert. Es ist ein bedeutsames Bild, nicht nur zum Gedenken vieler unbekannter, man möchte fast, um das Ganze durch etwas Ironie aufzuheitern, sagen, «an

Abb. 3: Anselm Kiefer, Das Grabmal des unbekannten Malers, 1974, Mischtechnik auf Sackleinen, 115 × 162 cm, Sammlung Grothe
Im Schneetreiben ist ein Grabkreuz zu erkennen. Doch welche Wirklichkeit hat die Beschriftung «Grab des unbekannten Malers»? Liegt sie im Schneetreiben oder auf der Leinwand? Bewegt sich das Gedenken an den verstorbenen Maler im «semiotischen» Zwischenreich?

der Pinselfront» gefallener Maler. In einem gewissen Sinne wiederholt das Bild die Frage nach der Wirklichkeit, wie sie auf ganz andere Weise in so vielen anderen Kunstwerken thematisiert und aufgeworfen wird. Natürlich muss man dabei auch an René Magrittes Bild mit dem Titel «Ceci n'est pas une pipe» denken. Dort wird die Frage der Wirklichkeit am Beispiel der Abbildung einer Pfeife behandelt. Die abgebildete Pfeife ist natürlich keine, und Magritte verkompliziert die Situation dadurch, dass er in das Bild hineinmalt, es sei keine Pfeife. Auch hier also ein Schriftzug, der selber dargestellt die Frage nach der Wirklichkeit von Bild und Schrift, nach Imagination und deren Entsprechung aufwirft. Die Fragestellung des Bildes von Anselm Kiefer reicht in einer Hinsicht jedoch weiter. Er spricht das Thema an, inwieweit nach dem Tode noch etwas überdauert, inwieweit der Kampf des Malers um das Bild, den Ausdruck, die Gestaltung etwas sein könnte, was dem Tode etwas abringt – um diese hypothetische Ausdrucksform einmal zu benutzen –, inwieweit der Maler etwas zur Darstellung bringen kann, was von seiner körperlichen Lebendigkeit nicht einmal abhängig ist und ihn somit «überlebt», auch wenn die Leinwand und die auf ihr aufgetragene Farbe zunächst einmal keine lebendigen Wesen in dem Sinne sind, wie Menschen und Tiere es bis zu ihrem Tode zu sein glauben. In einem gewissen metaphorischen Sinne könnte man sogar sagen, das Thema des Todes und des Überlebens sei Thema aller großen Kunst der europäischen Tradition, das große Bild sei dann entstanden, wenn es dem Tode abgerungen wurde.

Dem Neuen in der Malerei und Kunst liegt zumeist dann eine Bewegung zugrunde, wenn es etwas den Menschen zutiefst Betreffendes gestaltet. Vielleicht am deutlichsten kam dies bei Niki de Saint Phalle zum Ausdruck. Vor ihrer großen künstlerischen Laufbahn war Niki de St. Phalle schwer psychisch erkrankt und hatte den erschreckenden Gedanken, sich selber zu erschießen, in die Tiefe ihres Herzens hineingelassen. Sie erschoss sich jedoch nicht, sondern wendete die Waffe auf ihre Bilder. Es war der Beginn ihrer berühmten «Schießbilder», von Schusslöchern geprägter Bilder, auf denen zumeist Städte, Landschaften dargestellt waren.

In dem Moment, wo das Individuum an den Rand seiner Existenz tritt, wo es sterben möchte und Fülle und Ganzheit nur noch im Tode zu vernehmen und zu empfinden meint, kann es jene Wendung geben, welche das Genie des Alltags und der Kunst auszeichnet: gerade das, was zum Tode hätte führen können, als individuellsten Ausdruck des Eigenen selbst anzunehmen, auszuleben und auszugestalten.

In einem gewissen Sinne kämpft und ringt jedes große Werk mit dem Tode, und ein großes Werk kann auch das kaum beachtete Überleben eines Menschen im Alltag sein. Dieses Ringen mit dem Tode, dieses Überstehen des Todes muss dem Werk nicht ohne weiteres angesehen werden. Große Werke, des Alltags oder der Kunst, zeichnen sich jedoch dadurch aus, dass sie zu der Schwelle zur Angst, zum Tod und zur Liebe auf eine ganz spezifische Weise in einer Beziehung stehen. Für jeden Menschen, für jeden Künstler gibt es den Moment, wo er auf seine Individualität zurückgeworfen wird und es nicht oder kaum oder nur in seltenen Fällen genügt zu sagen, aha, dies ist jetzt meine Individualität, an dieser Stelle werde ich individuell. Das Geschehen ist gewöhnlich nicht so abstrakt, aber trotzdem dramatisch. Im Rückwurf auf die Individualität sieht man nicht den allgemeinen Begriff der Individualität, zumindest gemeinhin nicht, es sei denn, man sei ein Theoretiker des Allgemeinen und Individuellen, aber auch dann geschieht der Rücksturz ins Individuelle nicht ohne weiteres unter dem Begriff der Individualität. An dieser Stelle, wo deutlich wird, dass etwas wie eine Art Fehler im Webprogramm ist, ermöglichen weitermachen und weiterleben, ein besonderes neues Webmuster zu Ende zu bringen.

Das muss nicht in zeitlich umschreibbaren Entscheidungsprozessen wie bei Niki de Saint Phalle geschehen (oder wie bei Dr. Faustus, dessen Drama beginnt, als er die Giftflasche doch nicht trinkt). Ich denke an das Beispiel Utrillos, eines Malers des Montmartre, der sein Leben lang Probleme mit seiner Mutter hatte und dem Alkohol verfiel. Aus der Sicht der Fachleute verfiel auch sein Malstil, seine Pinseltechnik. Utrillo hat jedoch weitergemalt. In gewisser Weise, und es geht hier nicht um biographische Details, musste er auch den Tod und den Verfall durchstehen und hat gerade dadurch eine Besonderheit der Malweise zum Ausdruck gebracht. Man hätte sich ja auch als Künstler auf den Standpunkt stellen können, dass der Verfall der Maltechnik das Signal sei, jetzt aufzuhören. Bedenken wir jedoch, dass einigen Statistiken zufolge zehn Prozent der Bevölkerung Alkoholiker sind, dann könnte man, auch hier wieder nicht ganz ohne spielerische Ironie, annehmen, dass man als Künstler, der in Alkohol und Verfall sein Werk zu starten sucht, natürlich auch eine gute zehnprozentige Chance hat, eben entsprechende Rezipienten zu finden. Künstler mit einem individuellen Schicksal finden ihre je individuellen Sammler, denen die Darstellung, die sich in dem Werk des Künstlers ausdrückt, einen je eigenen Knotenpunkt des eigenen Lebens verdeutlicht, für dessen Deutlichwerden sie gern und besessen einen beträchtlichen Teil ihres Vermögens hergeben. Individualität sucht nach Entsprechung, und im Sammler und Betrachter finden die schwierigen Wege der Überwindung von Tod, Angst und Schrecken in der individuellen Leistung des künstlerischen Genies ihre Erleichterung.

Ich behaupte nicht, dass eine Grundkonstellation der bewussten Entgegensetzung zu einer Gestalt namens Tod, die Begegnung mit dem Knochenmann, jene Struktur liefert, welche die Bedeutung eines Werkes optimal ermöglicht und die auch die biographische Situation des Erzeugers von Kunstwerken am angemessensten repräsentiert. Man muss an dieser Stelle aufpassen, dass man nicht ein Schema der Todesbegegnung entwirft, das in seiner Allgemeinheit gerade jene Individualität nicht aufscheinen lässt, die sich in diesen Grenzbereichen der Auseinandersetzung mit Angst, Tod und Grenze selber abspielt.

DIE KÜNSTLER MALEN SEIT 200 JAHREN GEGEN HEGEL

Die Aussage von der künstlerischen Gestaltung als einer Begegnung mit und als einer Gestaltung der Grenze des menschlichen Lebens gilt nun nicht nur für die Frage des Grabmals des individuellen Malers. Das Thema des Todes und seiner «Überwindung» oder «Verwindung» oder was auch immer mit ihm gestaltet werden mag, ist als schwere Last auf Kunst und Malerei schlechthin gefahren, weit über das Thema der individuellen Bewältigung der eigenen Endlichkeit hinaus.

Seit Hegel hat die Malerei mit dem Verdikt zu kämpfen, Kunst und Malerei könnten nicht mehr zum Absoluten, zu den höchsten Fragen der Geistesgeschichte beitragen. Hegel war der Ansicht, dass die Kunst ihre wesentliche Aufgabe für die Entwicklung des menschlichen Geistes und das Geschehen der Menschheitsentwicklung getan habe, als sich der Mensch in der Antike – lächelnd wie zum Beispiel der «Kalbmann» – seinen Götterbildern nähern konnte, oder wo, wie in der christlichen Kunst, der Gott als Bild dem Menschen selber ähnelte, das heißt, dass er als Mensch und damit als Bild des Göttlichen auf die Erde kam und damit das Bild überhaupt auch insofern weihte, als es an Bildwerdung im Sinne eines göttlichen Geschehens erinnerte.

Für Hegel hatte die darstellende und bildende Kunst danach ihre Schuldigkeit getan. Der menschliche Geist war im Bild zu sich selber gekommen, er war mit sich selber vereinigt und bedurfte des Bildes zur Synthese zum Absoluten nicht mehr. Hegel zufolge hatte die Kunst zu seiner Zeit nur noch einen Beitrag zum «Humanum» zu leisten und hatte seine Aufgabe bei der Selbstinnewerdung des Geistes im Wesentlichen bereits erfüllt. Die Begegnung mit den verschiedenen Kulturen und Bilderwelten verschiedener Kontinente war eben ein Geschehen, das nicht mehr der absoluten Selbstvermittlung des Geistes untergeordnet werden konnte. Kunst sank für ihn auf den Bereich des «Humanum» ab, das aus seiner Sicht die Sphäre des absoluten Beisichseins nun nicht mehr erreichen konnte.

Diese Abwertung der menschlichen Dinge können wir heute nicht ohne weiteres oder, besser gesagt, kaum noch nachvollziehen, möchten wir sie doch lieber in den Bereich versetzen, der die größte Aufgabe für uns darstellt. Für Hegel jedoch vollendete sich das Geschick des Menschen in der Rückkehr des Geistes zu sich selber, und die Vielfalt der Konflikte und alltäglichen Begegnungen, welche dieser Rückkehr nicht unterworfen werden konnten, waren für ihn Fragen niedrigeren Ranges. So kam er zu dem Verdikt vom Ende der Kunst, was für ihn bedeutete, dass die Kunst am Weg des absoluten Geistes, am Weg der Selbstbesinnung, des Zusichkommens des Menschen, als Weg des Zusichkommens des Geistes zu sich selber, nicht mehr beteiligt sein sollte. In diesem Sinne wurde das Schaffen des Malers und des Künstlers mit einem zweiten Tode geadelt. Der Künstler sei nun nicht mehr nur mit der Frage seiner eigenen Endlichkeit konfrontiert und der Hoffnung ausgesetzt, unter dem Motto «Vita brevis ars aeterna», «Das Leben ist kurz, die Kunst ist ewig», die Endlichkeit seiner «jämmerlichen» Existenz in seinem Werk überhöht und vollendet zu finden. Plötzlich war ihm die Unsterblichkeit genommen, von der die Denker des 19. Jahrhunderts noch träumten: die Unsterblichkeit des eigenen Werkes, für welches man das Glück des eigenen Lebens hinzugeben trachtete. Unter dem Verdikt Hegels war dies für den Künstler dahin. Nicht nur das eigene Leben, sondern auch die Kunst sollte nun plötzlich der Gefräßigkeit des Endlichen anheim fallen.

Das Urteil über das Ende der Kunst war mehr und dramatischer als die bloße Aussage über das Verschwinden einer Branche. Natürlich macht es einen Schneidermeister betroffen, wenn die Maßschneiderei ein aussterbender Beruf wird, weil die Konfektionsware in der Fabrik schneller und billiger hergestellt werden kann. Auch er hat vielleicht sein Leben an seinen Beruf gehängt, kämpft vielleicht verzweifelt um seine Existenz und versucht, neue Vorzüge seines Könnens herauszustellen. Die existentielle Betroffenheit beim Absterben einer Branche gibt es in einem gewissen Sinne in allen Berufszweigen. Für den Künstler griffe das Urteil über seine Branche jedoch tiefer, da er mit seiner Tätigkeit ja gerade auf irgendeine Weise die Endlichkeit bezwingen will, und sei es so, dass er sie für gleichgültig erklärt.

Um die These gleich vorwegzunehmen: Nach dem Verdikt von ihrem Ende ist die Kunst lebendiger denn je. Ja, man könnte sagen, dass der Künstler nicht nur seinen eigenen Tod, sondern auch noch den der Kunst ins Auge fassen muss; dadurch, dass der Tod ein extremster geworden ist, reicht die Kunst an jene Tiefen heran, in denen der Mensch auf Bedeutung, auf das ihm Bedeutsame stoßen kann. Die Kunst hat ganz entgegen Hegels Absichten, aber vielleicht im Sinne einer von ihm nicht vorhergesehenen Anwendung der Dialektik auf ihn selbst eine Dynamik- und Führungsrolle übernommen, die sie gerade dadurch erlangen konnte, dass sie ins Abseits verwiesen wurde.

Ich möchte nun nicht behaupten, dass Hegel mit dieser quasi dialektischen Figur letzten Endes doch Recht gehabt habe. Die Situation gestaltet sich andersherum. Die Kunst hat eine Art Führungsrolle übernommen, und die Dialektik ist ins Abseits getreten. Sie wird höchstens wirksam, um die Absolutstellung der Dialektik zu relativieren und aufzuweisen, dass zahlreiche andere Denkformen die Dynamik des Geistes übernommen haben. Wenn in Anbetracht der Kunst von Führungsrolle gesprochen wird, so ist das Wort Führung hier natürlich mit Einschränkungen zu versehen. Man könnte eher von einer Lockerungsrolle der Kunst sprechen, Verführung wäre auch wieder zu viel gesagt. Sie lockt den Geist in jene Regionen, in denen er sich weiterentwickeln und zum Beispiel erfahren kann, dass das Humane keine untergeordnete Angelegenheit ist, sondern einen Bereich bezeichnet, der nach Gestaltungsformen ruft, die mit dem Gedanken des Absoluten nicht abgegolten sind, sondern vielmehr gerade in der Hingabe an das Relative oder das nicht durch das absolut Vereinnehmbare ihre Entwicklung finden können.

Durch die Übernahme des Todes hat die Kunst ihren Karfreitag überwunden, ist, um es in traditioneller Sprechweise zu formulieren, in eine nachösterliche, gleichsam pfingstliche Phase getreten, in der sie mit tausend Zungen reden, sich auf verschiedenste Weise verständlich machen und ohne sichtbares Bild den Geist des Handelns – nicht nur in der «sozialen Plastik» – vorantragen kann. Um es pointiert in derjenigen Sprache zu formulieren, die aus dem Herkunftsbereich der Kunst stammt, könnte man sagen, dass wir nicht am Ende, am Karfreitag der Kunst angelangt sind, sondern dass die Kunst ihr Pfingsten feiert und im

Geist des Handelns die Bildlosigkeit, ja sogar die Versöhnung mit dem Bilderverbot findet.

Die Kunst bezieht aus den vielfältigen Gegenbewegungen gegen ihr Todesurteil jenen Formen- und Handlungsreichtum, der zeigt, dass Gegenbewegungen nicht nur dialektisch, sondern so buntgestaltig und bewegt ablaufen können, dass sie den Geist, der zu sich selber kommen will, darauf hinweisen, dass seine letzten Fragen und die letzten Dinge vielleicht ganz andere Einstellungen, Verschiebungen und Gesten erfordern, als dies in der Apparatur der sich verabsolutierenden Dialektik vorgesehen ist. Man kann geradezu versuchen, die Vielfalt der Kunstereignisse der letzten zweihundert Jahre als einen Versuch zu werten, das Verdikt vom Ende der Kunst zu unterlaufen. Dabei zeigten sich die Unterlaufungstechniken selber oft als bedeutsamer als das Ergebnis, das heißt, es war nicht nur von Bedeutung, womit eine Epoche, ein Stil, eine Ausdrucksform überwunden wurden, sondern fast noch entscheidender wurde die Strategie, die Weise des Überwindens, Verwindens, Unterlaufens, Beiseiteschiebens und was sich sonst an Formenreichtum des Sich-Darstellens ereignete.

Die Strategien des Einbeziehens des Vorhergehenden und des hegelschen Verdikts, ja auch die Darstellungsformen, die ohne Bezug dazu ihren Ausdruck fanden, sind vielfältig, aber vor dem Urteil vom Ende der Kunst doch gut «lesbar». Von den zahlreichen Strategien seien nur sieben herausgehoben:

1. der Rausch
2. das Gesamtkunstwerk
3. die Widerständigkeit und Alterität
4. die Frage, was denn Kunst überhaupt sei
5. die Erfahrung des Absoluten in der Kunst
6. die Erfahrungen, die im Akt der Zerstörung selber gemacht werden.
7. Bewegungen gegen das Ende der Kunst:
   – Die Widerständigkeit des Gegenstandes wird herausgestellt und kann dadurch für eine Synthese zum Absoluten nicht vereinnahmt werden.
   – Die Verhüllung
   – Die Handlung

- Die Zerstörung
- Das Absolute schlägt zurück (der Versuch, das Bild als Mittel einzusetzen).

Vom 19. Jahrhundert könnte man sagen, dass es die Dramatik des hegelschen Urteils in gewisser Weise gar nicht mitbekommen hatte. Teilweise machte es so weiter wie vorher. Angesichts vieler paralleler Entwicklungslinien ist dies kein ungewöhnlicher Vorgang. Wenn wir im Folgenden die letzten zweihundert Jahre der Kunst als besonders gut durch das hegelsche Urteil und die Reaktionen darauf kennzeichenbar ansehen, dann bedeutet das nicht, dass die Gegenbewegungen gegen das hegelsche Urteil den Philosophen explizit nennen würden. Dennoch sind sie systematisch als Gegenbewegungen charakterisierbar. Dies gilt in grober Zeichnung insbesondere für das 20. Jahrhundert.

Für das 19. Jahrhundert kann veranschlagt werden, dass es das Urteil in seiner Strenge natürlich in weiten Bereichen nicht richtig aufgenommen hatte. Wichtig erscheint jedoch, dass in jenem Jahrhundert vor allem versucht wurde, die Bewegung doch noch aufs Ganze zu vollführen. Das geschah auf zweierlei Weise: Zum einen dadurch, dass versucht wurde, im Gesamtkunstwerk auf gewisse Weise noch Gesamtheit und Ganzheit zu erreichen. Hierfür steht das Werk Richard Wagners, der bekanntlich Bühnenbildmusik, Drama usw. zusammenzuführen trachtete. Zum anderen und nicht immer weit davon entfernt ist an Nietzsche zu denken, der im Rausch, der von ihm nicht nur dionysisch gedacht wurde, auch eine Art Ganzheit anstrebte. Der Rausch, der für ihn Apollinisches und Dionysisches vereinigte, also eine gleichsam dionysische Trunkenheit an der Form darstellte, vereinigte die in apollinisch und dionysisch geteilte Welt zur Ganzheit. In welchem Maße diese beiden auf das Totum gerichteten Bewegungen in das 20. Jahrhundert (vor allem im Rahmen des Nationalsozialismus) hineinreichen konnten, ist genügend bekannt. Gleichsam an Hegel vorbei trachtete man nach einer Art «absolutem» Ende.

Was die Kunst zurzeit und in wesentlichen Entwicklungsphasen des 20. Jahrhunderts bestimmt, lässt sich weniger durch das Bestreben charakterisieren, das Absolute gegen Hegels Verdikt doch noch zu erreichen.

Vielmehr wird versucht, Hegels Verdikt auf unterschiedliche Weisen zu unterlaufen und den synthetischen Prozess auf dem Weg zum Absoluten zu versperren. Zeigt sich das Kunstwerk als widerständig für die Interpretation, so kann es dem Philosophen nicht gelingen, es als bloßes Mittel zur geistigen Vereinnahmung zu verwenden. Künstler haben sich oftmals darin zu übertrumpfen versucht, Objekte herzustellen, die interpretatorisch nicht vereinnahmt werden können.

Das starke Herausstellen der Widerständigkeit des Kunstwerks im 20. Jahrhundert muss als ambivalent, als mehrdeutig angesehen werden. Dennoch hat sie in einem wesentlichen Maße die Funktion gehabt, den Weg des Geistes zum Absoluten mit einem solchen Brocken zu beladen, dass die Antwort darauf eine Umkehr sein konnte.

Bei der Entwicklung eines Konzepts der Nichtvereinnahmbarkeit des Gegenstandes, des Objekts, des anderen spielt auch der Gedanke der Verfremdung eine wesentliche Rolle. Nicht mehr die Enthüllung, Entschleierung des Gegenstandes, des Antlitzes des anderen ist das Ziel, sondern viel eher seine Verbergung, so, wenn Christo den Reichstag verhüllt oder wenn Astrid Klein auf einer Fotografie einen Text über das Gesicht zieht, sodass der Blick kaum noch erkennbar ist. Für einen weiteren «Syntheseschritt» bewirkt dies, dass der Gegenstand nicht nur unzugänglicher, sondern in einem gewissen Sinne auch stärker wird als der Betrachter. Rachel, die sich in ihren Mantel hüllt, als sie Jakob entgegenreitet, gewinnt eben dadurch an Macht. Der Reichstag wird sichtbarer, wenn er verhüllt wird. In der Theoriebildung und Praxis künstlerischer Tätigkeit hat man sich dabei nicht nur um die Verhüllung des Gegenstandes am Gegenstand bemüht, sondern auch über die Frage des Blicks nachgedacht. Der Blick ist verhüllbar durch das Lid und durch die Tränen und durch die Wimpernhaare. Der Tränenschleier über dem Auge zieht einen Schleier über das Betrachtete.

Die Verhüllung ist die Wahrheit des Gegenstandes. Dies zeigt sich nicht nur in der Mode. Das experimentelle Spiel mit Ver- und Entbergung hat in der künstlerischen Tätigkeit zu allerlei Kuriosa geführt. Zu erinnern sei an die Ausstellung einer Skulptur im Magen des Künstlers, wie dies Stelarc durchführte. Für fünftausend Dollar ließ er von einem Juwelier eine fünf Zentimeter große Skulptur herstellen, in der sich ein

Lichtsignal, ein akustisches Signal und eine Vorrichtung befanden, die Skulptur zu öffnen. Er verschluckte die Skulptur und filmte sie in seinem Magen. Die Ausstellung fand praktisch zwischen seinen Magenwänden statt. Der Direktor des australischen Museums zögerte zunächst, das Exponat anzunehmen, war dann aber einverstanden, so Stelarc in seiner ironischen Darstellung, es doch sehr wenig Raum benötige.

Insbesondere dann tritt der Künstler aus dem Abbildungsschema heraus, wenn seine Kunst selber zur Handlung wird. Dies realisiert sich nicht erst im Happening oder im «action painting», sondern deutet sich sogar schon bei Cézanne an, dem der Schaffungsprozess teilweise wichtiger als das Ergebnis war. Künstler thematisieren die Handlung und wollen in der sozialen Plastik das Bildliche überwinden und in der Prozessualität, im Geschehen, jenes gewinnen, was einst unter dem Markenzeichen «das Absolute» zum Programm geworden war. Dabei geht die Handlung zum Teil in der gesellschaftlichen Praxis völlig auf, wenn zum Beispiel wie auf der Documenta X eine Modeboutique als Volksboutique die ökonomischen Dimensionen vollständig erfüllt, obwohl sie zur Kunst deklariert wird. Ähnliche Bewegungen finden sich, wenn in einer Galerie ein Reisebüro oder ein Waschsalon eingerichtet werden. Zum Teil wird in der Kunst jedoch auch die Handlung zum Gegenstand experimenteller Untersuchungen, so wenn Ulrike Grosshardt versucht, eine halbe Stunde lang ohne innezuhalten Möbel in einem Zimmer zu verrücken. Dies sind Versuche der Selbsterfahrung mit Handlung ohne Programmpause. Der Handlungsbegriff erfährt neue Vertiefungen, wenn versucht wird, bei der Aktualisierung der Handlung auf eine Reflexion über die Handlung zu verzichten. Umso mehr wird sie natürlich nach der Aktion zum Thema des Nachdenkens und in neue Schleifen der Selbstbezüglichkeit eingeführt. In diesen Bereichen geschehen jedoch Dinge, die man unter dem Begriff «Kunst nach dem Ende der Kunst» in ihrer positiven Gestalt formulieren kann: Nach dem Karfreitag der Kunst scheint sie – um hier die traditionelle Terminologie zu benutzen, die jenen Horizont anzeigt, dem die Kunst ihren Ursprung verdankt – in einer pfingstlichen Phase. Der Geist wird zum Thema, auch wenn er nicht unbedingt als Geist wirksam wird. Pfingsten wird zum Thema, wiewohl der Geist selber zum Teil als Gegenstand untersucht wird.

Die Versuche, zwischen Boutique und Galerie, zwischen Reisebüro und Galerie, zwischen Waschsalon und Galerie Austäusche stattfinden zu lassen, führen jenes Thema weiter, das mit der Frage «Was ist überhaupt Kunst?» eröffnet wurde.

Marcel Duchamp hat mit seinen *ready mades* Formen künstlerischen Handelns entwickelt, welche die Frage aufwerfen, was denn Kunst sei. Indem er ein vorgefundenes Urinbecken für eine Ausstellung anmalte, trat er aus dem üblichen Prozess künstlerischer Herstellung heraus und entzog das Werk damit einer Prozessualität, die auf eine unmittelbare Synthese hinschreiten sollte. Auf diese Weise gelang es ihm, Gedanken anzuregen, die darauf hinwiesen, dass im Kunstgeschehen Dinge auftreten können, die sich dem Unterwerfungsbegehren des Menschen zumindest so weit entziehen, dass eine unmittelbare Deutung und Vereinnahmung nicht möglich ist. Mit den ready mades, also mit den vorgefundenen Gegenständen, eröffnete er eine Diskussionsrunde, in welcher die Welt nicht einfach als eine vorgefertigt gegebene erscheinen sollte, sondern in der sich paradoxerweise gerade das industriell Gefertigte sich als das erwies, was dem denkerischen Eroberungsgang zumindest nach üblichem Schrittmuster besonders schwer einzufügen war. Gerade am Vorgefertigten musste der Konstruktionswille des Denkens an seine Grenze gelangen. «Die Welt ist kein ready made», bedeutet also, dass sie nicht von der Produktion und Konstruktion her verstanden werden konnte. Die Frage nach Produktion, Konstruktion und dem schöpferischen Prozess im Kunstschaffen bekam damit eine neue Perspektive. Der Perspektivwechsel war so radikal, dass sich die Frage ergab, ob es sich hier überhaupt noch um Kunst handelte. Besonderheit und Auszeichnung eines Kunstwerkes zu klären war nicht mehr die Frage, sondern ob es überhaupt zur Kunst gehöre. Wenn wir unseren Blick auf unseren Gedankengang der Charakterisierung der letzten zweihundert Jahre richten, so könnte man sagen, dass das Verdikt von dem Ende und Tod der Kunst mit dieser Figur der Transformation der Frage nach dem Besonderen des Kunstwerks in die Frage, ob es überhaupt ein Kunstwerk sei, ebenfalls in gewisser Weise umgangen ist, da auf diese Weise ja gezeigt wird, dass nicht feststehen kann, für wen das Todesurteil überhaupt gilt:

Vielleicht bin ich kein Kunstwerk (beziehungsweise Künstler), also muss im Zweifel für den Angeklagten gesprochen und das Todesurteil erlassen werden. Ohne Frage verlagert sich der Diskurs, der das Kunstwerk betraf, auf eine Ebene, auf der er mit der Frage nach der Kunst mit der Höhe der Abstraktion bei Fragen nach dem Absoluten gleichzog. Das Kunstwerk warf nun Fragen auf, die von ähnlicher Gewichtigkeit waren wie die, die sich bisher auf dem Wege zum Absoluten gestellt hatten. Auch dies war eine Möglichkeit, dem Urteil vom Ende der Kunst zu entgehen.

Natürlich sind die vielen Tätigkeiten der Künstler, die sich auf unterschiedlichste Weise der Vereinnahmung durch ein vielleicht verkürzt konzipiertes Absolutes widersetzten, nicht immer mit der expliziten Absicht, das Ende der Kunst zu verhindern und den Tod der Kunst zu überwinden, erbracht worden. Die Verzweiflung, sich in den Dingen zu verlieren, kann auf verschiedene Weise Raum greifen. Die Vernichtung eigener Werke durch eigene Hand hat so mancher Kunstschaffende als eine Befreiungstat, wenn nicht zum Absoluten, so doch zu neuem Kunstschaffen verstanden. Die Gruppe Zero brachte mit ihrem Namen zum Ausdruck, dass ihr Ausgangspunkt die Null war und dass sie nicht an andere Schritte anknüpfen wollte. In der Null stellte sich gleichsam die schellingsche Freiheit quer durch das hegelsche Dreiersystem des Zählens hindurch. Dass sie dabei selber wieder in eine Zählordnung geriet, ist eine andere Frage.

Der Versuch jedoch, im Licht (Heinz Mack) oder dem unbeirrbaren Versetzen eines Nagels in Holzmaterial (Günter Uecker) einen Neuanfang zu schaffen, hatte etwas von dem Versuch, für die Malerei eine andere Ordnung zu beanspruchen als eine, die sich vom Absoluten vereinnahmen lassen wollte. Die Gruppe Zero berief sich in ihrem Manifest explizit auf Lucio Fontana, der sich mit der Befreiungstat des Aufschlitzens der Leinwand in jene Position zum Werk stellte, die sonst nur der Philosoph mit seinem Vernichtungsurteil einnimmt. Auf diese Weise konnte der Künstler dem Urteil zuvorkommen und selber gleichsam in jene absolute Position geraten, die bisher einem Philosophen à la Hegel vorbehalten schien. Das Interessante an dieser vom Künstler eingenommenen Zerstörungsfigur ist, dass er damit wohl das Terrain des Philosophen (ein vielleicht durchaus ätherisches oder wolkiges, also eher kein Terrain als vielmehr eine Art Lufthoheitsgebiet) beanspruchen konnte, aber doch weiterhin Künstler blieb. Dies wird an dem später bewusst eingesetzten Effekt deutlich, bei dem die Zerstörung einer Leinwand selber die Struktur einer Darstellung annimmt.

Zerstörte Leinwand ist ein Bild und im späteren Werk Fontanas nicht nur das der Zerstörung. Nicht die Vernichtung des Kunstwerks durch Ausschluss aus dem absoluten Geist, sondern seine Durchkreuzung zum neuen Kunstwerk. Als eine Art mag hierfür das Zeichen der Documenta X stehen; die römische Zehn wird hier als Durchkreuzung des d eingesetzt und verdeutlicht auch klar, inwieweit die Kunst die Durchkreuzung des Dargestellten selber vollführt.

An dieser Stelle ließe sich im Rückgriff auf die Bildgeschichte verdeutlichen, dass die gegenwärtige Kunst zwar auch durch das Paradoxon charakterisiert werden könnte, dass sie das Bilderverbot mit den Mitteln des Bildes darzustellen trachtet. Es ist jedoch möglich, dies auch anders zu beschreiben, auch im Rückgriff auf traditionelle historische Terminologien. Natürlich kann man die Kreuzigung Gottes, der Mensch und damit Bild geworden ist, als eine Verwirklichung des Bilderverbots mit Nägeln ansehen. Das Erstaunliche ist, dass (unabhängig von der theologischen Frage der Auferstehung) auch nach dieser Vernagelung ein Bild verbleibt. Insofern muss man den Versuch, Lucio Fontanas zerschnittene Leinwände zu kopieren, zumindest in gewissem Maße als eine Verdopplung und damit gar Unwirksammachung der Auferstehung der Kunst ansehen. Es gibt Künstler, welche die Schlitze in den Leinwänden Fontanas auf einer intakten Leinwand so getreu malerisch wiedergeben, dass auf einer fotografischen Reproduktion nicht zu unterscheiden ist, ob es sich um eine durchschnittene Leinwand handelt oder um eine, auf der Leinwandschnitte gemalt sind. Diese Technik, Lucio Fontana zu kopieren, deutet eher an, dass hier ein Ausweichen vor der Verletzung stattfindet, als dass Strategien des Überlebens mit ihren Hoffnungslöchern eröffnet würden. Hier wird in der Tat die schwierige Frage der Verschachtelung der Wirklichkeiten bei mehrfacher Abbildung berührt.

Im Zeitalter der Fotografie ist es keine Schwierigkeit, gerade für das Vergängliche Dauer zu zeigen. Man bedenke Aktionen, bei denen Zeichenspuren in den Meeresstrand gelegt wurden, die

die kommende Flut dann überspülte und für immer auslöschte. Welche Art von Dauer hat das Foto, welches diesen Vorgang dokumentiert und auf seine Weise konserviert? Diese Tätigkeiten mögen auch ihre Bedeutung haben, geraten aber hinsichtlich der Intensität des Sich-der-eigenen-Vergänglichkeit-Aussetzens nahe an den Rand des Selbstbetrugs. Für die Frage der Abbildungskomplexitäten von Wirklichkeit, Werden, Vergänglichkeit und Dauer liefern sie jedoch einen wesentlichen Beitrag.

Während die bisher genannten Eigenarten der Kunst der letzten zweihundert Jahre zumindest formal als Auseinandersetzung mit der Herausnahme der Kunst aus dem absoluten Selbstwerden des Geistes beschrieben werden können, muss doch noch auf eine wichtige Bewegung hingewiesen werden, die gleichsam ungewollt die Eigenmacht des Bildes verdeutlicht. Es war der Versuch des sowjetischen Konstruktivismus, das Bild unter die Herrschaft der Sprachtheorie zu stellen. Dies geschah in den zwanziger Jahren, um Bilder für die Steuerung des Volkes einzusetzen. Damals wollte man das Volk zum politischen Fortschritt lenken. Ähnliche Bildtheorien gibt es auch heute. Im gegenwärtigen Konstruktivismus wie auch im katathymen Bilderleben werden Bilder zu therapeutischen Zwecken zu steuern versucht. Das katathyme Bilderleben sieht den Bilderreichtum als solchen bereits als heilsam an, während der Konstruktivismus zumeist auf eine Lockerung der Bilder durch eine erkenntnistheoretische (zumeist durch Hirnkonzepte unterstützte) Reflexion hinausläuft. Es scheint wichtig, auf die Grenzen der Manipulierbarkeit der Bildproduktion und der Bilderfahrung hinzuweisen. Malewitsch versuchte, Dreiecke, Kreise und Vierecke auf einer Leinwand darzustellen, um sie als Elemente symboltheoretischer Manipulation einzusetzen, als «das Absolute zurückschlug» und er plötzlich ein schwarzes Quadrat malte. Alles Manipulierbare war ausgelöscht, das Bild als solches kam zur Darstellung.

Als eine besonders interessante Variante des künstlerischen und maltheoretischen Umgangs mit dem Absoluten müssen die Bemühungen von Kandinsky, Klee und anderen angesehen werden, welche versuchten, die geistigsten Phänomene selber zur bildnerischen Expression zu bringen, gleichsam Metabilder des inneren geistigen Zustands zu verfassen.

Abb. 4: **Kasimir Malewitsch,** Familienangehörige an seinem mit einem schwarzen Quadrat ausgeschmückten Grab, Fotografie von 1935.

Hierfür stehen auch die Bemühungen von Jan Tulp, der sich als Hirnmaler und damit als Gedankenmaler versteht. (Die Vereinnahmungslust, die in der hegelschen Analyse zum Ausdruck kommt, ist eine ganz besondere Frage. An dieser Stelle könnte man nämlich anmerken, ob nicht die Lust, ein Kunstwerk durch Kauf und Sammeln zu vereinnahmen, gerade dadurch stimuliert wird, dass es für die Theorie als widerständig gilt. Würde man dieser Einlassung folgen, dann könnte man sagen, dass sich der Vermittlungsprozess aus dem Geistigen in das Ökonomische verschoben hat. Dies wäre eine tiefer gehende Betrachtung wert.)

DIE KUNST DES KÖPFENS

HEGEL ALS INSTALLATION

Die Malerei hat mit dem Tod zu tun und dies nicht nur in den Todesbildern, in denen er vielleicht als Knochenmann visualisiert wird. In einer gewissen Weise behandelt Kunst stets den Tod, und in einer bestimmten Hinsicht wird der schöpferische Akt von manchen auch als kleiner Tod empfunden. Die Versenkung in den Gegenstand, die Absorption durch das Material, dies ist der Tod, aus dem dann ein herrliches Bild entstehen kann. Insofern können alle Bilder der Malerei als Todesbilder angesehen werden, nicht nur jene, auf denen der Tod selber visuell thematisiert wird. Jacques Derrida sah das Malen als einen Akt des Blindseins an, was man sich vielleicht so verdeutlichen kann, dass in der Tätigkeit des Zeichnens und Pinselführens eine Einschränkung der Aufmerksamkeit auf die Tätigkeit stattfindet und jenes, was außerhalb des Regelkreises des Malens und der Bildwerdung steht, für die Wahrnehmung nicht freigegeben wird. Die große Idee blendet die Wahrnehmungsorgane. Aus der Hirnforschung wissen wir, dass Imagination in einem erheblichen Maße jene Zentren des Gehirns aktiviert, die ansonsten für die äußere Wahrnehmung benutzt werden. Natürlich könnte man das Argument auch umdrehen und sagen, dass äußere Wahrnehmung immer schon eine Benutzung der Zentren der Imagination ist. Identität für beide Bereiche liegt ohnehin nicht vor, und wenn man die Schnittmenge aus externer Wahrnehmung und innerer Imagination in den Hirnregionen betrachtet, so ist es nicht ohne weiteres ausgemacht, ob aus ihr abzuleiten ist, dass innere Wahrnehmung wie ein äußerer Wahrnehmungsvorgang gestaltet oder ob äußere Wahrnehmung wie eine innere Imagination strukturiert zu denken ist. Fraglos ist jedoch, dass der Malakt gewöhnlich eine gewisse Blendung voraussetzt, wenn man ihn als bloße Verwirklichung einer Idee ansehen würde. Neben der Idee wird aber auch die Geste wirksam, deren sensomotorische Koordination in erheblichem Maße Wahrnehmungsmomente enthält, sodass die Blendung eher jenes betrifft, was sich außerhalb des Bildrahmens abspielt, als das, was die Bildgestaltung selber betrifft, denn: Motorische Wahrnehmung ist auch ein Sehen.

Das Sehen kann die Blindheit nicht erreichen, das Abbilden den Tod nicht vereinnahmen. Die Geste, es dennoch zu versuchen, fasziniert den Menschen. Als Beispiel kann der blinde Fotograf gelten, der seine Porträtfotos aus der Geräuschsituation heraus entwirft und Fotoliebhaber mit seinem taktil entwickelten Raumempfinden überrascht. Die Geste der Philosophen, das Unmögliche versuchen und den Tod vereinnahmen zu wollen, war nicht selten ähnlicher Art. Diese philosophischen Versuche finden in der Medizin und in den Biowissenschaften ihre technische Fortsetzung. Der Mensch pflanzt die Maschine in sich ein, um den Tod zu überwinden, und gibt ihm vielleicht gerade dadurch Heimstatt in seinem Innern. Deutlich wird, dass nunmehr der Tod nicht einfach von außen, sondern – wie es immer schon war – aus uns selber kommt und in unserem Innern zu Hause ist. Die neuen technischen Möglichkeiten lassen die bisherigen Grenzziehungen zwischen Tod und Leben allerdings nicht mehr so einfach durchführen, und so liegt es nahe, dass auch von der Kunst die fraktale und frakturierte Form des Lebens angesprochen wird, so wenn Douglas Gordon seine Störtebeker-Installation «Ein Leben nach dem Leben nach dem Leben» nennt. Das Kernstück seiner Installation macht eine kopflose Schaufensterpuppe, ein Plastiktorso, aus, der er ein eigens dafür konzipiertes T-Shirt übergezogen hat, dessen Kragenöffnung enger als gewöhnlich geschneidert wurde. Das T-Shirt ist käuflich zu erwerben, und die Enge der Halsöffnung soll dem Käufer nicht ins Auge fallen, sondern an der Haut deutlich machen, wie es sich anfühlt, geköpft zu sein. (Allerdings gestaltete die fertigende Firma die Halsöffnung aus verkaufstechnischen Gründen dann doch etwas größer als ursprünglich geplant.)

Das Thema wurde von dem Maler Jan Tulp mit kunsthistorischem Bezug weiter ausgestaltet. Jan Tulp gibt dem Vanitas-Motiv, gemalt mit Filzstift, eine neue Wendung. In früheren Jahrhunderten wurde das Thema des Todes und des Endes, der Leere, der Eitelkeit und der Vergeblichkeit charakteristischerweise am Beispiel der Betrachtung eines toten Schädels verdeutlicht. Im Theater ist hierfür die Hamletszene, in der Hamlet den Totenschädel in der Hand hält und nach Sein oder Nichtsein fragt, bezeichnend. Der Betrachtende hat den Schädel in der Hand und reflektiert über den Tod, der bei dieser Darstellungsweise als von außen

kommend wahrgenommen wird. Jan Tulp kehrt dieses Schema um und zeigt den Kopf eines Geköpften in der Hand des Kopflosen als auf den Halsstumpf schauend, auf dem er ursprünglich ruhte. Damit wird der alte Traum von der Betrachtbarkeit des eigenen Todes und damit dessen Überwindung auf neuartige Weise inszeniert.

Aus medizinischer Sicht ist dazu zu sagen, dass es durchaus möglich ist, dass ein abgetrennter Kopf noch für eine halbe Minute bewusste Wahrnehmungen vollführt. Desgleichen kann auch ein kopfloser Rumpf noch einige Schritte laufen, wie dies Störtebeker getan haben soll. 1875 wurde in Lyon nach der Enthauptung eines Verbrechers von der entsetzten, auf dem Markt versammelten Menge beobachtet, wie sich der in den Sarg gelegte Rumpf des Opfers erhob, dann zur Seite fiel und ein zweites Mal versuchte, aus dem Sarg zu steigen. Danach wurden öffentliche Hinrichtungen abgeschafft, da man glaubte, dass der moralische Effekt der Abschreckung durch die vegetativen Reaktionen des Entsetzens zunichte gemacht würde und derartige Vorführungen der Präsenz des Todes einen demoralisierenden Effekt haben könnten.

DAS WIR IN DREI STÜCKE ZERBROCHEN

In seinen früheren Schriften geht Hegel auf die Frage der öffentlichen Hinrichtung ein und äußert eine gewisse Sympathie dafür, dass das Volk Abneigung gegenüber Henkern empfindet, auch wenn diese im Namen des Staates handeln. In einer anderen Schrift über das Theater äußerte er, dass der Tod einfach entsetzlich sei, und gibt zu erkennen, es gehe ihm daher um eine Transformation des Todes. So lässt sich seine Philosophie verstehen als eine Überwindung der Entsetzlich-

---

Abb. 5: Jan Tulp, Vanitas, 1998, Filzstift auf Papier, 30 × 20 cm.
Bei den klassischen Darstellungen des Vergänglichkeitsmotivs (Vanitas) wird ein Betrachter gezeigt, der auf einen Totenschädel blickt und über die Endlichkeit des menschlichen Lebens nachdenkt (zum Beispiel Hamlet oder Aristoteles). Hier betrachtet das abgetrennte Haupt seinen ursprünglichen Sitz. Würde der Körper laufen, so wäre es die Störtebeker-Situation.

keit des Todes, wobei ihm natürlich dann vorgeworfen werden kann, dass er den eigentlichen Tod in seinen Gedanken immer nur verfehlen kann. Wenn jemand Todesgefahr auf sich nimmt, um damit Macht über andere zu gewinnen, so ist dazu allerlei anzumerken. Nicht nur, dass er dabei unter Umständen die Last des Tötens auf sich nimmt, sondern auch, dass derjenige, der der Todesgefahr nicht entrinnt, über den Tod nicht mehr berichten kann. Insofern ist alle Rede vom Tod immer nur die Rede derer, die an ihm vorbeigekommen sind, also die Rede der Überlebenden. Hegel berichtet manchmal vom Herrscher, als ob er den Tod überwunden hätte. Es ist dies aber nur die Todesangst und möglicherweise die Angst zu töten. Erst der enthauptete Störtebeker kann – für kurze Zeit – Augenzeuge seines Endes sein. Die Vereinigung zur Gemeinschaft durch Überwindung des echten Todes ist bei Hegel nur vorgespielt. Das Ich und der Andere gelangen bei ihm nicht zur echten Versöhnung. Der Tod wie auch der Andere sind nur immer ein gedachter Tod und ein gedachter Anderer, das Wir ist nur das einer Einzelperson, und wenn es in Individuen aufgelöst wäre, wären es die Stücke, in die Störtebeker bei der Enthauptung zerfällt: das Haupt, der Rumpf und der Blick zwischen beiden.

WORAUF REITET MAN, WENN MAN AUF PEGASUS REITET?

Die Störtebekerszene verdeutlicht, welch ein Spiel sich bei Hegel abspielt. Dies zu durchschauen ist von großer Bedeutung, da Hegel schließlich derjenige war, der den Satz vom Ende der Malerei in die Geschichte brachte. Für Hegel war das Bild immer ein Schritt auf dem Weg des Geistes zum Absoluten. Sieht man, dass das Bild den Tod verfehlt, dass der Tod überhaupt immer nur verfehlt werden kann, so wird deutlich, dass ein derartiger Verfehlungsweg zum «Absoluten» nicht das Maß für die Malerei hergeben kann. Man kann viel eher feststellen, dass die Kunst heute – durchaus unter dem Eindruck hegelscher Äußerungen – sehr gut in der Lage ist, höchste Reflexionen zu ermöglichen, auch solche, die eine fruchtbare Charakterisierung des hegelschen Gedankengebildes selber ermöglichen.

Auf ein Detail in dem Bild von Jan Tulp sollte man noch die Aufmerksamkeit lenken: die Wiedergabe der mythischen Geburt des Pegasus aus dem Blut der Halsschlagader der Meduse. Pegasus, das geflügelte Reitpferd der Dichter, hat seinen Ursprung im Halsstumpf eines Monstrums. Natürlich liegt es nahe, die psychoanalytischen Äußerungen zum Haupt der Meduse heranzuziehen. Für Freud war das Schlangenhaupt Ausdruck des Schamhaars der Urmutter. Worauf reitet also der Dichter?

Ich will diese tiefenpsychologische Linie nicht weiterverfolgen. Die Möglichkeiten der Interpretation sind bekannt. Von Interesse ist jedoch, dass mit diesem Bild der pulsierenden Halsschlagader der Herzschlag und Rhythmus des Dichters angesprochen sind und gezeigt wird, welcher Art der Ursprung der Poesie des Todes und vielleicht auch der Sprache der Bilder überhaupt sein kann. Mit oder gegen Hegel, der Tod wird zum weichen roten Farbquell, und würde man vom Tode der Malerei sprechen, so würde dieser nur noch reichlicher im «Caput-mortuum»-Rot fließen.

WIRKLICHKEIT: TAUMEL DES BEGEHRENS UND TECHNOLOGISCHE FERTIGUNG

In einer bestimmten Altersphase lieben es Kinder, ihre Puppe aus dem Bettchen zu werfen oder weit weg vom Buggy über den Bürgersteig zu schleudern. Welche Begeisterung, wenn die dabei aus dem Gesichtsfeld entschwundene Puppe dann wieder auftaucht. Meist sind es ja keine Puppen, die wie kleine Mütter oder menschliche Spielgefährten ausschauen, immer öfter scheinen sie aus einer gentechnischen Kreuzung lilafarbener Drachen mit australischen Schnabeltieren und Lummerlandbewohnern zu bestehen. Schon die Fort-da-Spiele (erst ist etwas fort, dann wieder da) im Kindesalter antizipieren heute eine gentechnisch veränderte Verwandtschaft.

Das Fort-da-Spiel ist auch im Erwachsenalter noch Lust erzeugend. Dann werden aber höhere Ansprüche gestellt. Der Verlust der Wirklichkeit und der Einsicht in ihre Illusionalität, das Wegwerfen ihres Bildes ist natürlich zuerst eine Enttäuschung, die aber dann von großer Freude abgelöst wird, wenn sich wieder eine neue Realität einstellt, auch wenn diese etwas verändert sein mag. Die Untersuchung optischer Illusionen und das Erkennen der hinterher korrigierten Wirklichkeit stellt daher ein höchst lustvolles Betätigungsfeld dar. Es enthält so viel Lustpotenzial, dass es zum tragenden Paradigma für viele Wissenschaftsgebiete unter dem Bilde des Konstruktivismus werden konnte. Obwohl optische Illusionen von der Hirnforschung am wenigsten aufgeklärt sind, gelten sie manchem als Paradigma für die Wirkungsweise unseres Gehirns: Das Gehirn erscheint dabei als Lustmaschine, das in der Lage ist, das, was es erst als Wirklichkeit erfahren hat, als bloßes Abziehbild beiseite zu tun, aber als ein Abziehbild, unter dem neue, bessere Bilder zum Vorschein kommen, in welche Begehren ohne Begrenzung ausweicht. Auf diese Weise wird nicht eine bestimmte persönliche Relation, eine individuelle Beziehung zu einem Partner mit ihrer bildlich libidinösen Auflading, Ursprung und Quell der Freude, der vielleicht seine Lust auf die Poesie und die vielleicht auch notwendige Arbeit hinaufplätschern lässt, sondern hier wird im Gegenteil die Auflösung von Wirklichkeitsbildern zum Quell der Lust. Dies sind unterschiedliche Lustanfänge, die alle ihr individuelles Recht haben, wobei nichts Sonderliches gewonnen ist, wenn man sie einer «gedanklichen» Synthese zufügen wollte.

Aufmerksamkeit ist jedoch erforderlich, wenn der unterschiedliche Umgang mit Lust in der Wissenschaft und den Wahrnehmungstheorien zu recht unterschiedlichen Konzeptionen von Realität und deren Ausblendung gelangen kann. Selbstverständlich, wenn die Lust bei der Konzeption des Gehirns als einer Maschine zur Detektion optischer Illusionen (wobei diese am Gehirn neurophysiologisch am wenigsten verstanden sind) dazu führt, weniger lustvolle Erfahrungsbereiche in der Theoriebildung nicht zu berücksichtigen. Der Konstruktivismus befasst sich nicht mit dem Schmerz, an diesem kann man kein Fort-da-Spiel betreiben. Aber natürlich ist auch eine konstruktivistische Schmerztheorie möglich, und genau die möchte ich vorschlagen. Wir wissen, dass Schmerz in verschiedenen Kulturen unterschiedlich wahrgenommen wird. Bei Nerveneinklemmungen oder medizinischen Eingriffen zeigen orientalische Patienten zumindest ein intensiveres Ausdrucksverhalten als nordeuropäische Patienten. Bei Italienern gegenüber Deutschen und andererseits bei Vorderorientalen gegenüber Italienern hat sich bei psychophysiologischen Messversuchen ein stärkerer Expressivitätsgrad hinsichtlich des Schmerzes gezeigt. Hierbei sind zahlreiche kulturelle Faktoren zu berücksichtigen, beispielsweise auch, dass in Kulturen, die mit Technik nicht so sehr in Berührung kommen, gegenüber einer westlichen Messmethode natürlich schneller das Signal «Ich habe Schmerzen» angegeben wird, um ein weiteres Herumexperimentieren abzuwehren. Dennoch sprechen zahlreiche Erfahrungen dafür, dass Schmerz auch unabhängig von derartigen Untersucherartefakten in verschiedenen Kulturen sehr unterschiedlich wahrgenommen, interpretiert und zum Ausdruck gebracht wird. Dabei spielen Mechanismen der Tabuisierung des Emotionalen, wie dies in Nordeuropa zum Beispiel der Fall ist, im Gegensatz zur Anstellung sogar von Klageweibern in orientalischen Kulturen zur Verstärkung des Ausdrucks des allgemeinen Schmerzes, eine große Rolle. Schmerzausdruck kann sogar zu einer sozialen Pflicht werden, sodass er formal an andere Personen delegiert werden darf. Bei solchen Delegierungsvorgängen kommt eine auf die

Charakterisierung des Vegetativums abzielende Psychophysiologie selbstverständlich an ihre Grenzen. In diesem Zusammenhang ist es wichtig, die soziale Genese von Schmerz und Schmerzausdruck zu studieren, wobei diese Genese zum Zwecke der Beeinflussung natürlich auch als Konstruktion aufgefasst werden kann.

Die neuropsychologische Einzeichnung des Schmerzes in ein Körperschema würde zu kurz greifen, solange die Entstehung des Körperschemas und dessen Abhängigkeit von dem Netzwerk von Interaktionen nicht deutlich gemacht sind. Hier leisten Künstler wichtige Arbeit, so zum Beispiel Stelarc, wenn er das Konzept des Schmerzes mit dem des freien Schwebens in Verbindung bringt und zeigt, wie er an Dutzenden von Haken, die durch seine Haut geführt werden, aufgehängt werden kann, sodass er anders als die Fakire nicht gegen Schmerz und Schwerkraft meditieren muss, sondern den Schmerz selber als Möglichkeit der Levitation im doppelten Sinne erfahren kann.

Eindrucksvoll ist die auf der «Multiple-Identity»-Ausstellung gezeigte Illustration eines Künstlers. Hier erscheint die Kontur eines menschlichen Körpers, eingehüllt in verschmutzte braune Stoffbahnen, als durch den Ausgrabungsprozess aus einer Erdpfütze erst konstituiert. Die An-, Ausschalt- und Entillusionierungsmechanismen sind für das visuelle System in Form des Blinzelreflexes und des willkürlichen Lidschlags von Natur aus bereits mitgegeben. Die Möglichkeiten der willkürlichen Unterdrückung des Schmerzes sind geringer. Selbst der Drogenabhängige kann die Welt in dieser Hinsicht nur für kurze Zeit konstruieren. Es ist verständlich, dass man die Welt von Eigenschaften und Manipulierbarkeiten des Visuellen her deuten will, die in anderen Sinnesbereichen eher der Addiktion eines Heroinsüchtigen bedürfen.

Das Morphium ist jene Substanz, welche absteigende somatosensible Bahnen des Rückenmarks aktiviert, die in der Lage sind, herankommende Schmerzimpulse zu unterdrücken. Die Endorphine und endogenen Opiate stellen praktisch den Lidschlag für die Schmerzwahrnehmung dar, sind aber nicht so gezielt willentlich einsetzbar und verfügbar, wie das beim Auge der Fall ist.

Der Künstler, der das Neue schaffen will, möchte natürlich die Dinge aus ihrem Zusammenhang lösen, auch wenn nicht durch einen einzelnen Lidschlag physiologisch gleichsam bereits vorgezeichnet ist, dass das Vorhergehende abgelöst werden kann. Er sucht nach neuen Auflösungen der Zusammenhänge und muss dabei bisweilen ungewöhnliche «Risse» in sich erzeugen, das heißt Verschiebungen der Darstellung in sich ertragen, die man als Erster und Einzelner bisweilen nicht einfach auf sich nehmen kann. Es kann dann hilfreich sein, von der Konstruierbarkeit der Erfahrungswelten und Bildphantasien auszugehen, um auf diese Weise Kraft zu gewinnen, den Ablösungsakt zu steigern.

Bisweilen muss dann einfach ausgeblendet werden, dass die Konstruktion eine Selbstvergegenwärtigung eines Aktes ist, der erst in der Vergegenwärtigung als konstruiert und konstruierbar erscheint, im Vorhinein aber eher bloß genetisch, das heißt sich entwickelnd war, wenngleich nicht selten durch den Willen der Konstruktion angestachelt. Aus diesem Grunde ist Konstruktion häufig ein Überlagerungsvorgang und Loslösungsvorgang, wenn es sich um psychische Geschehnisse handelt, die nie eine Tabula rasa, eine leere Leinwand darstellen, die, wenn man ein Bild aus ihnen entfernt, eine völlig leere Projektionsfläche nicht zur Verfügung stellen.

Die durchgängige Konstruktion ist die Versuchung des Künstlers, Therapeuten und Hirnforschers gleichermaßen. Man kann nicht sagen, dass der Konstruktivismus fehlgeschlagen sei, muss jedoch feststellen, dass das kreative Potential des Menschen auf verschiedene Weise aktiviert werden kann und im Falle des Konstruktivismus gerade auf eine von ihnen nicht erwartete Weise losgeschlagen wurde (schwarzes Quadrat statt konstruierbar manipulierbarer Zeichen). Dem Konstruktivisten kann es sehr schnell geschehen, dass er die Energien des In-der-Welt-Seins auf die Seite seines imaginären Ichs schlägt und dabei der Sonne der Außenwelt alle Kraft entzieht. Eine voll libidinisierte Außenwelt lässt sich schließlich nur schwer noch konstruieren. Insofern ist es auch kein Wunder, dass dort, wo das Herz der Liebe hinwandert, zum Anderen, nach außen nur eine Projektionsfläche zugelassen wird. Das Ich will Sonne sein, so wie de Chiricos Gemälde, wo auf der Staffelei eine farbenfrohe, leuchtende Sonne prangt, die jener am Horizont alle Energien entzieht und draußen nur eine schwarze Scheibe belässt, rundes Mahnmal der Tat einer Libidosortierungsmaschine, wie bei Malewitsch das schwarze Quadrat.

Folgt man einer Konzeption der menschlichen Psyche in einem Verhältnis von Grund und Existenz, von Konstruktion und Konstruierendem, wobei der Konstruierende als letztlich nicht ganz durchsichtig gedacht wird, dann wäre die Umkehrung dieses Verhältnisses von Grund und Existenz, bei dem der Grund zunächst die Existenz ermöglichte, nun aber als Lichtes nach oben gekehrt wird, wo alles zugleich, auch der Grund des Konstruierens als Konstruierter, genommen wird: eine Art Sündenfall, so jedenfalls, wenn man Schellings Konzeption des Bösen folgen würde. Ich meine, dass dieser Sündenfall für den kreativen Menschen aus gewisser Perspektive als unvermeidbar erscheinen muss. Das Interessante an ihm ist, dass in vielen Versuchen Künstler, die aus verschiedenen Positionen kommen, das Verhältnis von Beobachter und Beobachtendem durchsichtiger machen wollen und zum Beispiel in Videoinstallationen, in denen der Beobachter selber nochmal zur Darstellung kommt, den Traum der durchgängigen Beobachtbarkeit träumen. Wir wissen natürlich, dass, selbst wenn das Gehirn eines der Beobachter nuklearmedizinisch online analysiert wird, die Auflösung der Zusammenhänge nur bis zu einem gewissen Grade gelingt. Es ist nahe liegend, das Gemälde von Giorgio de Chirico, auf dem zwei Maler dargestellt sind, die sich gegenseitig malen und anstelle von Köpfen nur den vom anderen gemalten Leinwandkopf haben, in eine neue hirntheoretische Version zu überführen, in welcher die beiden Partner einander nicht malen, sondern szintigraphisch mit bildgebenden Verfahren der Hirnforschung online zur Darstellung bringen. Man könnte den Eindruck gewinnen, dass dort, wo der Mensch zurückhaltend ist in der Verkehrung des Verhältnisses von tragendem Grund und durchscheinendem Blick, die technologischen Möglichkeiten den Menschen mit neuen Blickmöglichkeiten ausstatten, die ihn geradezu mit der Nase darauf führen, seinen Grund genauer zu untersuchen. Waren früher die Argumente zahlreich, dass die Hirnforschung aus erkenntnistheoretischen Gründen den Zirkel von Ich und Außenwelt (wobei das Gehirn oft zur Außenwelt gerechnet wurde) nicht durchschreiten könne, so scheint nach der Verabschiedung dieser Barrieren durch die verschiedensten Philosopheme auch das ethische Bedenken gegen die Verkehrung des Verhältnisses von Grund und Getragenem längst verabschiedet, da die Blickverhältnisse so komplex sind, dass man in manchen Installationen das Gefühl bekommt, das letzte Subjekt der Betrachtung sei eine Kamera.

Interessant ist, dass diese Blickverhältnisse und Durchleuchtungsansätze gerade in der Videokunst vorgeführt werden, während in anderen Kunstbereichen die Widerständigkeit und Undurchdringbarkeit für den Blick zu installieren und zu thematisieren versucht wird. Für Film und Video haben sich andere ästhetische Ausrichtungen entwickelt, als dies bei der Entwicklung der Malerei der Fall ist. Während die Maler Themen des «Bilderverbots» auf kreative Weise aufnehmen konnten und zur Aktion und Installation übergehen konnten, ist dies für den Bereich der Videokunst und Filmkunst nicht in ganz demselben Maße der Fall gewesen. Bei den bewegten Bildern ist kein Ende des Bildes auszumachen.

Es ist jedoch wichtig, darauf hinzuweisen, dass die Versuche, alle Beobachterperspektiven einzufangen, nicht die Fülle und den Grund der beteiligten Beobachter freilegen, sondern oft nur einen Leerlauf der Beobachtung mit inhaltslosen Schleifen erzeugen, so wie es in der Installation von Nam Yun Paik zum Ausdruck kommt, in der ein Buddha ein Fernsehbild betrachtet, auf dem er als Betrachter dargestellt wird.

Konstruktion scheint das Unvermeidbare menschlicher Existenz zu sein, die sich mit einem fixierten Grund nicht so recht abfinden will. Allerdings erscheint es problematisch, das Unvermeidbare zum Prinzip zu erheben, auch wenn man dazu verurteilt ist, schaffend aus seinen Bezügen herauszufallen. In therapeutischen Situationen bietet es sich an, den Menschen, der aus seinen Bezügen bereits herausgefallen ist, darüber aufzuklären, dass er einem Bild angehangen hat. Diese Aufklärung sollte allerdings nicht einfach am Paradigma der optischen Illusionen geschehen, weil dies dazu verführen könnte, anzunehmen, dass Wirklichkeitsbilder ähnlich leicht austauschbar wären wie durch Mess- und Tastkorrektur verabschiedete optische Täuschungen. Die Konstruktion ist bei Konstruiertem möglich, jedoch höchst erschwert bei dem, was sich als Entwicklung aufgebaut hat, ohne dass es sich um eine «rein rationale» Konstruktion handelte. Optische Illusionen kann man durch Einsicht schnell verabschieden, Wirklichkeitsentwürfe und Wirklichkeitsbilder sind jedoch auch immer Ausdruck einer Begehrens- und Lustkonstruktion. Der Künstler, der seine Befriedigung darin findet, derartige Lustprojektionen durch

Überraschungen (Frappez les bourgeois!) aufzubrechen, muss als Bürgerschreck unter Umständen den Schreck wahren, seine liebsten Beziehungen aufs Spiel gesetzt und verprellt zu haben. Schon finden sich Künstler, die dieses Spiel mit der Libido (die Lust am Fort-da-Spiel) leid sind, aber auch nicht zur Stabilität von projizierten Libidorelationen zurückkehren wollen, sondern die gerade mit dem höchsten Bewusstsein und nicht die Energie aus der Angst des Unerwartenden beziehend (Angst, Schreck und Überraschung nicht als Mittel für neue Konstruktionen benutzend) den Eros und die Verführung mit dem Geplanten in eins fallen lassen wollen in der Vorstellung, dass auch das Geplante stets genügend Überraschungen bereitstellt. So realisierte die Künstlergruppe 10001 das Projekt «Follow me». Mit der Aufschrift «Follow me» lockte eine Künstlerin in Venedig Männer in ihr Zimmer, wies diese dann aber nicht nach dem feministischen Muster «Hab ich dich erwischt!» ab. Hier scheinen Grund und Existenz, Grund und Konstruktion aufs Tiefste in eins gedacht, und die Frage ist, inwieweit so etwas möglich ist, ob nicht die Konstruktion des Begehrens dieses bereits voraussetzt. Der experimentelle Versuch der Künstler verdeutlicht jedoch sehr schön die Probleme des Verhältnisses von Konstruieren und Konstruiertem, von Begehren und Konstruieren des Begehrens. Denn gerade an dieser Stelle wird die Frage nach der Konstruierbarkeit ja am bedeutsamsten, hier, wo die Einsicht erwächst, dass das Wirklichkeitsbild immer schon Elemente des Begehrens und der Lust enthält. Schließlich ist es keine Frage, dass der Code des Gehirns kein alphabetischer ist, sondern dass Stellvertretungen und Verschiebungen die Abbildungsprozesse im Gehirn so stark von energetischen Dimensionen durchdrungen scheinen lassen, dass der Austausch von Abbildungen genauso stark von Lustprinzipien abhängig wird wie die primäre Einstellung der Bilder und Abbilder selber. Das Spiel mit den optischen Illusionen macht Hoffnung und ist für den therapeutischen und künstlerischen Alltag oft unabdingbar, zur eigentlichen Reife gerät es jedoch erst, wenn es die wahre Radikalität eingeht, auch die libidinösen Projektionsmechanismen des Begehrens einem Kalkül unterwerfen zu wollen (wie das die Künstlergruppe in der Praxis versucht).

VAN GOGHS BRÜCKE UND DIE ABBILDUNG DER SIMULAKREN

Der kognitive Status des Bildes in Bezug auf die Hirnfunktionen wird besonders an den zahlreichen Diskussionen zur Kritik am Bild deutlich, die in erster Linie drei Aspekte herausgreift:
1. Einschränkung der Inhalte sowie Nichtreflexibilität
2. das Abbildmodell der Wahrheit
3. die Einschränkung durch Rahmenbildung (und auch Perspektive usw.)

Die Einschränkung der Inhalte zeigt sich natürlich vor allem unter der Blickzähmung durch die Perspektive. Der Nachteil des Bildlichen, dass es sich anders als die Sprache selber nicht so gut thematisieren kann, wird hauptsächlich von der modernen Kunst wettzumachen versucht. Zu denken sei dabei an die Bilder von Magritte und de Chirico, die das Thema Bild per se zum Gegenstand haben. Man könnte sagen, dass die Auflösung des Bildes geradezu das Thema der modernen Kunst ist, die immer mehr versucht, dem Bildmedium selber einen reflexiven Charakter angedeihen zu lassen.

In zahlreichen Wahrheitsmodellen wird die Wahrheit einer Aussage an dem Grad gemessen, zu dem sie die Außenwelt abbildet. Dieser «Spiegel der Natur» des Wahrheitskonzeptes stellt eine wesentliche Metapher dar, der auch ihre Kritiker nicht immer ganz entrinnen können. Man bekommt den Eindruck, dass die grundlegende Funktionsweise des Gehirns darin besteht, einen aktiven Neuronenbereich zu einer anderen Gruppe aktiver Neuronen in Beziehung zu setzen, und dass sich dies dem Gehirn immer wieder in Bildern unterschiedlicher Art selber darstellt, sodass Abbildungs- und Spiegelungsmetaphern nicht leicht zu verlassen sind. In der Tat kann ein Großteil der Geschichte der Abbildungstheorien als ein Hin und Her zwischen Außen und Innen, zwischen Bild und Urbild gedeutet werden. Es gibt eine mehr als tausendjährige Geschichte, der zufolge Wahrheit dann vorliegt, wenn die Außenwelt richtig abgebildet wird. Vor über 2500 Jahren stellte sich Empedokles vor, dass die

Augen die Außenwelt bei Wahrnehmungsprozessen nicht einfach nur abbilden, sondern selber das Licht aussenden, mit dem die Gegenstände erfasst werden können. Heute ist der Mensch nicht gern von Gegenständen abhängig und sympathisiert mit ähnlichen Theorien, denen zufolge wir in der Wahrnehmung die Gegenstände gleichsam erst herstellen. Seinen Höhepunkt findet das Spiel zwischen Außen- und Innenwelt in der Annahme, dass wir heute nur noch Simulakren, das heißt Abbilder, denen gar kein Ursprungsbild entspricht, herstellen. Die Welt wird damit zu einem Spiel von Simulakren, was einem bisweilen auch sehr einleuchtend erscheint, wenn man zum Beispiel Bilder von einer Pressekonferenz in den Nachrichten übermittelt bekommt, in denen manchmal eher die filmenden Kameraleute als die redenden Politiker dargestellt werden. Am Medium Fernsehen ist ja deutlich abzulesen, wie die Bilder ihre eigene Wirklichkeit bekommen, wie Talkshowmaster, Fernsehansagerinnen oder wiederum Talkshowmaster zu ihrer Show einladen. Die Programmzeitschrift scheint die Weltgeschichte eingeordnet zu haben, und die Selbstdarstellung des Mediums findet in der Programmänderung angesichts des plötzlichen Todes eines Fernsehautors seine Vollendung. Das Fernsehen hat in unserem Gehirn ein Attraktorsystem ausgebildet, das es uns unmöglich macht, Wirklichkeit ohne dieses noch wahrzunehmen. Die Betrachtung der «Ferienlandschaft» durch die Linse der Videokamera stellt aus der Sicht der Hirnforschung daher nicht einen Verlust von Wirklichkeitswahrnehmung dar, sondern überhaupt erst die Ermöglichung von Wahrnehmung, das heißt, ohne durch die Videolinse zu schauen, würden für die Wahrnehmung der Außenwelt gar nicht genügend Hirnneuronen aktiviert werden. Die Funktion der Videoaufzeichnung liegt also nicht darin, diese später einmal anzuschauen, sondern das Gehirn für die Gegenwart überhaupt erst zu aktivieren, eben durch die Vorstellung, dass man später einmal nach der gewohnten Fernsehweise schauen würde.

Unsere Tätigkeit erschöpft sich jedoch nicht im Spiel der Simulakren. Die Abstraktionsmechanismen, die bei der Wahrnehmung eines natürlichen Bachlaufes von unserem Gehirn in die eine oder andere Richtung vollzogen werden (sei es, dass wir poetisch den Spatzen auf der Weide lauschen oder, geographisch rechnend, uns eine Abkürzung der

Bachwindungen vorstellen), haben zur Existenz des am Rande der Gesellschaft lebenden Dichters und des weitgehend kanalisierten Wasserkreislaufes geführt.

Wenn Evolutionstheoretiker der Ansicht sind, dass die Flosse des Fisches das Meer abbilde, so muss man fragen, was denn die Erfindung des Rades repräsentiere. Diese musste die Welt einebnen und die Geographie in Geometrie verwandeln. Kann auch davon die Rede sein, dass der Mensch aufgrund seiner Evolution die Welt angemessen abbilde? Wird die Welt nicht viel eher zu einem Abbild einiger Prozesse menschlicher Kognition? Heute wird bildliche Repräsentation in der Erkenntnistheorie und in der Kunst nicht selten kritisiert. Man sollte dabei nicht übersehen, dass wir jedoch noch in einem Zeitalter des Repräsentationalismus leben, in dem die Bilder, die der Mensch erzeugt, externalisiert werden. Die Simulakren werden veräußert, und, um ein harmloses Beispiel zu wählen, die Brücke, welche van Gogh bei Arles im 19. Jahrhundert malte, steht heute noch, allerdings nicht mehr für den rollenden Verkehr, der zwei Ufer verbunden wissen möchte. Die Brücke führt über einen mittlerweile stillgelegten Kanalteil, der, ein Stück ab vom neuen Kanal, heute eher wie ein Biotop für erkenntnistheoretische Dinosaurier erscheint.

Früher suchte man den Weg zur Quelle, vielleicht auch deswegen, weil dort beide Ufer zusammenfinden. Im Kanal dagegen gerät man in ein Verzweigungssystem, in dem eine Quelle kaum noch aufzuspüren ist, man findet höchstens Einleitungen von Wasser. Van Goghs Brücke wirkt heute wie der Versuch eines Erkenntnistheoretikers, Innen- und Außenwelt verbinden zu wollen: durch externe Repräsentation der «Innenwelt» van Goghs, die sich einst mit der Außenwelt einer Brücke befasste.

Ich finde, dass sich die alte moderne Holzbrücke mit ihrem von Büschen schon fast zugewachsenen Wasserstück gut für eine Freilandparty eignen würde. Wenn alle dazu eingeladen wären, könnte man in solch einer Gesellschaft, und nicht in der Erkenntnistheorie, erfahren, ob man den Anderen erreicht.

Meine Favorisierung des gemeinsamen Festes anstelle der Grammatik des Ichs als Ausgangspunkt der Prozesse der Erkenntnis und des Wissens findet in der Gemeinschaft von Wissenschaftlern und Künstlern ihre

Form, die jedoch nicht immer zur Darstellung kommt. Die Unberechenbarkeit, die Interaktion wird neuerdings aber von den Neurowissenschaften selber als Mittel der Erkenntnis eingesetzt. Wir leben nicht mehr im heisenbergschen Zeitalter der Unschärferelation, das in der Kunst eine Entsprechung in den verschwommenen Kondensstreifen fotografisch unscharf eingefangener bewegter Objekte gefunden haben mag. Längst wird nicht nur die Unschärfe des Objekts einkalkuliert, sondern dessen eigenes Erkenntnisinteresse mit in den Untersuchungsplan der Hirnforschung einbezogen. Als Beispiel hierfür mag die Methode von Jerry Pine, einem Physiker aus Palo Alto, Kalifornien, gelten, der in das Spiel zwischen Subjekt und Objekt neue Chancen für das Objekt, in diesem Fall das Gehirn, eingeführt hat. Er ging von der Sachlage aus, dass man nicht beliebig viele Elektroden in die Nervenzellen des Gehirns einführen kann, um dieses zu untersuchen, da dies an sich bereits einen Störeffekt mit sich bringen würde. Er suchte nach einer Methode, welche die Nervenzellen nicht verletzte, und benutzte dafür mit einem leitenden Goldfaden versehene Silikonelektroden, deren plättchenförmiges Ende eine Mulde aufweist, in welche er das Neuron einer Ratte fügte, um die Impulse dieses Neurons selber als Messinstrument zu benutzen. Er führte die Plattenelektrode mit dem Rattenneuron in das zu untersuchende Gehirn ein und ließ das Rattenneuron mit dem untersuchten Gehirn Interaktionen eingehen. Letzteres hat ein eigenes «Erkenntnisinteresse», indem es nämlich von seinen Neuronen aus Auswachsungen verschickt und diese in Kontakt mit dem Untersucherneuron treten lässt. Auf diese Weise beginnt ein buntes Interaktionsspiel, bei dem nicht nur der Untersucher untersucht, sondern auch das untersuchte Objekt sich intensiv mit den Nervenimpulsen des Eindringlings befasst. Dies geht weit über die heisenbergsche Unschärferelation hinaus und könnte ein Bild für mögliche Interaktionen sein. Natürlich sind die Ergebnisse solcher Untersuchungen nicht völlig durchkalkulierbar, doch zeigen sie, dass die Wissenschaftler immer weniger Angst vor dem Unberechenbaren der Interaktion bekommen. Mein Bild von der Strandfete als «erkenntnistheoretischem Horizont» nimmt also die alte Entgegensetzung von Geistes- und Naturwissenschaft nicht wieder auf, sondern sucht nach einer fröhlichen Lebensgrundlage auch für hirntheoretische Modelle, wobei wir uns auf

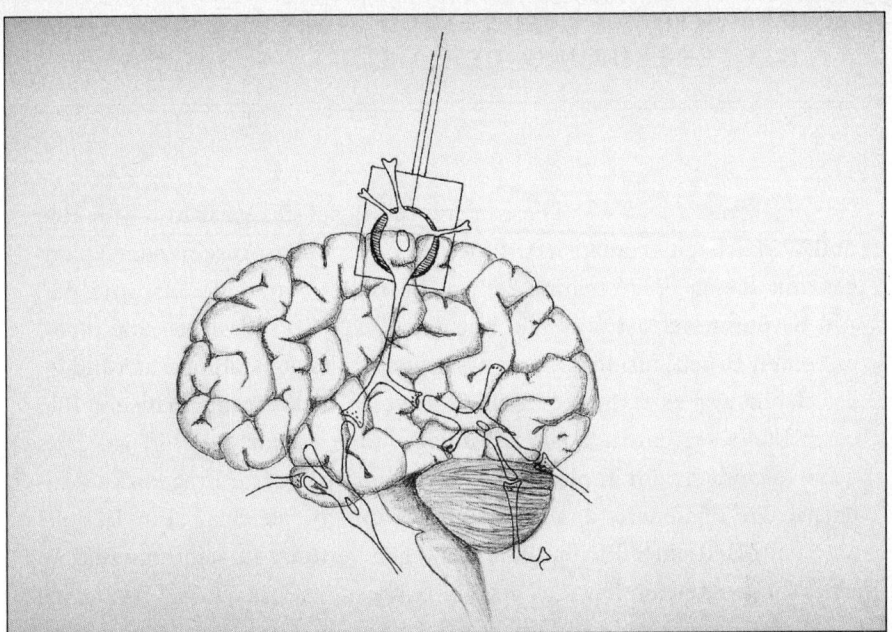

Abb. 6: Die Untersuchung des Nervensystems mithilfe von Nervenzell-Elektroden. Das untersuchte Gewebe setzt sich aktiv mit dem Untersuchungsinstrument auseinander. Das geht über die Struktur der heisenbergschen Unschärferelation hinaus. Das Beobachtete beobachtet «zurück». Das untersuchende Neuron und die untersuchten Neuronen sind vergrößert auf das Gehirn projiziert (Zeichnung M. L.)

der Basis dieser Fröhlichkeit gemeinsam entscheiden können, ob wir diese Hirnmodelle mit Hilfe von Hybridisierungsexperimenten der gerade genannten Art verfeinern wollen. Für die Kunst scheint mir an diesem Experiment und dem dahinter stehenden erkenntnistheoretischen, ja man müsste fast sagen interaktionstheoretischen Horizont ein neuer Impuls für den Umgang der Welt mit der Welt und unseren Umgang mit uns und ihr zu entstehen.

DIE WIRKLICHKEIT DER MALEREI UND DIE ERZEUGUNG DER WELT

Die Malerei selbst hat das Verhältnis von Bild und Wirklichkeit thematisiert. Eine der plakativsten Auseinandersetzungen mit dieser Fragestellung stellen die Bilder von René Magritte dar. Am berühmtesten ist sein Bild mit dem Text «Ceci n'est pas une pipe», das einen Bruch mit dem metaphysischen Projektionsrahmen ankündigt. Bis dahin war es selbstverständlich gewesen, dass, wenn man ein Bild einer Pfeife sah, nicht erläutern musste, dass es nur ein Bild ist. Dies gehörte einfach zum impliziten Wissen. Man diskutierte Fragen des Rauchens, der Pfeifenart, des Tabakhandels und dergleichen zum Beispiel an einem Bild einer Pfeife, ohne deswegen verführt zu sein, das Bild an einer Ecke anzuzünden, die gegenüberliegende Ecke in den Mund zu stecken und den wohligen Duft von Tabakrauch in der Nase zu erwarten. So konnte man lange Zeit Bilder und Begriffe diskutieren, als ob sie Wirklichkeit wären, ohne dass jemand die Befürchtung geäußert hätte, dass man Bild und Wirklichkeit verwechseln könnte. Erst durch Vermutungen, dass man bei der Beschäftigung mit dem Bild möglicherweise nicht mehr zur Wirklichkeit zurückfände, wurde das Bild unter einen gewissen Verdacht gestellt. Im Hinblick darauf erscheint der Hinweis von René Magritte, dass die Pfeife auf dem Bild keine sei, natürlich nicht unbedeutsam. Viele kunsttheoretische Diskussionen befassen sich mit diesem Zusammenhang von Bild und Wirklichkeit, wobei zum Teil ziemlich viel Verve daran gesetzt wird, zwischen beiden Bereichen auch pathologische Bruchlinien aufzuzeichnen; wenn das Bild etwa als Behinderung des Wirklichkeitszuganges angesehen wird oder die Imaginationen und das Bildliche als die Ermöglichung des Realitätsbezuges. Es ist keine Frage, dass die vorwurfsvolle Attitüde gegenüber dem Bild möglicherweise zum Wirklichkeitsbezug selbst eine Bruchstelle setzt, die dramatischer als die zwischen Bild und Wirklichkeit sein kann. Hier wäre mehr Balance wünschenswert und ein «unbeschwerter» Flirt mit und zwischen Bild und Wirklichkeit freudespendender als die oft auf sehr partikularen, individuellen Enttäuschungen beruhenden Oppositionen gegen das Bild.

Natürlich ist es nicht verwunderlich, dass der Streit um die Wirklichkeit anhand des Bildes ausgetragen wird, da sich im Bild als Bild der Wirklichkeit (also nicht nur im gemalten Bild, sondern in dem bildlichen «Konzept», das wir uns von der Wirklichkeit machen) Projektionen des Begehrens einen Raum verschaffen.

Es überrascht daher nicht, dass Jan Tulp in der Wirklichkeitsdebatte anhand des Bildes von Magritte eine andere Spur offen legte. In seiner Zeichnung «Ceci n'est pas un phallus», auf welcher eine Pfeife dargestellt ist, bringt er zum Ausdruck, dass der Wirklichkeitsdiskurs nach der Entwicklung der Psychoanalyse völlig andere Abbildungsdimensionen zu berücksichtigen hat, insofern man eher die explizite Dimension in den Blick nimmt, als dies zuvor der Fall war. Nach den Leistungen von Freud kann eine Wirklichkeitsdiskussion, die sich mit einem abgebildeten Objekt befasst, nicht nur Bild und Wirklichkeit gegeneinander stellen, sondern muss sich auch um die tiefenpsychologische Bedeutung des Objekts bemühen. Betrachtet jemand eine abgebildete Pfeife, so erscheint die Anmerkung, dass es sich nicht um eine wirkliche Pfeife handle, für viele Fragen in mancher Hinsicht subsidiär, während der Hinweis, dass es kein Phallus sei, eine interessante Herausforderung des wirklichkeitsfordernden psychoanalytischen Diskurses darstellt. Wenn die Frage nach der Beziehung von Bild und Wirklichkeit am Beispiel der Pfeife diskutiert wird, dann zeigt sich, was zunächst Widerstand in uns hervorrufen mag: Die Wirklichkeit wird vom Begehren geprägt. In einigen anderen Gemälden Magrittes wird dies auch implizit offenbar, so zum Beispiel in einem Gemälde, in dem eine verlängerte Nase bis in die Pfeife hinabreicht. Natürlich soll das nicht bedeuten, dass Wirklichkeit durch ganz bestimmte Symbole einer Tiefenpsychologie allein strukturiert sei, es lässt aber erkennen, inwieweit die Verschiebung des Begehrens gerade bei der «Konstruktion» von Welt eine Rolle spielt. Aus ebendiesem Grunde kann Welt nicht beliebig konstruiert werden, sondern wird durch Akte verwirklicht, die eher dem Zeugungsvorgang ähneln. Welt wird nicht konstruiert, sondern erzeugt. Nun könnte man meinen, dass diese Einsicht eben die Bedeutung des Begehrens bei der Weltkonstituierung und der Übergang zum Begriff der Erzeugung eine Verabschiedung des Konstruierens darstellen würde. Diese Trennung kann jedoch in einem Zeitalter, in dem künstliche und extrakorporale Befruchtung, die In-vitro-Fertilisation, die Aufzucht in der Gummigebärmutter, der intrauterine operative Eingriff, das Klonen und der genchirurgische Eingriff die Themen des Tages ausmachen, nicht mehr so einfach durchgeführt werden. Der Zeugungsvorgang wird in der Wirklichkeit durch Konstruktionen ergänzt und durch Konstruktionsmechanismen ersetzt. Es wird nicht lange dauern, bis man Zeugung auch als Konstruktion versteht. Die Biologie macht es vor, und der konstruktivistische Familientherapeut wiederholt es. Zeugung und Liebe werden von dem Gedanken der Konstruktion vereinnahmt, und wenn man von beiden auch in Zukunft noch spricht, so in einer Weise, als ob es sich um ein bloßes Konstruieren handle (das Klonen erscheint dann als ein Sonderfall geschlechtlicher Fortpflanzung, denn schließlich betrachtet man die Autoerotik ja auch als einen Sonderfall von Erotik. War nicht das Fort-da-Spiel des Konstruktivismus schon immer ein Ausstoßen von Klonen aus dem eigenen Selbst in die Welt hinein, ein autopoietisches Setzen und Versetzen, damit neues Setzen stattfinden kann?).

Angesichts dieser Entwicklung dürfte der künstlerische und kunsttheoretische Hinweis auf das Begehren bei der Wirklichkeitskonstitution nicht ohne weiteres schon als Korrektiv konstruktivistischer Modelle, die von der bloßen Auflösung optischer Illusionen ausgehen, zu begrüßen sein. Für eine Hirntheorie scheint es besonders wichtig zu lernen, dass das Geschehen an den Neuronen nicht als bloße Informationsverarbeitung eines noch so komplex gedachten visuellen Perzeptrons gedeutet werden kann. Die energetische Dimension ist neben der Informationsdimension von eigenständiger Bedeutung. Sie findet ihre vorläufige Darstellung in der Thematisierung tiefenpsychologischer Mechanismen, reicht jedoch weit darüber hinaus. Durch die Berücksichtigung der energetischen Dimension, der Intensitäten und des Begehrens ein Korrektiv der konstruktivistischen Machtlust zu erwarten, erscheint nicht «realistisch». Insofern dient die Vorführung mehr oder weniger expliziter tiefenpsychologischer Thematisierungen in der Malerei eher dem Übergang von der Tiefenpsyche als Thema des Innenlebens des Menschen zum Unbewussten als technischem

Erzeugnis, das heißt als Konstrukteure setzen wir jene Gestalten in die Welt, verleihen ihnen eine technische «Lebendigkeit», die wir in unserem Unbewussten zu nähren gewohnt waren.

Freud hatte die Zeit, oder mehr noch, das Begehren an die Kette gelegt, und das Ei in der Hosentasche, «aufklappbar», zeigte an, was anstand. Eine Abbildung von Duchamp als jungem Mann zeigt ihn, wie er dort, wo das 19. Jahrhundert noch Ankettungen vornahm (das Unbewusste angekettet an das Bewusste), eine Pfeife hält. Van Gogh, durch Leiden von den Ketten befreit, zeichnet, von Gauguin verlassen, dessen zurückgelassene Pfeife auf einem Stuhl, ähnlich wie auch eine aufrechte Kerze auf einem ähnlichen Stuhl. Bald darauf, gleichsam zur Sühne für den gespannten Streit mit Gauguin, sieht man ihn mit Verband an der Stelle des geopferten Ohres und eigener Pfeife. Es muss nicht gesagt werden, in welcher Weise das Ohr der Pfeife entspricht. Hier greifen bereits triviale psychoanalytische Kenntnisse. Aber gerade deswegen erscheint es wichtig, auf die Möglichkeit verschiedener energetischer Systeme und Assoziationen hinzuweisen, so zum Beispiel auf derivative Energieaustauscher aus dem auditiven Bereich zum Thema Gauguin, ohne dass die Energetik jeweils aus der erotischen Kommunikation direkt bezogen wurde.

Stelarc, der Künstler, der sich weit in den technischen Bereich vorwagt, plant das Projekt eines dritten Ohres. Falls er einen Arzt dafür gewinnt, möchte er folgende Technik durchführen lassen: Im Bereich der Wange vor dem rechten Ohr soll eine Hautaufblähung so weit vorgenommen werden, bis sie ohrähnliche Formen annimmt. Stelarc geht es dabei nicht darum, dass die Ohrähnlichkeit zur Perfektion gelangt, wichtiger ist ihm herauszustellen, dass es sich um ein ästhetisch interessantes Gebilde handelt und nicht etwa um ein «schlapp herabhängendes Hautkonglomerat». Er beabsichtigt, in die künstliche Hörmuschel einen akustischen Sender einzufügen, der bis auf einige Zentimeter Abstand hörbar ist und zum Beispiel Worte des «sweet nothing» von sich gibt, sodass, wenn sich eine andere Person nähert, diese in seinem Gehör akustische Liebkosungen wahrnehmen kann. Natürlich fühlt man sich in diesen Zusammenhängen an die in Transplantationslabors

Abb. 7: Vincent van Gogh, Selbstbildnis mit verbundenem Ohr, 1889, Öl auf Leinwand, 51 × 45 cm, Privatsammlung
Im Spannungsverhältnis zu Paul Gauguin malte van Gogh dessen auf einem Stuhl liegende Pfeife und gab sein eigenes Ohr als Opfer. Diese Geschichte lässt sich tiefenpsychologisch erzählen, kann aber auch ihre Fortsetzung in der Transplantation eines Menschenohrs auf einen Mauserücken finden.

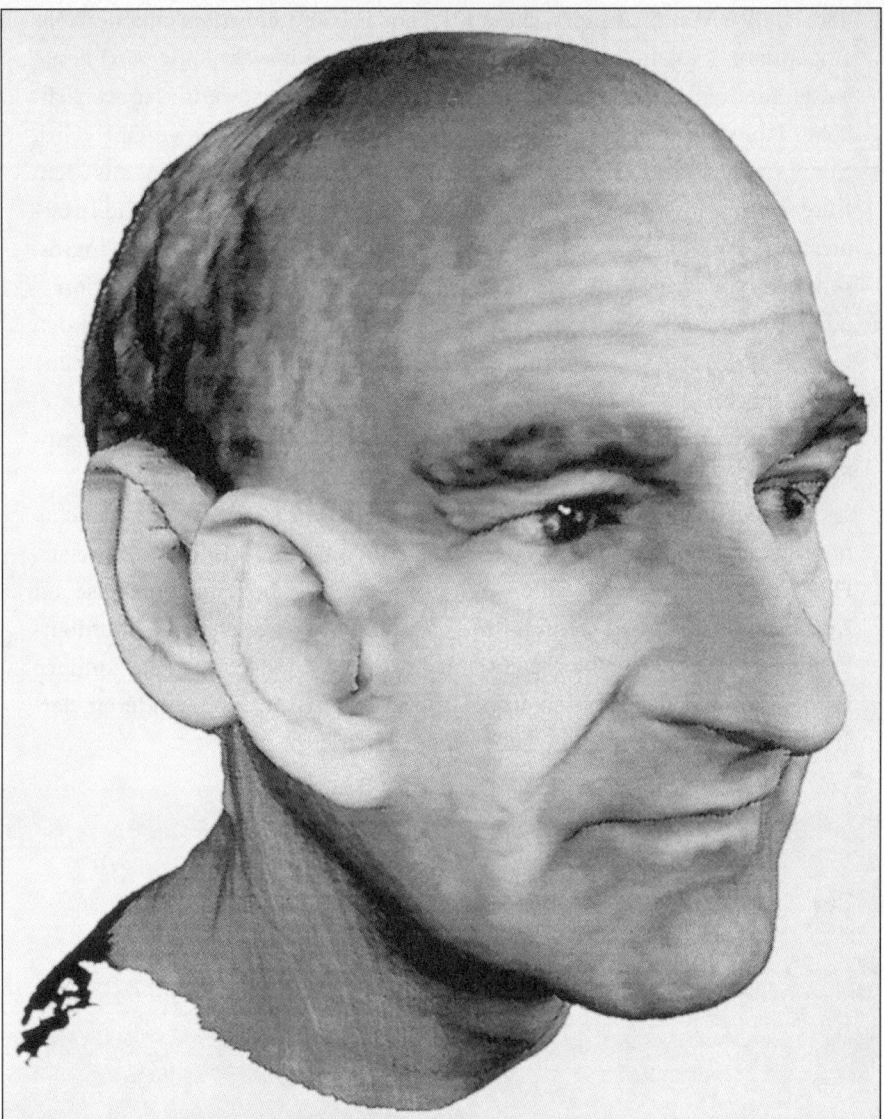

Abb. 8: Stelarc, Drittes Ohr.
Der Künstler Stelarc experimentiert mit seinem Körper. Er will sich nicht ein Ohr abschneiden, sondern ein drittes hinzuwachsen lassen. Aus diesem Ohr soll ein Lautsprecher mit Texten des «Sweet nothing» klingen, hörbar für jeden, der sich ihm auf 30 cm nähert. Bis jetzt hat er jedoch noch keinen Arzt gefunden, der dies mit seiner Ethik für vereinbar hält.

hergestellte Maus erinnert, die auf ihrem Rücken ein menschliches Ohr eingepflanzt bekommen hat und dort trägt. Tiefenpsychologie wird heute auf technologischem Wege inszeniert. Was bedeutet es, wenn der menschliche Kommunikationsempfänger auf den Mäuserücken genäht wird, wenn das Klonschaf den Namen «Dolly» erhält, Klonzellen aus dem Euter entnommen werden und so weiter? Die tiefenpsychologische Inszenierung hängt davon ab, dass es sich nicht um Zeugung und Empfängnis, sondern durchweg um Konstruktionen handelt. Selbst die Iteration – oder sollte man sagen: Familienähnlichkeitsparodie – findet sich bei den Gewebechirurgen als «Stilmittel». Die Bostoner Arbeitsgruppe, welche ein menschliches Kommunikationsorgan auf den Mäuserücken nähte, setzte die menschliche Hörmuschel jetzt auf ein Kaninchenohr. Dissimuliert sich technisches Handeln hinter Symbolen der Wahrnehmung?

Selbst Jan Tulp zeigt sich in seiner Zeichnung «Wenn ich spreche, höre ich dir zu» von den körpertransformierenden Techniken inspiriert. Hier malte er ein Gehör auf eine Zunge, damit auf bedeutsame Weise auf Zusammenhänge von Hören und Sprechen hinweisend, die verdeutlichen, dass das Sprechen nicht nur ein Sich-selbst-Hören ist, sondern immer schon ein Hinhören und Hinhörenwollen auf den anderen darstellt.

BUDDHAS GEHIRN

In der abendländischen Geschichte gibt es eine Erzählung, der zufolge der Versuch der Sichtbarmachung, zumindest in religiösen Dingen, eher einer Antigestalt zugeschrieben wird. Es war der Lichtbringer, auch Morgenstern genannt, der dann nach seinem Sturz die «teuflische» Perspektive des Abgrundes einnahm. Es ist Luzifer, der Beobachter des Herrn sein möchte, dabei seinen «Standpunkt» aber nur in der tiefsten Tiefe gewinnen kann. Jeder wird sich scheuen, diese Perspektive einnehmen zu wollen, doch was macht der, der über beide, den Blick des Herrn und den ihn betrachten wollenden Luzifer, berichten will? Die Multiperspektivität unseres Geistes ist theologisch noch nicht ausgelotet (um nicht zu sagen «ausgeleuchtet»). Normalerweise wehren sich Religionen dagegen, dass man eine Perspektive einnimmt, in der sie zum Gegenstand werden. Will man nicht nur Banalitäten zutage fördern, so geht man in der Tat ein existentielles Risiko ein, wenn man Religion zum Objekt macht. Aus diesem Grunde kennt auch der Buddhismus so etwas Ähnliches wie «Bilderverbote». Zwar gibt es zahlreiche Buddha-Statuen, aber es wird darauf hingewiesen, dass aus deren Gestalt in keiner Weise auf das Wesen des Buddha geschlossen werden kann. Auch hier liegt wieder so etwas wie die Verbindung der sinnlichen Gegenwart eines Antlitzes mit seiner unendlichen Entfernung zugleich vor.

Es wäre interessant, im Kontext der Hirntheorie einen Vergleich der kognitiven Disposition der drei Religionen Judentum, Christentum und Buddhismus im Hinblick auf die Frage der visuellen Gegenwart durchzuführen. Geht man davon aus, dass ein absolutes Statuenverbot die kognitive Beziehung zum Nichtdargestellten sogar noch intensivieren kann, nimmt man also an, dass die Darstellung der Christusgestalt im Tode eine ganz besondere Spannung von Abwesenheit und Anwesenheit hervorruft, dann erfährt die Frage nach dem das Nirwana meditierenden Buddha ein besonderes Interesse. Auch wenn die Kognitionstheorie beziehungsweise Hirnforschung, wenn sie sich einer derartigen Fragestellung annimmt, auf den ersten Blick einen Metastandpunkt erobert zu haben scheint, so ist

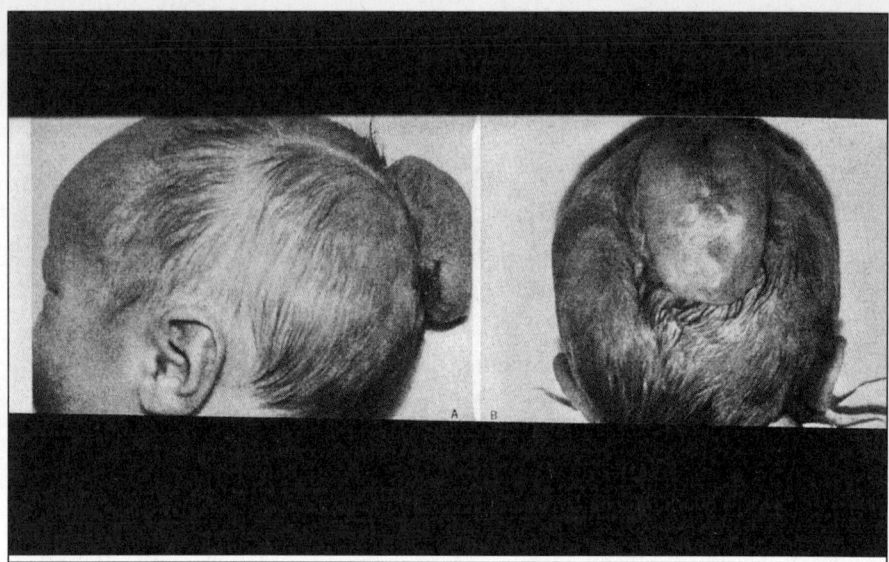

Abb. 9 b: Angeborene Vorstülpung von Gehirn im Bereich des Scheitellappens.

doch darauf hinzuweisen, dass eine derartige Fragestellung im wissenschaftlichen Kontext zwar abgesichert sein kann, dass sie existentiell aber nicht an die «Absicherungskapazitäten» der genannten Religionen heranreichen kann (wobei sich auch diese Absicherung natürlich in der Unsicherheitsspannung bewegt). Ohne hier eine Diskussion des Bildes im Buddhismus oder gar in der vergleichenden Religionswissenschaft allgemein beginnen zu wollen, möchte ich jedoch eine kleine Erfahrung berichten, die mich auf einer Südostasien-Reise gleichsam überfiel und die ein tieferes Studium verdiente, hier jedoch nur kurz dargestellt werden soll.

Kurze Zeit nach dem Besuch buddhistischer Klöster, in denen Buddhagestalten mit den charakteristischen Insignien des Schädels zu sehen waren, betrat ich eine neurochirurgische Klinik in Bandung auf Java. Dort wurden meinem Begleiter und mir auf einer Visite Fälle einer nasalen Encephalocele vorgestellt, die in Südostasien nicht selten sind. Es handelte sich um die angeborene Vorwölbung von Gehirnanteilen im

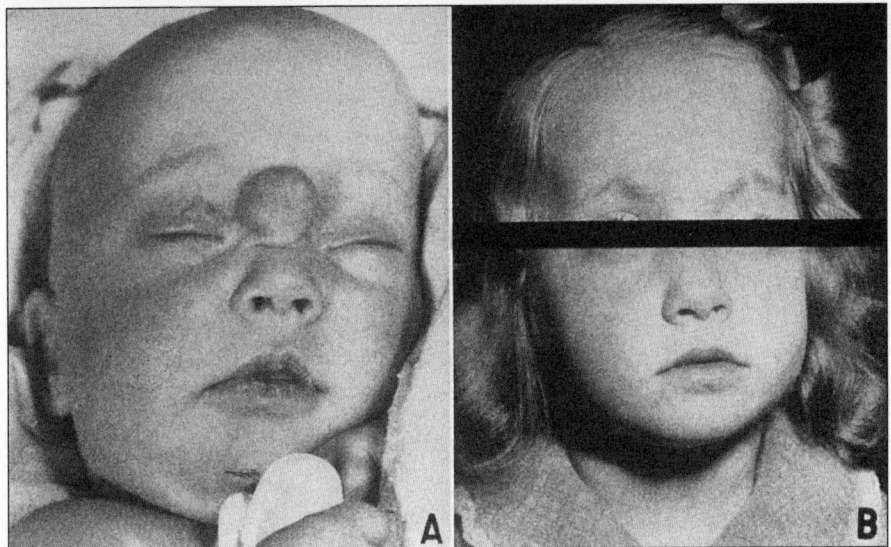

Abb. 9 a: Angeborene Vorstülpung des Stirnhirns im Bereich des Nasen-Stirn-Überganges. Die Veränderung konnte mit gutem Erfolg operiert werden (s. rechte Seite).

Stirnbereich, sodass in der Mitte der Stirn eine Wölbung auftritt, an der Hirn noch von den Hirnhäuten ummantelt, zumeist noch von Haut umgeben, aus dem Knochen heraus nach außen getreten ist. Wie die Fachliteratur zeigt, kann eine derartige Vorstülpung von Gehirn auch am Scheitel auftreten und wird dann als parietale Encephalocele bezeichnet. Bei einem Anblick eines Patienten mit nasaler Encephalocele fiel mir sofort die Ähnlichkeit zur Konfiguration des Buddhaantlitzes auf. Handelte es sich bei der Ushnîsha (der Schädelauswuchs am Scheitel), der Ûrnâ (das dritte Auge beziehungsweise die Haarlocke zwischen den Augenbrauen), die für Insignien des Erleuchteten gehalten werden, in «Wirklichkeit» um eine nasale beziehungsweise parietale Encephalocele?

Geht man vor diesem Hintergrund davon aus, dass es oberhalb der Religionen keinen festen Standpunkt gibt und geben kann, dann müsste eine derartige Überlegung nicht despektierlich sein. Führt man sie fort, dann ist es natürlich interessant zu erfahren, dass in der Fachliteratur über nasale Encephalocelen davon berichtet wird, dass diese Missbildung mit einer Störung des limbischen Systems einhergeht. Eine derartige Störung würde die besonders kreativen Leistungen des Erleuchteten im Hinblick auf Vegetativum, Emotion und Lebensführung in der Neuintegration in eine für den Menschen bisher nicht da gewesene Lebensform plausibel machen. Diese würde der Rolle des Buddhismus nichts nehmen, aber noch eine zusätzliche Spiegelungsmöglichkeit zufügen. Folgt man Dostojewskij, dem großen Epileptiker, mit seiner Aussage, dass die Tatsache, dass ein Gehirn erkrankt ist, nichts an der Wahrheit ändert, die es zutage bringt, dann möchte man unter Umständen noch einen Schritt weiter gehen und sagen: Für gewisse kreative Prozesse kann man sich kaum vorstellen, dass sie ohne eine «Abweichung» des Gehirns zustande gebracht werden können.

Aus den Parallelen zwischen bestimmten Hirnbesonderheiten und den äußeren Insignien der Buddha-Gestalt muss nun nicht gefolgert werden, dass Buddha in seinem Leben über diese Hirnbesonderheiten verfügt hat. Möglicherweise hat man sie ihm nur zugeschrieben, weil man den Menschen, die auf der Erde mit der besonderen Gestalt eines Antlitzes und besonderen Eigenschaften ihres Vegetativums anzutreffen waren, einen Respekt entgegenbrachte, der einem religiösen Schauer fast gleichkam. Vielleicht war auch hier die darstellende Kunst, in diesem Fall bei der Gestaltung des Buddha-Hauptes, an der Grenze angesiedelt, die beim Menschen das Erfahrbare vom Unerfahrbaren teilt.

DAS ANTLITZ DER VOLLENDETEN KUNST

Der Künstler Markus Lüpertz ist der Malerei verpflichtet. Er will sie zur Vollendung bringen. Damit meint er nicht einfach nur, dass er ein besonders gelungenes Bild schaffen möchte – dies wohl auch –, sondern vor allem, dass die Bewegung, die geschichtlich hinter der Malerei steht, zur Vollendung gelangen soll. Solche Denkfiguren kennt man eher aus der Philosophie, Hegel zum Beispiel, der nicht einfach nur denken wollte, sondern zugleich auch immer eine Denkgeschichte zu ihrem Abschluss, zu ihrer Vollendung führen wollte. Ist entsprechendes für die Malerei überhaupt vorstellbar? Ist die Malerei überhaupt in der Lage, sich selber in einer Weise zu thematisieren, wie die Philosophie dies tut? In der Philosophie führt die Beschäftigung mit sich selbst teilweise zu einer Verkürzung der kognitiven Loop. Aber immerhin, das Denken ist in der Lage, sich selber und seine Geschichte zum Gegenstand zu machen. Lässt sich Entsprechendes auf die Malerei übertragen? Genügt es, dass die Malerei eine mit Bildern voll gehängte Museumswand nun auf einem Einzelgemälde präsentiert, um zur «Vergegenwärtigung» ihrer eigenen Geschichte zu gelangen? Wäre sie vielleicht gerade dann nahe an ihrer Vollendung, wenn sie aus ihren Grenzen ausbrechen will und ihre mit dem Pinsel bemalte Leinwand noch einmal einer Tortur mit dem Messer unterzieht? Oder war sie schon immer reflektierend, indem sie den Blick auf ihre Gesten und Materialien nie verheimlichen konnte?

Oder soll Vollendung der Kunst heißen, dass sie in einem größeren Zusammenhang eingeordnet wird, wie dies auch bei der menschlichen Kognition der Fall ist, dass nämlich Bild und Wort und andere Leistungen (Gedächtnis, Emotion usw.) nicht isoliert, sondern erst im Zwischenspiel zu ihrer freien Entfaltung gelangen? In der gegenwärtigen Kunst, in der Malerei, gibt es genügend Bemühungen, in das Gemälde hinein Zeichen der Unvollständigkeit und des Darstellungscharakters hineinzugeben, anhand derer verdeutlicht werden kann, dass Vollendung eine Bewegung ist, die über das Bild hinausgeht. Dies steht im strikten Gegensatz zu früheren Vorstellungen, denen zufolge die Maler miteinander wetteiferten, das perfekteste Abbild der «Realität» herzustellen. Man denke an den Wettstreit der beiden griechischen Maler der Antike, bei dem der eine Weintrauben so naturgetreu malte, dass die Tauben danach pickten. Er war sich sicher, damit den Sieg davon getragen zu haben, und als er sich an seinen Gegner wandte, sagte er: «Nun zieh doch mal den Vorhang weg und lass Dein Bild sehen!» Er staunte nicht schlecht, als er feststellen musste, dass der Vorhang sich nicht wegziehen ließ, da er gemalt und somit selber das Bild war.

Die Vollendung der Malerei muss etwas mit der Anwesenheit des Bildes in seiner Abwesenheit zu tun haben, und mit der Malerei hingen die spannendsten Exkursionen des Geistes zusammen, bei denen die Projektionsfläche für die Schemata des Denkens offen gehalten wurde. Malerei war nicht nur Darstellung der äußeren Welt, es ging nicht nur darum, ein Lächeln oder einen Blick so natürlich darzustellen, dass man sich ihm nicht entziehen konnte.

Malerei war auch der Versuch, ein Bild für das Unsichtbare zu gewinnen, ja die funktionale Bildlosigkeit des Sprechens mit Intuition zu versehen und umgekehrt Bilder sich zu einer Sprache entwickeln zu lassen. Dies liegt auf der Linie der platonischen Bewegung, deren Anfang Platos Versuch der Abwehr der Malerei war, als er sich durch Verbrennen seiner Theaterstücke der bildlichen Kraft der Memesis zu entziehen trachtete. Er hatte die Bildkraft auf diese Weise befreit, sodass sie dem Geistigen stärker zur Verfügung stehen konnte. Im Anfang der abendländischen Tradition, die so stark von der Bildlichkeit geprägt ist, bestand also durchaus zunächst eine Rückdrängung der Bildlichkeit, aus der heraus sie die Kraft gewinnen konnte, für neue Deutungen zur Verfügung zu stehen. Das der Natur entrissene Bild war in der Lage, dem Geist als Spiegel zu dienen, und in der bildlichen Darstellung des Gleichnisses konnte er sich die Geschichte der Befreiung von den Bildern erzählen.

Diese Befähigung des Modells ließe sich als Neuaktivierung von Verknüpfungen zwischen dem Areal V1 (und weiteren Zentren des Sehens) und den Zentren der Kognitionen deuten. Einen tieferen Drive für die Freiheit der Kognition initiierte das biblische Bilderverbot. Durch das Verbot von Götterstatuen in Moses Gesetzen wird das Antlitz in eine Unsichtbarkeit für den Bezug zum Anderen gesetzt, welche der Ethik des Antlitzes eine außerordentliche Kraft verlieh.

Das Verbot, Statuen darzustellen, wurde zum kognitiven «Ort», in dem das Unsichtbare und das Unendliche ihre Kraft entfalten konnten. An dieser Stelle findet sich nun jenes Geschehen, das der abendländischen Kunst ihre besondere Aufladung brachte. Sicherlich hat Kunst auf allen Inseln und Kontinenten stets auch einen Bezug zum Unsichtbaren aufgewiesen. Fetischismen und Totemismen waren Ausdruck der Kraft einer primär nicht betrachtbaren Gestalt. Die Goldplättchen, die man an der Nase Buddhas zerreibt, können Ausdruck der Ehrerbietung dafür sein, wie er den Umgang mit dem Unsichtbaren meisterte. Die abendländische Geschichte fand jedoch den Weg zur Herstellung einer «Kompulsionskanone» des Visuellen, das hinsichtlich des «Verfahrens» der energetischen Aufladung ihresgleichen sucht und vielleicht sogar noch als Ursprung der globalisierten Netzwerke der Visualität anzusehen ist.

Das Bilderverbot war zwar auf Statuen gerichtet, betraf aber, was die Gleichnisse anging, alles, was in der Schöpfung zu Land und zu Wasser gefunden werden konnte, sodass die geistig-kulturellen Auswirkungen groß waren und noch in der carnapschen Wissenschaftstheorie ausgemacht werden können, wenn dort für die Wissenschaft ein Verzicht auf Bilder gefordert wird. Das Statuenverbot stellt sicherlich einen tiefen Eingriff in die kognitive Vorstellungswelt des Menschen dar. Es brachte jedoch mit sich, dass die Gestalt des Menschen beziehungsweise des Gottes mit einer unvergleichlichen Hoffnung und Erwartung umgeben werden konnte.

Es greift wahnsinnig und katastrophal zu kurz, das Bilderverbot mit der Frage nach dem «Augenmenschen» oder «Ohrenmenschen» verbinden und deuten zu wollen. Derartige Deutungsversuche können nicht nur zu einer Trennung von Kulturen führen (sie haben es getan), sondern werden nicht einmal im Ansatz der besonderen Dynamik des Bilderverbotes gerecht. Das Bilderverbot ist nicht Ausdruck einer vermindert ausgebildeten Neuropsychologie der Visualität. Es lässt durchaus die Annahme bestehen, dass der Bezug zum Visuellen für den Menschen biologisch gesehen dominant ist. Es geht jedoch davon aus, dass das Hören für den Menschen besser und es für ihn wichtig ist, zu verstehen und verstanden zu werden. Eine gewisse Bestätigung findet diese Perspektive auch darin, dass dem Blinden das Glück der Kommunikation bewahrt bleibt, während der Gehörlose sie sich mühseliger erarbeiten muss.

In dieser Situation eines ethisch motivierten Bilderverbotes ereignete sich nun etwas, das auf sehr hohe Anforderungen hinsichtlich der Rechtfertigung und Plausibilität treffen musste: Die Fleischwerdung beziehungsweise Bildwerdung eines Gottes, der seine Verbildlichung zuvor noch verboten hatte. Wie sollte ein Gott, der durch das Verbot seiner Darstellung Raum für eine Ethik geschaffen hatte, nun im Verhältnis zum Bilderverbot gedacht werden? Am Ort des Verbots des Erscheinens erscheint man am besten in der Bewegung des Verschwindens.

Das Verschwinden im Tod nahm so viel Negativität auf sich, dass es in die Öffnung, die durch das Bilderverbot in das Sehen hineingeschnitten wurde, hineingefügt werden konnte. Die Kunst der letzten zweitausend Jahre erhielt ihre Kraft in der Darstellung des im Tod entschwindenden Gottes. Von da aus konnte dann zunächst mehr über die der Kreuzigung beiwohnenden oder auch die den Gekreuzigten abnehmenden Personen gewonnen werden. Später kam in der niederländischen Malerei auch die Landschaft hinzu. Man hatte sich die Welt wieder erschlossen, über Festessen und Dorfbräuche, dargestellt durch Breughel und viele andere, konnte der Tod (des Herrn) vergessen werden. In der Renaissance gelang es, den Blickwinkel vom Christus-Maler zu dessen Bildgeber zu verschieben. Die Maler malten dann das, was ohnehin schon lange das Phantasma der Christus-Malerei gewesen war: die Darstellung der darüber Herrschenden.

Die Vollendung greift den Anfang auf, und am Ende der Darstellung des sterbenden Herrn steht die Identifikation mit dem Tod. Bei Markus Lüpertz können der gesichtslose Krieger, der seinen Ort suchende Tod und die Markierung des Antlitzes bis zur Unkenntlichmachung durch Einstempelung von Todesknochen als eine Vollendung gelesen werden. Darüber hinaus ist aber auch eine Anordnung in eine übergreifende Geschichte möglich.

DER HALBZOMBIE
IN DER WISSENSGESELLSCHAFT

Paul Klee sprach von den zwei Bergen. Auf dem einen wohnen die Götter, die wissen, dass sie wissen, auf dem anderen wohnen die Menschen, die wissen, dass sie nicht wissen. Dazwischen im Tal leben die Tiere, die nicht wissen, dass sie wissen. Für Paul Klee und auch für Roman Jakobson endete die Geschichte an dieser Stelle. Sie schrieben den Spruch des Sokrates, dass wir wissen, dass wir nicht wissen, noch fest. Die Menschen sind jedoch von den Bergen hinabgestiegen, um zu verstehen, warum die Tiere nicht wissen, dass sie wissen. Sie schoben Zollstöcke in die Gehörgänge der Tiere und öffneten ihre Kopfhaut. Danach wussten sie, warum die Tiere nicht wissen, dass sie wissen. Sie entdeckten, dass auch in den Gehirnen der Menschen Wissen war, von dem sie nicht gewusst hatten. Nun wussten sie, dass sie nicht wissen, aber auch, dass sie nicht wissen, dass sie wissen. Dieses Wissen fingen sie an zu verwalten, und so wussten sie, dass sie wissen. Nun wussten die Menschen, dass sie wissen und dass sie nicht wissen, dass sie wissen und dass sie nicht wissen, dass sie wissen. Es war, als ob ihr Berg höher geworden wäre, aber dort hatten sie auch zu schweben begonnen und den Boden unter den Füßen verloren. Aber spielte dies nach der Verkabelung des Morgensterns noch eine Rolle? Was war geschehen? Wissen wir, was geschehen ist? Ist das Wissen entsokratisiert worden? Hat das Licht die Finsternis durchdrungen oder ist der gefallene Engel wieder aufgestiegen? Wie ein Zombie vielleicht? Wie wissen wir, wann wir wissen und wann wir nicht wissen? Werden wir, wenn wir uns jetzt schon als Wissenssystem deuten, als Mensch noch wissen, ob wir wissen? Das Licht ist zum Elektro-Impuls für die E-Kommunikation geworden. Da wir nicht darüber herrschen können, ob sich Helle oder Dunkelheit einstellen, statten wir den Halbzombie mit der Theorie des Selbst anstelle der Aufforderung zur Achtsamkeit auf das Licht aus.

Für die elektronischen Vernetzungen wird sich die Frage ergeben, nicht nur ob sie ein Bewusstsein, sondern auch, ob sie ein Unbewusstes entwickeln können. Nicht der Selbstbezug (das Wissen eines relativ leeren Wissens), sondern die Frage, ob dieses auch in einer Bewusstseinshelle geschieht, wird zentral. Allzu gern würde man die Bedingungen wissen, unter denen sich Unsichtbares in Sichtbares wandelt, denn was hätten wir von einem Wissen des Wissens, wenn wir nicht mehr von Angesicht zu Angesicht schauen könnten?

DAS BILDERVERBOT BEDEUTET NICHT BLENDUNG DES ÖDIPUS

Bilderverbot bedeutet nicht Blendung des Ödipus. Doch Fragen der Ästhetik sind von Fragen der Ethik nicht völlig zu trennen. Manchmal treten die beiden Disziplinen zueinander in Opposition. Ich möchte im Folgenden das Paradigma der dynamischen Plastizität der Hirnorganisation herausstellen, um Wege aufzuweisen, auf denen Ethik und Ästhetik nicht mehr als Gegensatz, sondern in einem einander klärenden und helfenden Verhältnis auftreten können. Es betrifft dies den Sachverhalt, dass sich die verschiedenen Hirnzentren in der kindlichen Entwicklung nicht in gleichen Entwicklungsphasen befinden, sondern dass in sehr unterschiedlichem Maße auch noch bei Jugendlichen verschiedene Hirnareale abwechselnd Vorläufer des allgemeinen Entwicklungszustandes sein können und zeitweise auch deutlich hinter diesem zurückbleiben. Dies kann mit Untersuchungstechniken der Bildgebung belegt werden. Sicherlich handelt es sich dabei nicht um einen Vorgang, der allein hirnintern beschrieben werden kann. Der Vorlauf und das Zurückbleiben von verschiedenen Hirnarealen in wechselhafter Weise muss im Zusammenspiel mit Leistungsanforderungen an das Gehirn gedeutet werden. Der unterschiedliche Entwicklungsstand der verschiedenen Hirnregionen kann die Konzentration auf Spezialleistungen oder auch auf besondere Persönlichkeitsanforderungen (Betonung bestimmter Charakterzüge) befördern, führt möglicherweise aber auch dazu, dass die Übergänge zwischen verschiedenen Leistungsbereichen von «Stimmungsschwankungen» begleitet sind.

Nun muss es keinesfalls das Ziel der Hirnfunktion sein, dass alles in Kongruenz steht, dies kommt unter Umständen einem epileptischen Anfall gleich. Dadurch, dass sich nicht alle Hirnareale im gleichen Reifungszustand befinden, kann sich jedoch ein spezifisches Kongruenzmuster herausbilden, was für besondere kognitive Leistungen von Vorteil sein kann. Würde man in diesen Entwicklungsvorgang so eingreifen, dass ein bestimmter Hirnbereich der allgemeinen Kongruenz erst später zuge-

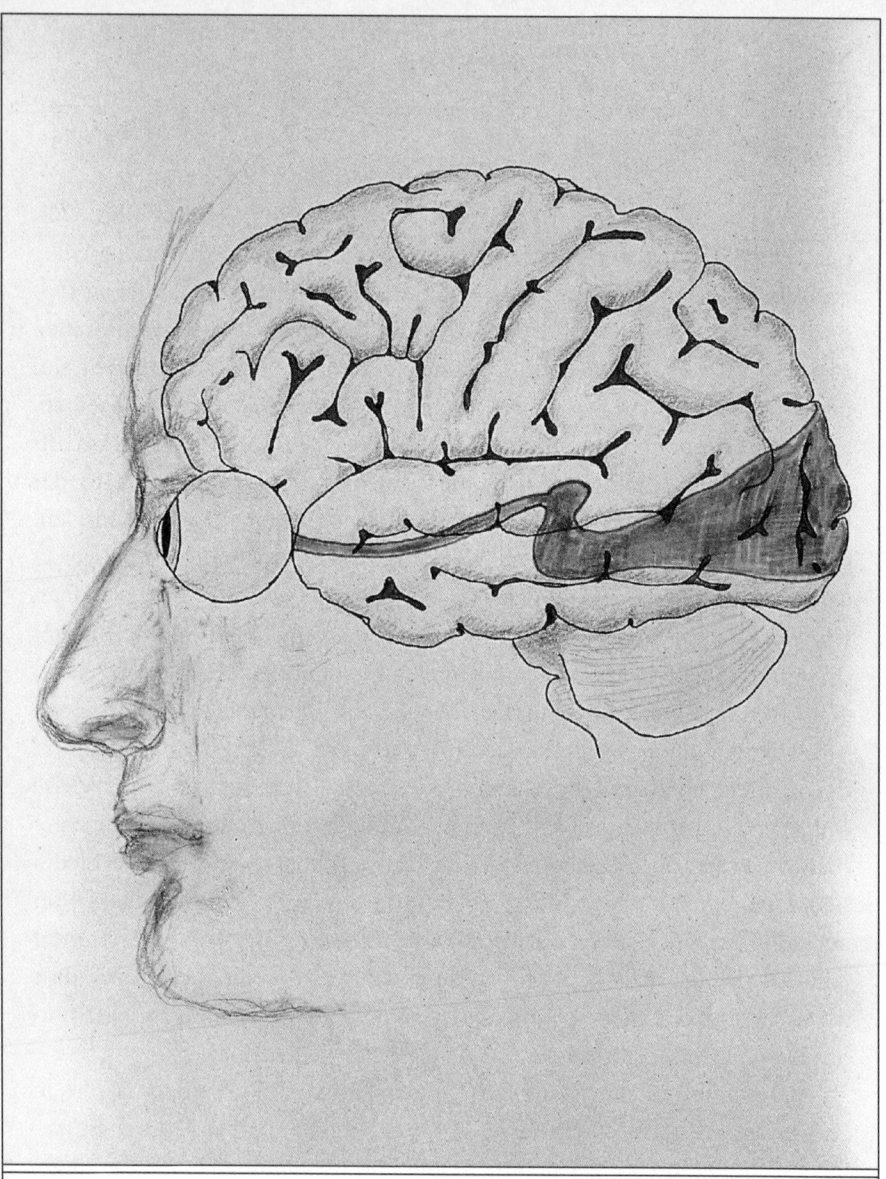

Abb. 10: Die Sehbahn. Vom Auge verläuft die Sehbahn zur Hirnrinde des Hinterhauptlappens. Das dortige Gebiet wird auch primärer visueller Cortex beziehungsweise V1 genannt (s. auch Abb. 1.) Hier können Vorstellung (Kognition und Imagination) und Wahrnehmung (Perzeption) miteinander konkurrieren. (Zeichnung: M. L.)

führt wird, so entstünde möglicherweise ein besonders interessantes und differenziertes kognitives Kongruenzmuster. In der Tat lässt sich das ethische Bilderverbot so deuten, dass es die vorzeitige Unterordnung bestimmter kognitiver Prozesse unter visueller Konkretheit verhindert und dadurch dem Denken mehr Freiheit verschafft.

Zu dieser Freiheit käme hinzu, dass der Blick für ethische Prinzipien frei wird, die sonst gegebenenfalls unter der Macht des Visuellen erdrückt würden. Ein neurokognitiver Vorschlag für die Deutung des Zusammenhanges von Ethik und Ästhetik wäre in diesem Bereich zunächst, dass die Rücknahme der Fülle der Bilder im kognitiven Raum für die Erfahrung des Gesetzes (im Sinne der grundlegenden Gebote des menschlichen Zusammenlebens) dadurch leichter ermöglicht wird, dass dann auf dieser Basis die Fülle des Lebens gewonnen werden kann, die aus Bildern und Handlungen und in Spezialfällen auch aus der besonderen Beschäftigung mit Bildern bestehen kann.

Damit wäre man herausgetreten aus der Opposition von Bilderfülle und Blendung, und es wäre nicht so dramatisch wie in den antiken griechischen Verhältnissen, wo höhere Einsicht im Wechselspiel mit völliger Blendung steht, so zum Beispiel bei der Gestalt des blinden Sehers Teiresias. Die Situation ist in diesem Zusammenhang neurokognitiv wesentlich differenzierter und opponiert nicht mit der Entgegensetzung von Sehen und Einsicht.

Dies ist geradezu eine gnadenvolle Konzeption (beziehungsweise Organisationsmöglichkeit) des Visuellen, da das Sehen in den menschlichen Verhältnissen nicht mit der Blendung bestraft wird. Vor das Sehen Gottes stellt dieser sogar selber die schützende Hand, in dem er sich verbirgt. Es hängt also nicht nur von der Handlung des Menschen ab, dass er vor zu viel «Sicht» bewahrt wird.

Durch ein differenziertes neurokognitives Modell der Entwicklung, wie es hier skizziert ist, werden schreckliche Entgegensetzungen biologistischer Art, welche von Augenmenschen und Gehörmenschen sprechen und nach Völkerschaften zur Opposition bringen wollen, verhindert. Auf diese Weise wird das griechische Drama der Angst vor der Blendung, das im 20. Jahrhundert in der deutschen Kultur zu katastrophalen Ängsten und damit zu überschießenden «Abwehrreaktionen» (mörderischer Art) geführt hat, verhindert beziehungsweise wird dabei geholfen es zu verhindern.

Mit dieser Differenzierung muss die goethesche Kultur des Schauens nicht beiseite geschoben werden, kann aber von ihren Ängsten der Blendung befreit werden. In Faust II heißt es, dass der Weg zu den imaginären Gestalten der Antike, also zu den Bildern über die Mütter führe. Es ist nahe liegend, dass dies mit den Ängsten des Endstückes der Ödipuserzählung verknüpft wird, denn auf seinem Wege hatte sich Ödipus am Ende mit der Haarnadel seiner Mutter selbst geblendet. In solch einem Horizont kann es schnell passieren, dass das Bilderverbot als Androhung einer ödipalen Blendung missverstanden wird. Zum Verständnis der Völker und Kulturen, auch vergangener, kann es daher beitragen, ein differenziertes neurokognitives Modell zu benutzen, wie es hier skizziert ist. Eine Einschreibung des antiken Dramas von Ödipus und Teiresias in die Biologie wäre katastrophal, und eine Differenzierung der goetheschen Kultur der Imagination dürfte ohnehin von Vorteil sein, da die Welt des Imaginären des Faust II natürlich die Welt ist, in der der Mensch auch durch Imagination er- und nicht mehr gezeugt wird, in der also der Homunkulus hergestellt wird. Vielleicht könnte eine Reflexion differenzierterer Art in dem präsentierten neurokognitiven Modell dazu beitragen, eine Kognitionstechnologie zu der Homunkulusherstellung in Distanz zu setzen.

Faust II, der, um die Sicht frei zu haben, andere Menschen (Philemon und Baucis) beiseite schaffen wollte, der also das Schauen vor die Ethik stellte, kann kein Modell für unser Leben und unsere Welt sein. Zwar spricht auch Faustus vom Handeln, aber es ist eher das Handeln nach dem Muster der inneren Tathandlung, das am Ende den anderen beseitigt, und nicht das Handeln, das Sehen lässt und sehen lehrt, wie dies Heinz von Foerster in «Sicht und Einsicht» beschreibt.

Hat man die Fülle zurückgedrängt, um den Freiraum des Gesetzes zu schaffen, kann es zur Fülle des Schauens kommen. Dann wird auch der Spezialist des Visuellen und das besondere Genie wie Mozart, das seine eigenen Kompositionen innerlich «schauen» konnte, auch seinen angemessenen Ort finden können, ja, auch der Blick auf die Sprache wird dann seinen Möglichkeitsraum finden in einer tieferen Dynamik der kognitiven Verhältnisse.

BILDERVERBOT – GESETZ – FÜLLE DER BILDER

Zu den vielen Gestalten der Blendung in der Geschichte gehört natürlich auch Justitia, die zwar nicht blind ist, aber, um ihre Arbeit angemessen zu vollführen, ein Tuch vor ihre Augen gebunden trägt. Die Waage hält sie in der linken Hand, und wenn man bedenkt, dass sie wahrscheinlich Rechtshänderin ist, ist dies durchaus angemessen, da die rechte Hirnhälfte für das Ausbalancieren «ganzheitlicher» Aspekte eine wesentliche Rolle spielt. In der rechten Hand trägt sie das Schwert, das Ausbalancieren soll also durchaus zur Entscheidung führen. Auch dieses Symbol gibt sehr angemessen die Funktion der linken Hirnhälfte wieder, da sie auf Entscheidung und Urteil ausgerichtet ist. Die Rücknahme der visuellen Funktionen durch die Augenbinde ermöglicht ein angemessenes Zusammenspiel der ausbalancierenden und urteilenden Kräfte.

Den Maltheorien von Jacques Derrida zufolge ist sogar der Maler bei seiner Tätigkeit blind, denn um zu malen, muss er ein Bild vor Augen haben, sich also eben nicht auf die Wahrnehmung der Außenwelt konzentrieren. Natürlich gibt es viele Künstler, die dieses Schema zu durchbrechen suchen. Aktionskünstler versuchen bisweilen mit der Außenwelt zurückzukoppeln, und Max Ernst sah das Bild als ein Zusammenspiel von Entwurf und Geste. Doch selbst in der Ansicht von Max Ernst kann man noch eine Bestätigung der derridaschen Position finden, denn auch die Geste, also das, was durch das Material und die Körperlichkeit beeinflusst wird, ist nicht immer durch Rückkoppelung ausgezeichnet, nicht immer achten wir auf die Eigenschaften von Hand und Material, sondern lassen sie ohne Korrektur zur Wirkung kommen. Folgt man Jacques Derrida, dann könnte man meinen, die Maler durchbrechen das Bilderverbot, nicht weil sie Bilder herstellen, sondern weil sie beim Bilderherstellen blind für die Außenwelt sind und nur die Bilder im Kopf realisieren.

Auf das Bilderverbot kann man auf verschiedene Weise reagieren. So kann man es kognitiv kulturell ausweiten, dann aber kommt man zu etwas, was die Religion zu etwas Unerträglichem machen könnte, weil, wie der schwedische Dichter Norén dies beschreibt, wir dann bis ins Innerste zermalmt würden, d. h., dass die Zerstörung der inneren Bilder der Zerstörung unseres Selbst gleich käme. Eine zerrüttete Seele mag das Bilderverbot als Einschränkung der eigenen Kognition nicht verstehen. Seine Funktion besteht jedoch darin, die Seele zu den kognitiven Möglichkeiten des Umgangs mit dem Gesetz zu befreien. Ist es nun auf dieses ausgerichtet, dann können Bilder sogar als schmerzhaft empfunden werden, so wie dies bei Philip Guston der Fall ist, da er ein Bild gemalt (!) hat, das die schmerzhafte Wirkung des Bildes auf das Auge als unmittelbare körperliche Wirkung auf die Hornhaut beschreibt. In diesem Zusammenhang wäre Freiheit von Bildern also Freiheit von Schmerz, aber eben dies stellt Philip Guston in einem Bild dar. Ist dies ein Widerspruch? Nein, sondern die Demonstration der höheren Wirkung des Bilderverbots, in dem Sinne, dass das Visuelle zur Verdeutlichung höherer Zusammenhänge genutzt werden kann als der bloßen Abbildung unserer Sehwahrnehmungen. Das Bilderverbot macht nicht nur das Denken, sondern auch die Bilder frei zur Verwendung in allgemeiner Kognition.

Bilderverbot kann Befreiung sein, aber auch in die Dimension des Schmerzhaften führen. Ein anderes Bild von Philip Guston macht dies deutlich. In einem Selbstporträt liegt er auf einem Eisenbett, die Decke zum Schutz über das Gesicht gezogen. Dem Betrachter sind die Schuhsohlen zugewandt, offenbar ist er mit Schuhen oder Sandalen ins Bett gegangen. Immer wieder treten in den Gemälden von Philip Guston in seiner konkreten Phase Darstellungen von Schuhsohlen auf. Man ist versucht, dies mit einem biographischen Ereignis im Zusammenhang zu sehen, das den zehnjährigen Jungen zutiefst getroffen haben muss. Sein Vater war als jüdischer Einwanderer in armseligen Verhältnissen nach Kanada gekommen und hatte es nicht geschafft, es zur finanziellen Absicherung der Familie zu bringen. Eines Tages erhängte er sich und wurde von seinem Sohn Philip am Strick entdeckt. Es läge nahe, an dieser Stelle die Frage nach Malerei als Therapie in die große Debatte um Darstellbarkeit und Antirepräsentationalismus einzufügen. Die abstrakte Phase Gustons kann dann als Versuch gedeutet werden, das konkrete Bild des erhängten Vaters gemeinsam mit allem anderen Bildlichen, das sich auf die Welt erstreckt, auszulöschen (Negationen sind typischerweise oft zu allgemein).

Stellt man sich vor, dass er in der Schreckensszene vielleicht auf die Schuhsohlen des Vaters schaute, dann wäre das beharrliche Auftreten von Schuhsohlen im späteren Werk Gustons die konkrete Auseinandersetzung mit dem Trauma. Jenseits von allen allgemeinen Fragen zur Optimalität von Repräsentation oder Nichtrepräsentation käme man dann zur Auseinandersetzung mit dem leidenden Menschen, dem das Bild als Versuch der Auslöschung des Traumatischen oder auch als dessen therapeutische Vergegenwärtigung eine große Hilfe sein kann. In diesem Sinne wäre es wichtig, bei abstrakten Auseinandersetzungen um das Bild nicht nur die ethische Optimierung eines abstrakten Menschen im Blick zu haben, sondern auf die Rolle des Bildes im Heilungsvorgang einzugehen. Möglicherweise sind die unterschiedlichen kulturellen und religiösen Umgangsweisen mit dem Bild schließlich auch der Ausdruck eines unterschiedlichen Stadiums der Verarbeitung traumatischer Ereignisse.

Man kann behaupten, dass dieses Bedürfnis nach Unterscheidung von Innen und Außen, also nach sinnlich visueller und nicht sinnlich erfahrener Welt besonders im Trauma zur aktuellen wird. Das Trauma als energetische Anreicherung widersteht den integrativen Prozessen des Nervensystems nicht nur. Es zieht sie vielmehr an sich.

In diesem Sinne wäre Bildlichkeit in der Tat Ausdruck eines Traumas. Die externe visuelle Welt wäre demzufolge das, was nicht in der Lage ist, mit dem Trauma eine Integration einzugehen (weswegen sie selber traumatisch sein kann). Auf diese Weise erscheint es in der Tat auch in dem Gemälde von Philip Guston, in dem er sich dadurch, dass er sich die Decke weit über das Gesicht zieht, abzuschirmen scheint. Doch was sieht man bei genauerem Hinschauen? Die Decke bedeckt nicht die Augenlider, sondern ist zwischen Augenlid und Hornhaut geschoben. Wie das schmerzt! Gibt es einen besseren Ausdruck dafür, dass der Versuch, Abgrenzungen vorzunehmen, durch uns selber hindurchgeht und dadurch selber schmerzhaft ist?

Es ist nicht abwegig, diesen Schmerzensmann des Visuellen mit der Gestalt Christi bei Mantegna zu vergleichen. In einem Fall betrifft der Schmerz das Auge, im anderen Fall ist es der Tod selber. Schaut man nach einem tieferen Konzept der Welt, dann sind beide durchaus zueinander situiert: Die Rücknahme des Bildlichen (schmerzhaft oder nicht) kann es ermöglichen, besser zu den Geboten des Zusammenlebens zu finden und sich nicht an die Gestalt eines Vaters zu verlieren, der möglicherweise als drohend empfunden wird. Das Bilderverbot wäre also hilfreich für die Unterscheidung von Gesetz und Gesetzgeber. Auf ähnliche Weise kann die Gestalt des toten Christus als Vernichtung der Eigeninteressen des Richters gelesen werden.

Doch was geschieht mit diesen Weltweisheiten unter den Bedingungen der verzweifelt-verwirrten Seele, die so schnell zur Selbstbestrafung in Form von Verabschiedung kognitiver Möglichkeiten neigt (wie das am schärfsten bei der Negativsymptomatik der Schizophrenie der Fall ist: zum Beispiel Verwerfung eines ganzen Lebensabschnittes)? Das Bilderverbot der Welt wird zur Zermalmung der höchsten kognitiven Möglichkeiten. Die Verwendung von Schemata und Metabildern bei der Erfassung der kognitiven Prozesse kann zur Wort- und Semantiklosigkeit, und die Begegnung mit der Darstellung des Leichnams zum tödlichen narzisstischen Spiel der Selbstprojektion werden.

An dieser Stelle erscheint es nur wichtig, eine Einschreibungsmöglichkeit des Gesetzes unter den Bedingungen gegenwärtiger Wissenschaft aufzuzeigen. Dies könnte eine Hilfe für die Befreiung der Seele und ihre kognitiven Möglichkeiten sowie für den freien Umgang mit Bildern sein. Mein formales Schema dafür wäre die Abfolge von Bilderverbot, Situierung des Gesetzes und darauf folgendem kognitiven Bilderreichtum (im optimalen Falle in dem Maße, wie man es braucht).

Das hierfür vorgeschlagene neurokognitive Modell sieht so aus, dass die wesentlichen Entwicklungsphasen, auch die des neuronalen Verlustes im vierten Lebensjahr etwa, durchaus selbst wahrgenommen werden können (natürlich nicht in der Terminologie der Neurowissenschaft als Verlust der Neuronen). Die Wahrnehmung kann nicht in Subjekt- oder Objekt-Modellen in der Weise beschrieben werden wie Wahrnehmung über externe Sinnesorgane. Die innere Veränderung, die im Neuronenverlust stattfindet, kann jedoch in erster Annäherung als Wahrnehmung einer Veränderung des «Selbst» beschrieben werden, beziehungsweise derart, wie man sich in der Welt und wie man die Welt erlebt. Der Neuro-

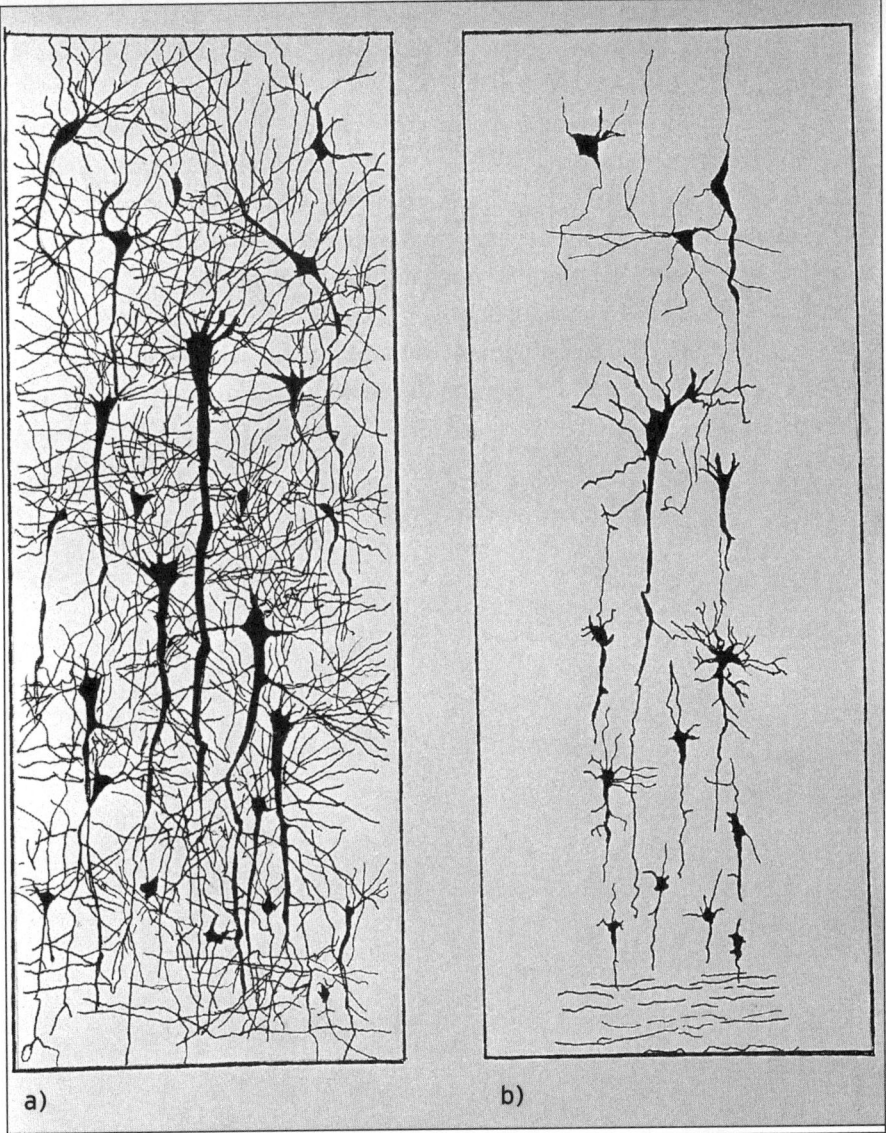

Abb. 11: Neuronale Entwicklung. Entwicklung der Nervenzellen der menschlichen Hirnrinde (a) beim einmonatigen Säugling und (b) beim 24 Monate alten Kleinkind Besonders im vierten Lebensjahr findet sich ein Verlust von Nervenzellen bei gleichzeitiger Zunahme der Verknüpfungen. Der Verlust ermöglicht den Erwerb von Sprache und den Regeln der menschlichen Gemeinschaft. (Zeichnung: M. L.)

nenverlust betrifft ja nicht nur die für die Wahrnehmung der externen Welt relevanten Neuronen, sondern auch jene, welcher der Zusammenführung der Wahrnehmung dienen.

Die Dimension des neuronalen Verlustes, die mit einem kognitiven Gewinn einhergeht, eröffnet den Beschreibungshorizont, in dem sich das Gesetz situiert, und den viele Erzählungen auf ihre Weise, natürlich diesen Vorgang auch beeinflussend, zu charakterisieren versuchten (Ödipus, Isaak, Narziss usw.). Es geht hier nicht darum, die Vor- und Nachteile der einzelnen Geschichten abzuleiten. Wichtig erscheint mir, dass die Neurowissenschaft anbietet, eine Rahmenerzählung zu entwickeln. Ähnlich wie alte Kosmogonien kann die Neuroontogenese zur Situierung des Menschen und seiner Gesetze in einer Welt beitragen, in die er seine Farbstriche der Freude hineingeben könnte.

VAN GOGH UND DIE FARBE GELB

FARBE UND SINNLICHKEIT

Warum ist der Geist nicht farbig? Gold ist des Lebens grüner Baum, also von Licht und Farbe erhellt, aber grau soll alle Theorie sein. Warum? In ihren technischen Hilfsmitteln greift die Wissenschaft mehr und mehr auf Farbe zurück. Auf den Computerdisplays werden Farbenspiele erzeugt, die den untersuchten Gegenstand an Buntheit bei weitem übertreffen. Doch Theorien wirken immer noch grau? Daran mag sich zukünftig zwar etwas ändern, aber bisher griffen Theorien eher auf das Repertoire der Formen zurück und waren von der Sinnlichkeit des Formenerkennens fortgerissen. In älteren Zweiteilungen der Welt wurden die Theorien sogar dem Geist und die Farbe der Sinnlichkeit zugeordnet, obwohl die Ausschöpfung des Sinnesystems der Formwahrnehmung eine einseitige Leistung des theoretischen Bemühens war und nicht Geist und Natur, sondern zwei Formen von Sinnlichkeit (Farbe und Form) einander gegenübergestellt wurden. Dabei zeigte sich, dass die Formempfindung für die Charakterisierung geistiger Zustände weitreichender zu sein scheint, als dies mit dem Farbensinn gegeben ist. In der Natur stellt die Formwahrnehmung eine wesentliche Rolle bei der Objekterkennung dar. Mit Formen lässt sich eine Metaphysik der Objekte begründen und eine Ontologie der Dinge aufbauen. Farbe spielt beim Identifizieren bewegter Objekte, die man einen kurzen Moment lang aus dem Auge verloren hat, eine große Rolle. Formen wandeln sich bei wechselnder Perspektive, Farbe weist größere Konstanz auf. Stellen Sie sich vor, Sie wollen einen Menschen mit einer roten Mütze in einer

Menschenmenge im Blick behalten: Sie werden ihn wieder entdecken, auch wenn Sie ihn kurze Zeit aus den Augen verloren haben. Die Form des Gesichtsprofils hingegen gibt bei wechselnder Kopfhaltung weniger Identifikationsmöglichkeiten her. Sollte ein Auto, das eine Polizeikontrolle durchbrochen hat, von einem Hubschrauber verfolgt werden, so wurde es früher nicht selten zunächst mit einem gelben Farbbeutel beworfen. Die Identifikation wurde dadurch auch bei zeitweise aussetzender Beobachtung erleichtert. Dieser Vorteil der Farbe scheint im Geistigen bisher weniger genutzt worden zu sein. Man hatte sich im kartesischen Theater aus einer bestimmten Perspektive mit seinen Vorstellungen befasst, sodass sich die Formkonstanz der vorgestellten Dinge wahren oder bei Perspektivwechsel kontinuierlich im Blick behalten ließ. Es ist durchaus denkbar, dass einmal nichtkartesische Denkformen entwickelt werden, in denen die ständige Präsenz des Gedachten nicht so entscheidend ist, und dass die Wiedererkennung daher durch Markierung der Gedankendinge durch Farbtupfer eine zunehmende Rolle gewinnt. Vielleicht also wird sich der Geist einmal stärker der Möglichkeit der Farbe bedienen – so, wie er bisher der Sinnlichkeit der Formen verfallen war. Während die Form einer Metaphysik der Konstanz dient, könnte die Farbe eine Denkform des Wiederbegegnens eröffnen.

Man sagt des Öfteren, die geistigen Vorgänge seien von den sinnlichen getrennt. Diese Dichotomie erscheint dem gegenwärtigen Erkenntnisstand nicht sehr angemessen. Einerseits hat sich der Begriff der Sinnlichkeit durch Verfolgung der Wahrnehmungsprozesse über die Sinnesorgane hinaus in die Tiefen des Gehirns hinein weiter ausgedehnt, andererseits zeigt sich, dass wir bei den bisherigen Formen des Geistigen eben auf eine «Form» des Sinnlichen zurückgreifen.

Die bis Thomas von Aquin und weiter zurückverfolgbare Aufteilung der menschlichen psychischen Prozesse in Sinnlichkeit und Verstand verliert in vieler Hinsicht ihre bisherige Berechtigung und Überzeugungskraft. Klassischerweise wurde die Sinnlichkeit dem Biologischen und der Verstand dem Geistigen, dem nicht den Naturgesetzen Unterworfenen, zugeordnet. Hirnforschung und Kognitionswissenschaft sind in der Lage, gerade die Denkprozesse (Sprache usw.) in ihren Hirngrundlagen aufzuklären, während das, was früher unter Sinnlichkeit verstanden wurde, die Triebsphäre des Menschen und die Leidenschaften, in mancher Hinsicht biologisch schwerer zu interpretieren sind als zum Beispiel der Umgang mit Grammatik. Zumindest ist es aus der Sicht der Hirnforschung nicht angemessen, den Verstand außerhalb der Natur anzusiedeln und Sinnlichkeit dem am Formsinn orientierten Verstand entgegenzusetzen.

Heute erscheint es nicht mehr passend, den Verstand als Integrator der Sinne anzusehen, denn er selber lebt aus ihren Momenten. Betrachten wir das Gemälde «Mordlust», das auch den Titel «Die Einheit der Sinne» trägt, so kommt man nicht umhin zu sagen, dass die Fehldeutung von Verstand und Geist als Sinnesintegrator in der Tat zu einer seltsamen Identität führen müsste, die in dem ständigen Bemühen, die eigenen Sinne zusammenzuhalten, den anderen nur abwehren könnte und in der Tat durch die Stimmung der Mordlust zu charakterisieren wäre. Dieses Verhältnis von Sinn und Verstand nun einfach konstruktivistisch umzukehren, hätte die Mordlust allerdings noch nicht beseitigt, sondern nur die Sinne verschlungen.

Für die menschliche Freiheit verbleibt ein größeres Betätigungsfeld, wenn die Funktion des Geistes nicht vorschnell als Integration der Sinne gedeutet wird, und andererseits verfügt auch die Hirnforschung noch über genügend Raum zur Betätigung, wenn sie die Funktion des Gehirns nicht nur in einer hierarchischen Ordnung zu finden sucht, deren oberster Baustein der Geist sein mag. Gerade die Prozessualität neuartiger Konfigurationen im Gehirn eröffnet dem Naturforscher ein interessantes Beschreibungsfeld, dem Geisteswissenschaftler eine Bestätigung der Möglichkeiten der Freiheit. Aus Angst vor psychischer Desintegration werden Modelle oft zu schnell im Hinblick auf Einheit geschlossen, als ob diese in einem isolierten Punkt bewahrt werden könnte. Führt man die Sinne übereilt zur Einheit, so kann man schon bei den simpelsten Modellen vor die Frage gestellt werden, wo denn nach der Herstellung der Einheit in einem Gehirn die Wahrnehmung der Einheit des Anderen anzusiedeln wäre. Da dies nicht so einfach gelingt, ist die Gleichsetzung vereinfachender Einheit der Sinne mit Mordlust ein künstlerisch wie wissenschaftlich wertvolles Konzept.

Im Rahmen derartiger Hierarchiemodelle, in denen zumeist dem

Cortex die höchste Hierarchieebene zukommt, während der Subcortex die untergeordneten Büroetagen darstellt (wiewohl man auch meinen könnte, dass diese alles andere tragen), werden auch Phänomene ungewöhnlicher Einheitsstiftung gedeutet, die auf eine Integration von Farbempfindungen und geistigen Entitäten hinauslaufen. So hat der Neuroradiologe Richard E. Cytowic aus dem amerikanischen Bundesstaat Georgia synästhetische Erfahrung, das heißt das Zusammenempfinden von Farben und anderen Sinnesqualitäten (zum Beispiel schmeckt die Suppe blau, die Ouvertüre ist violett usw.), als Ausdruck einer niedrigen Sinnesintegration in Höhe limbischer Integrationsmechanismen angesehen, die dadurch zustande kommt, dass der kortikale Überbau der Funktionen weniger aktiv ist. Als Beleg führte er Untersuchungen mit bildgebenden nuklearmedizinischen Verfahren an, welche bei Synästhetikern, also Menschen, die in der Lage sind, Zahlen, Buchstaben, Geschmacksempfindungen oder auch Klänge mit Farben zu assoziieren, geringere Aktivität der kortikalen Strukturen belegen können. Nach diesem Modell wäre Synästhesie ein Kurzschluss für «Sinneszwischenempfindungen» bereits auf einer niedrigeren Verarbeitungsstufe. Möglicherweise ist die Interpretation im Rahmen der funktionellen Anatomie hierfür etwas einseitig. Eine Minderaktivität kortikaler Regionen würde bedeuten, dass diese synästhetischen Kurzschlüsse kognitiv schlecht weiterverwertet werden können. Dies ist allerdings nicht der Fall. Synästhetiker vermögen den Mangel des Bewusstseins mit ihren Erfahrungen zu beheben, dass es normalerweise nicht farbig ist. Auf diese Weise können sie neue Farbmetaphern in das Leben einführen. Man mag hierbei unter anderem an die Gedichte Georg Trakls denken. Diese Weiterverwertung synästhetischer Erfahrungen erfolgt zum Teil auf hohem kognitivem Niveau und spricht dagegen, dass Synästhesie grundsätzlich durch die Minderleistung des Cortex ermöglicht wird. Auch Sartre hat synästhetischen Erfahrungen eine hohe Bedeutung eingeräumt. Er konnte sich sogar aus ihnen eine Ontologie machen in dem Sinne, dass er in seinen Reflexionen über die Einbildungskraft die Einsicht äußerte, die Assoziation von Farbempfindung bei abstrakten Begriffen sei nicht einfach nur eine Assoziation; vielmehr erfasse, wenn etwa Gerechtigkeit als violett empfunden werde, dies das Wesen der Gerechtigkeit. Für den kognitiven

Umgang mit abstrakten Entwürfen können synästhetische Erfahrungen höchst hilfreich sein, die Farbassoziationen dann gleichsam als Gedankenkürzel und Merkzeichen dem Mangel eines kognitiven Alphabets abhelfen und den Geist in Regionen vorantreiben, in denen er sich ohne diese Farbmarkierung möglicherweise im Gewirr blasser oder dunklerer Formen verirrt. Ich glaube, dass synästhetische Erfahrungen dem Geist zwar neue Möglichkeiten der Freiheit liefern. Die Schwierigkeit besteht jedoch darin, der menschlichen Kommunikation jene Freiheitsgrade zu öffnen, in denen unterschiedliche Erfahrungen mit der Synästhesie die verdeckenden Zweige von den bunten Früchten nicht nur wegbiegen, sondern sich diese auch als nicht giftig erweisen können. Als innovatives Hilfsmittel ist Synästhesie höchst brauchbar und wird von demjenigen, der sie erlebt, nicht als Hilfsmittel, sondern auch als Glücksbringer empfunden. Man sollte ihm diese Empfindung lassen und sehen, wie er zum allgemeinen Reichtum des Denkens, Erlebens und Empfindens beitragen könnte. Es wäre hilfreich, auch in der Hirntheorie darauf hinzuweisen, dass man Synästhesie nicht einfach nur als Defektform eines universellen Wahrnehmungskonzeptes interpretieren muss, sondern als eigenständige, fruchtbringende Organisation der zahlreichen Variationen des menschlichen Organismus. Ein Schritt in diese Richtung besteht vielleicht bereits darin, darüber nachzudenken (in den Gefilden des Geistes wandernd), dass es nicht nur ein Prozent Synästhetiker gibt, sondern dass wir alle, die wir unseren Geist betätigen, auf Synästhesien zurückgreifen, auch wenn diese ubiquitären Synästhesien gewöhnlich nicht als solche bezeichnet werden. Ich denke dabei nicht nur an dunkle Vorahnungen, helle Töne, den «Blues» und andere etablierte Metaphern aus dem Bereich ursprünglicher Synästhesie. Die tiefer gehende Frage lautet, ob nicht die zahlreichen Formmetaphern des Geistes in einem gewissen Sinne auch als Synästhesien zu verstehen sind. Wie steht es mit der «krummen Tour» und dem «geraden Lebensweg», der «aufrechten Gesinnung» und der «schiefen Bahn»? Wir sollten uns davor hüten, eine besondere physiologische Tatsache für ein Phänomen zu suchen (zum Beispiel Farbsynästhesien), nur weil es etwas Seltenes und Besonderes darstellt. Möglicherweise kommt den Synästhesien der Farbe keine andere Rolle als denen der Form zu. Dann hieße die allgemeinere Fragestellung, inwieweit sich einzelne sensorische Qualitäten für eine Aussage über den allgemeinen Zustand des Gehirns und der mentalen Haltung eignen. In diesem Sinne wären Synästhesien «Metabilder» der kognitiven Prozesse, die nicht Bilder der Außenwelt, sondern Bilder des Geistes selber sind, also eine Anwendung sensorischer Prozesse auf kognitive Prozesse. Ich glaube, dass sie dabei nicht nur eine Seite des Geistigen (Kognition oder Emotion), sondern im Prinzip alle Hirnvorgänge, wenn auch in unzureichender Abbildung, zum Ausdruck bringen können und sich als Merkzeichen für diese weiterverwenden lassen.

Die Zuordnung synästhetischer Vorgänge allein zu diesen auf fragwürdige Weise als «nieder» charakterisierten Integrationsstufen des limbischen Systems beziehungsweise auch Stammhirns erscheint auf dieser Basis in zweierlei Hinsicht als fragwürdig: 1. weil das Hierarchiemodell im teilweise auch heterarchisch gebauten Nervensystem nur unzureichend zur Anwendung kommen kann; 2. weil Synästhesien auch als Anwendung sensorischer Prozesse auf höchste geistige Funktionen interpretiert werden können und in diesem Sinne gar nicht einer niedrigeren Hierarchiestufe zuzuordnen wären. Darüber hinaus ist noch eine dritte Möglichkeit zu erwägen, nämlich die, dass einige sensorische Repräsentationen im Gehirn aufgrund ihrer nicht streng retinotopen Organisation (wie dies unter anderem auch bei bestimmten Repräsentationszentren der Farbe der Fall ist) für eine komplexe Interaktion mit den verschiedensten Dimensionen der Abstraktion und der Kategorialität geeignet sind (dies betrifft die «Landkarte» der sensorischen Qualitäten).

Man muss sich überhaupt fragen, ob ohne weiteres eine allgemein verbindliche Hierarchie der Wahrnehmungssysteme möglich ist. Hierbei ist nicht nur das Phänomen gemeint, dass die Extraktion von Wahrnehmungsparametern komplexer Art auch dann erfolgen kann, wenn der Gesamteindruck nicht zum Bewusstsein kommt (so zum Beispiel, wenn ein Wort nicht bewusst wahrgenommen wird, seine Tabuaspekte aber durchaus unter anderem vegetativ registriert werden). Mehr noch ist in diesem Zusammenhang bei der Diskussion der Wahrnehmungsorganisation die klassische Ding-Ontologie zu diskutieren. In psychophysiologischen Untersuchungen kommt die Neigung zum Ausdruck, der Ebene der Analyse von Farbe, Form, Bewegung usw. eine Ebene der Dingkonstituierung folgen zu lassen. Es erscheint mir jedoch wichtig, deutlich zu machen, dass hier philosophische Begriffsanordnungen in die biologische Forschung getragen werden, welche nur in seltenen Sonderfällen der Reihenfolge psychischer Verarbeitungen entsprechen. Bei der Wahrnehmung geschieht es nicht selten, dass der Bewegungsanalyse gar keine Dingkonstituierung folgt, sondern dass die Erlebnisse in einen völlig anderen Weltzusammenhang gebracht werden. Wichtig ist auch, dass der Erfassung von Bewegungen die Wahrnehmung von Gesichtern folgen kann, welche keineswegs dem Begriff der Dinge untergeordnet werden können. Diese Unter- und Überordnungsfrage ist nicht nebensächlich, da der Konstituierung allgemeiner Dinge eine andere Hirnregion zugeordnet ist als dem Erfassen von Gesichtern. Im Verallgemeinerungsvergnügen neigten frühere Philosophen dazu, Gesichter als Momente der Dingkonstituierung (in diesem Fall Person) verschwinden zu lassen. Das Gesicht ist jedoch ein starker Attraktor, und die Hirnprozesse widerstreben der Verallgemeinerung des Dingbegriffes bei der Wahrnehmung eines Antlitzes.

Zweifellos lässt sich unter dem Einfluss der Medien eine allgemeine Tendenz zur Forcierung der Bewegungswahrnehmung «feststellen». Betrachtet man die Reihenfolge der Reifungsprozesse des Gehirns im Säuglingsalter, so fällt auf, dass die Bewegungszentren des Gehirns besonders früh eine Markreifung aufweisen. Dementsprechend findet die Wahrnehmung von Bewegungen im Säuglingshirn ein besonderes Interesse. Die gegenwärtige Akzentuierung der Bewegungswahrnehmung, im Fernsehen zum Beispiel, könnte in diesem Sinne «neuropsychologisch» als Regression charakterisiert werden.

Sicherlich haben sich Dichter wie Hölderlin und Maler wie Cézanne besonders mit der Frage der Konstituierung von Dingen befasst. Bei einigen kulminierte die Wahrnehmung jedoch nicht in den Dingen, sondern im «Ereignis». Das Ereignis wurde als ein derart zentrales Erleben empfunden, dass es nicht einfach als ein großer Augenblick zu charakterisieren war, sondern selber als die Erfahrung von Zeit und Wahrnehmung konstituierend angesehen wurde. Im Ereignis, das von Heidegger auch als «Eräugnis» bezeichnet wurde, geschieht etwas, das jede weitere Welterfahrung bestimmt. Insofern ähnelt das Ereignis manchen Todesnähe-Erfahrungen. Anders als bei diesen lassen sich Gründe für das Auftreten des

Ereignisses nicht ohne weiteres angeben. Dennoch kann man große Werke als aus solch einem Geschehen bestimmt verstehen. Goethes Farbenlehre wurde durch eine Erfahrung bei einem Gasthausbesuch inspiriert. Möglicherweise lässt sich diese Erfahrung als «Ereignis» charakterisieren. Es handelt sich darum, dass er das Gesicht einer hübschen Kellnerin, nachdem sie an ihm vorbeigegangen war, in Farbumkehrung an der weißen Wand einen Moment lang weiterleuchten sah. Farbpsychologisch gibt es dafür eine Erklärung. Dass dieses Geschehen eine Möglichkeit für ein ganzes Werk mit sich brachte, mag tiefere Gründe haben. Möglicherweise fand sich in der Erfahrung der Farbumkehrung für Goethe das Unbewusste, die Tiefenseele des Weiblichen eröffnet.

Auch Malewitschs Erfahrung des absoluten Schwarz mag in diesen Bereich gehören. Nicht immer gelingt die Aufarbeitung der Energien, die mit einem Ereignis verbunden sind. Das Ereignis stellt jene neue Konfiguration in einem individuellen Nervensystem dar, die sonst noch nirgendwo auf der Welt zutage getreten ist, obwohl die Definition des Ereignisses natürlich nicht von der Einmaligkeit abhängt.

Die individuelle Konstituierung beim Auftreten des Ereignisses fällt nicht immer mit dem zusammen, was man Dinge nennt. Es kann sich auch um die Wahrnehmung einer Farbe, zum Beispiel der Augen oder der Haare, handeln, wobei der Wahrnehmungsprozess auf keinen Fall mit dem Geschehen einer Abbildung ausreichend beschrieben wäre, da die Verliebtheit, die sich an der Farbe der Augen und natürlich auch am Lächeln oder der Geste einer Hand festmachen kann, ein energetischer Drive ist, der sich keinesfalls aus dem Prozess einer Abbildung der Außenwelt (in diesem Fall einer anderen Person) hinreichend ableiten lässt. Hier muss die Rolle des Gehirns gesehen werden, das bei bestimmten Kohärenzen zum Beispiel im Farbbereich (Augenwahrnehmung) besondere energetische Verstärkungen ermöglicht. Diesen Vorgang, der in Liebe mündet, als bloße Konstruktion beschreiben zu wollen erscheint als recht dürftig. Der Versuch, dem Gehirn derartige Geschehnisse als Subjekt zuzuschreiben, ist einerseits zu pauschal und damit den eigentlichen Prozessen nicht nachspürend und andererseits die Rolle der Welt etwas vernachlässigend. Vom Gehirn als Subjekt zu reden stellt in diesen Zusammenhängen nur eine von vielen Möglichkeiten dar. Eine differenzierte Aufschlüsselung der Prozesse im Gehirn kann die Phänomenologie bereichern, mehr noch als die auf das Unbewusste fixierte Tiefenpsychologie dies erlangen kann.

Orientiert man sich in der Hirnforschung zu sehr an Konzepten der Modularität, ohne dabei die Vielfalt der Wegeverknüpfungen zu betonen, kann es passieren, dass man vorschnell einige Funktionen zu isoliert betrachtet. Dabei können dann in der Darstellung der Phänomene einige Beziehungen verloren gehen, statt dass die Entfaltung der möglichen Beziehungen gefördert wird. Semir Zeki, ein Spezialist für die Sehzentren von Affen (Makaken), stellt die Rolle des Hirnzentrums V4 für die Farbwahrnehmung heraus. Es ist jedoch nicht anzunehmen, dass die Wahrnehmung von Farbe ein isoliertes Geschehen ist oder die Tätigkeit des Künstlers gar der Versuch, die Funktion isolierter Module zu imitieren. Neuere Forschungen sprechen dafür, dass beim Menschen neben V4 vor allem V8 für die Farbwahrnehmung eine besondere Rolle spielt. Offenbar gibt es mehrere Landkarten unterschiedlicher Abbildungstreue gegenüber der Geometrie der Netzhaut, sodass Farbe nicht einfach durch den Aufweis von Hirnmodulen als eigene Entität definiert werden kann, sondern im Gegenteil aus einem besonderen Ereignis der Wahrnehmung heraus zu verstehen wäre. Diesem Konzept zufolge gelangt der Naturwissenschaftler und Hirnforscher mittels immer weiterer Analysen zu solch einem Phänomen wie Farbe, während sich dieses Phänomen im ernsthaft künstlerischen Bereich aus einer Fülle ganz anders gearteter Geschehnisse heraus konstituieren kann, wobei das Phänomen Farbe durchaus nicht nur auf dem Wege analytischen Umgangs mit der Wahrnehmung erreicht wird.

Schon Paul Klee wies auf den innigen Zusammenhang von Farbe und Bewegung hin, der in der Modularbetrachtung zu schnell verloren gehen kann. Das, was sich in einem Ereignis konstituiert, zum Beispiel Farbe, muss keinesfalls einem Modul zugeordnet sein, sondern kann im Gegenteil ein Kohärenzphänomen einer ganz besonderen Hirnaktivität, die unter Umständen einige Module sogar nur partikular aktiviert, bedeuten. Dennoch weist die Systemanalyse der Hirnverbindungen unter Umständen mögliche Konstellationen von Dimensionen auf, die dem phänomenologischen Blick noch nicht geöffnet wurden. Als Beispiel mag man hierbei an die Tatsache denken, dass die Zentren für Farbe und Helligkeit im Gehirn die Netzhautmitte unterschiedlich repräsentieren. In dem Farbverarbeitungszentrum V8 findet sich die Mitte der Farbrepräsentation an den Rand gerückt. Vielleicht wird es intuitiven Künstlern oder theoretisch arbeitenden Kunsthistorikern einmal gelingen, herauszuarbeiten, dass Farbwahrnehmung anders als die Formwahrnehmung im Bild ihre Gesetzmäßigkeit nicht so sehr von einer Mitte her empfängt. In diesem Sinne könnte Hirnforschung der Anreicherung der Phänomenologie produktiv dienen. Voraussetzung dafür ist aber, dass nicht einfach Begriffe der Phänomenologie oder einer sonstigen Philosophie mit vermeintlich isolierten Modulen korreliert werden. Denn dies wäre, als ob man die Stimmungsschwankungen eines Tages nur mit den Essensresten auf dem rechten oberen Tellerrand korrelieren wollte (Beziehungen sind nicht ausgeschlossen, aber außerordentlich indirekt und nur sehr schwer darstellbar).

Dennoch kann die Hirnforschung Hoffnung bieten, jene Ereignisse in einem Netzwerk der Beziehungen einzufangen, die sich nicht in einem leicht verbalisierbaren Wahrnehmungsphänomen («deine intensiv himmelblauen Augen!») festgesetzt haben. Sowohl in der Phänomenologie als auch in der Hirnforschung ist dabei Geduld vonnöten, wenn nicht auf der philosophischen Seite vereinfachende Wahnbildungen und auf der neurowissenschaftlichen Seite vereinfachende Begriffslandkarten entstehen sollen.

Wir fangen gerade erst an, die Freiheit der Wahrnehmung gegenüber den Weltdeutungen der Physik zu entdecken. Nun sollten wir die gegenüber der Physik gerade gewonnene Freiheit auch wieder aus den Schmetterlingsköchern zu enger Modultheorien befreien. Gerade die Untersuchungen von Semir Zeki, der dem modularen Konzept oft sehr weit anhängt, zeigen in anderen Bereichen, inwieweit Wahrnehmung ein von den Dimensionen der newtonschen Physik weit entferntes Geschehen ist. Zeki führte elektrophysiologische Ableitungen aus Neuronen des visuellen Areals V4 durch. Dabei beobachtete er, dass in diesem Gebiet des Gehirns die Aktivität der Neuronen nicht mit der Wellenlänge des auf die Netzhaut einfallenden Lichtes, sondern mit den subjektiven Farbempfindungen korreliert. Es ist also eine überaus verkürzende und dadurch leicht irreführende Sprechweise, die Farbwahrnehmung mit der Wellenlänge des Lichts in Übereinstimmung bringen zu wollen und auf diese Weise vielleicht so etwas wie die zwei Welten von Physik und Selbstbewusstsein einander gegenüberzustellen. Die Farbwahrnehmung ist nicht von der physikalischen Wellenlänge des einfallenden Lichts abhängig, sondern wird vom Gehirn bei Veränderung der Lichtverhältnisse so verrechnet, dass die Empfindung einer Farbkonstanz möglich wird. Die Fotografiewissenschaft fasst diese Verhaltensmöglichkeit des Gehirns in der Retinex-Theorie zusammen. Dieser Theorie zufolge, deren Namen sich aus den Wörtern Retina und Cortex herleitet, kann die Konstanz der Wahrnehmung einer einzelnen Farbe bei wechselnden Lichtverhältnissen durch Verrechnung gegen die Veränderung anderer Farben ermöglicht werden, sodass bei wechselndem Licht in einem gewissen Sinne alle Farben ihre aufeinander bezogene Identität bewahren können.

Der alte Streit zwischen Geistes- und Naturwissenschaft, zwischen Goethe und Newton ist aus der Sicht der Hirnforschung überholt. Auch die Farbwahrnehmung hat in der Natur ihr Korrelat, allerdings nicht die Wellenlänge des einfallenden Lichts, sondern die Verarbeitungsprozesse in den visuellen Arealen des Gehirns. Doch auch Newton findet noch seinen Platz im Gehirn, nämlich im primären visuellen Areal V1, welches eine Verarbeitungsstufe darstellt, auf der noch Wellenlängen analysiert werden. Die Neurowissenschaft kann daher beiden – Newton wie Goethe – ihren angemessenen Ort zuweisen. Damit ist die Diskussion jedoch noch nicht beendet. Vielmehr entfaltet sich jetzt erst die Vielfalt der möglichen Betrachtungsebenen für das Phänomen Farbe. Innerhalb der Sehbahn des Gehirns sind Helligkeit und Farbverarbeitung schon «früh», also noch vor der Ankunft in der Hirnrinde, in der Netzhaut und im Corpus geniculatum laterale des Thalamus getrennt. Die vielfältigen Auffächerungen der Farbverarbeitung über die Blobs von V1 bis hin zu V4 und den kürzlich entdeckten V8 sowie weiteren Verarbeitungsstationen zeigt, dass Farbe in den verschiedenartigsten Kontexten verarbeitet wird, dass man sich also davor hüten sollte, die Komposition der Farbe aus den Gesetzmäßigkeiten nur einer Verarbeitungsebene ableiten zu wollen. Bereits

Paul Klee wies darauf hin, dass der Versuch, streng nach den Gesetzen der Farbtheorie zu malen, nur die Farbe Grau erzeugen könne. Gerade in dem Durchbrechen der Farbgesetze können Mechanismen der Aufmerksamkeit freigesetzt werden, die der Wahrnehmung der Farbe dienlich sind. Sicherlich ist es weiterhin anregend, in dem Verhältnis der Farben Entsprechungen zu metaphysischen Verhältnissen finden zu wollen – so wie Goethe einst die Farben unter den Begriffen von Polarität und Totalität zu erfassen suchte. Den Farbgesetzen wurde insbesondere in der nachfolgenden Tradition der Romantik gleichsam kosmische Bedeutung zugeordnet (so bei Philipp Otto Runge, aber auch bei Arthur Schopenhauer). Es ist auffallend, dass Goethe Gelb und Blau in ein ähnliches Verhältnis setzte wie den Doktor Faust und seinen Teufelspartner. Damals wurden Begriffssysteme, insbesondere solche der Polarität, benutzt, nicht nur um Farbphänomene, sondern auch um Seelenkonstellationen und Interaktionen, Pflanzenwuchs und Erdenkräfte gleichermaßen zu beschreiben. Heute würde man aus den Gesetzen der Farbbeziehung bei der Verarbeitung im visuellen System nicht ohne weiteres mehr ein einziges Prinzip herausdestillieren wollen, welches für viele andere Phänomene der Welt auch gelten sollte. Vielmehr richtet sich die Aufmerksamkeit auf die vielfältigen netzartigen Beziehungen des Phänomens Farbe mit anderen Eigenschaften, zum Beispiel Bewegung und Form. Aber vielleicht ist gerade der Blick auf die Netzstruktur das allgemeine Charakteristikum unseres neuronalen Zeitalters.

VAN GOGH: DAS ERSCHEINEN HAT DIE FARBE GELB

Kreativität ist nicht das Aufsuchen einer Mitte zwischen Chaos und Ordnung, sondern das Finden einer höheren Ordnung, die in der Tat allerdings die teilweise Auflösung vorhergehender Ordnungen voraussetzt. Die Pointillisten lösten unter dem Eindruck physiologischer Theorien Farbe in ihre einzelnen Komponenten auf, um dadurch, ähnlich wie bei den Vorgängen in der Netzhaut, Farbeindrücke zu synthetisieren. Diese durch die Theorie gleichsam erweckte Verdopplung der Netzhaut verschärfte die Thematisierung der Farbe und verfeinerte die Farbtheorien. Das Erscheinen von Farbe selber kann mit den Mitteln der Farbe natürlich nicht ohne weiteres thematisiert werden. Eine alte Philosophenregel lautet: Der Begriff des Hundes bellt nicht. So kann eine Theorie der Farbe selber auch nicht ohne weiteres farbig sein. Diese Ebenentrennung wird jedoch nicht von allen Denkern eingehalten. Platons Gedankenwelt zeichnet sich dadurch aus, dass in ihr die Idee des Guten selber als gut angesehen wird. Dies mag zu «typentheoretischen» Verwicklungen führen und der Logik Paradoxien aufbürden, kann der Kognition jedoch auch durch Anbindung an «höhere» Sinnlichkeit helfen. Anaxagoras hatte noch kritisiert, dass die Götter nicht auf den leuchtenden Sternen wohnten, und seine Kritik wurde mit einem ausgebauten Ideensystem verfestigt. Diese Ideen nun stellte man sich selber als am gestirnten Himmel wohnend vor. Die Beziehung dieses Lichtes zur Erde prägte eine ganze Kulturgeschichte.

Ist die Sonne nur Licht, oder birgt nicht auch sie bereits etwas Färbung? Die Möglichkeit ihres Farbspiels am Abend und Morgen und beim «Durchgang» durch Wolken zeugt durchaus von der Farbenheiterkeit des Himmels. Unter dem Einfluss der newtonschen Theorie der Zerlegbarkeit des weißen Lichts in Farben haben Kunsttheoretiker den Weg vom Himmel zur Erde als einen Weg vom Licht zur Farbe nachzuzeichnen versucht. In diesem Sinne weisen Gemälde nicht nur Farben auf, sondern zeugen auch von einer Geschichte der Farbe, bergen in sich gleichsam eine Erzählung der Farbwerdung. Am deutlichsten werden diese zwei Ebenen des Farbgeschehens (die unmittelbare Darstellung und die indirekte Erzählung) in Gemälden von Philipp Otto Runge, der die Technik des doppelten Rahmens benutzte, um zwischen den beiden Rahmen eine Erzählung der Bildkosmogonie unterzubringen. Der Herabstieg des Sonnenlichtes auf die Erde glich einer Theophanie, einer Bildwerdung des Göttlichen. Der Streit um die newtonsche Farbenlehre ist letzten Endes nicht nur ein chromogenetischer, chromogonischer, sondern auch ein kosmogonischer und gar «theologischer» Streit gewesen, so etwa, wenn sich Goethe nicht mit dem absoluten Primat des Weiß zufrieden geben konnte, aus dem alles andere hervorgehen sollte. Ihm wäre in der Erzeugungstheorie der Farben aus dem Weiß die Pluralität der Farben verloren gegangen und die Dramatik der Überhöhung der Pole im Rot nicht mehr darstellbar gewesen. Ohne Zweifel wies für ihn die Diskussion der Farben Ähnlichkeiten mit der Diskussion der Beziehung von gut und böse auf. Lässt sich alles aus dem Guten, aus einer einzigen Idee denken, oder muss man in der Welt zumindest zwei Pole annehmen? Der Gedanke, dass die Herabkunft des Weiß eine Zerlegung in viele Farben darstellen würde, hat gewisse Ähnlichkeiten mit der Vorstellung des Hervorströmens der Vielfalt aus der Einheit. Die Hirnphysiologie spricht für eine Entstehung der Farbwahrnehmung aus den drei Grundfarben Rot, Blau und Grün. Damit kann auf der psychologischen und neuropsychologischen Seite eine Anknüpfung an die geistesgeschichtliche Tradition der Triaden gesucht werden, eine Dimension, die ich hier nicht vertiefen will.

Kreativität liegt nicht einfach im Aufsuchen eines interessanten Verhältnisses von Chaos und Ordnung, sondern in der Fähigkeit, neue Ordnungen zu schaffen, ohne sich in Zwischenstufen des Chaos zu verlieren. Im Bereich der Farbe kreativ zu sein könnte daher auch heißen, Kreis und Dreieck der Farbe zu verlassen und ganz nur einer zu huldigen. In einem Film über den psychisch kranken Dichter Jakob Michael Reinhold Lenz aus den siebziger Jahren gibt es eine Szene, in welcher dem Dichter auf dem Dachboden von einem Pfarrer anhand von Farbtafeln die Bedeutung der einzelnen Farben erläutert wird. Jeder Farbe wird eine geistige Bedeutung zugeordnet. Zur Tafel mit der Farbe Blau heißt es: Und Blau ist die Verzweiflung. Von diesem Moment an führt der Regisseur den Film nur noch in der Farbe Blau weiter. Die Verzweiflung des wahnsinnig werdenden Dichters ergreift den Zuschauer unmittelbar. Eine einzelne Farbe macht sich selbständig und ist nicht mehr Ausdruck einer singulären Erscheinung, sondern charakterisiert das Erscheinen schlechthin. Die geistige Dimension des Menschen, so sagen die Philosophen des Bewusstseins, sei ohne Qualia, das heißt ohne sinnliche Konnotationen. Geistige Vorgänge, Urteile usw. entbehren der Anschaulichkeit. In dem Moment, wo sich eine Farbe selbständig macht, kann sie jedoch zum Zeichen des Geistig-Emotionalen werden. Nicht mehr der See, die Berge oder der Himmel sind dann blau, sondern die Tatsache, dass etwas in meinem Bewusstsein erscheint, nimmt selber die Bläue an. Ein Platonismus der Farbe überwältigt den Menschen, und das Heraustreten nur einer Farbe wird zum Zeichen für das Erscheinen selber. In dem Moment, in dem es eine Farbe bekommt, tritt, so könnte man in alten Formeln der Dialektik formulieren, auch die Farbe erst als Farbe in Erscheinung (durch die Farbe der Erscheinung kommt es zur Erscheinung der Farbe). Doch mit dieser Formel ist noch nicht genug gesagt; präziser lässt sich der Sachverhalt herausarbeiten, wenn man darauf hinweist, dass der Versuch, die Farblosigkeit mentaler Ereignisse mit den Mitteln des Farbigen zu bezeichnen, «typentheoretisch» nicht durchgehalten werden kann und dass die sinnliche Affizierung des Geistigen zu einer Herausstellung des Sinnlichen führen kann. Dies bedeutet, dass in dem Moment, wo Farben als Qualia des Geistes zu benutzen versucht wurden, diese selber als gleichsam geistige Erscheinung in den Vordergrund treten konnten. Farbe per se wurde zum Thema der Malerei bis zu den monochromen Bildern der Moderne, bei denen sich Künstler wie Yves Klein ein Blau sogar patentieren ließen.

Man könnte eine poetische Erzählung daraus machen, wenn man an das weiße Hemd von Vincent van Gogh denkt. In seiner Zeit als Hilfspfarrer auf dem Lande erlebte er in seiner Gemeinde, in der sich viele Bergarbeiterfamilien befanden, die Auswirkungen eines Grubenunglücks mit. Den von schwarzem Staub durch die Kohleexplosion blutig Verstümmelten gab er in dem Versuch, Hingabe ganz zu verwirklichen, sein einziges weißes Sonntagshemd als notdürftiges Verbandsmaterial. Dies führte zur Rüge seitens der Obersten der Kirche, da er den Gedanken der

Hingabe in angemessener Repräsentation, also im weißen Sonntagshemd, predigen und diese Repräsentation nicht selber auch noch hingeben sollte. Ein Zerwürfnis mit der Kirchenleitung war die Folge, und man kann sagen, dass van Gogh mit der Darstellung des Gedankens der Hingabe das Gleiche noch einmal im Bereich der Malerei probierte. Von den drei Grundfarben Blau (himmlisch, väterlich, gesetzhaft und damit auch bisweilen unerbittlich kalt und Verzweiflung bewirkend), Rot (geistig entflammt) und Gelb (hingebungsvoll, versöhnend) war es das Gelb, dem er sich gleichsam besessen zuwandte. Der widmete er sich mit solcher Hingabe, dass die Hingabe sich selber hinzugeben drohte. In seinen Briefen äußerte er die Sehnsucht nach einem Suizid in einem gelben Zimmer. Die zeitgenössischen Künstler Komar und Melamid griffen das Motiv auf und malten «Selbstmord in Bayonne», eine Bilderserie in Chromgelb. Beim Betrachten des «Gelben Zimmers», das van Gogh malte und das im Amsterdamer Van-Gogh-Museum ausgestellt ist, hörte ich zwei Studentinnen über dieses Bild sagen: «Cooles Zimmer». In gewisser Weise hatten sie Recht, denn der Coolness fehlt sicherlich die Farbe Rot, ansonsten aber wird sie auf die Farbe Blau wohl kaum verzichten können. Aber es kann sehr cool sein, sich hinzugeben (dann mit Hitze). Man kann hier van Goghs Weg als einen Weg zur Farbe der Hingabe (und letztendlich zur Hingabe der Farbe) zu verstehen versuchen. Die gelbe Sonne (in der Kopie des Motivs der Erweckung des Lazarus von Delacroix noch recht weiß) entflammt in den Sonnenblumen die Erde, überwältigt den Sämann über seinen Nacken hinweg und breitet sich die erntereifen Felder überflutend aus, sodass vom Farbdreieck nur noch die Dreizahl der schwarzen Krähen darüber verbleibt, von denen das Licht abgetropft zu sein scheint.

Das Blau des Vaters tritt hinter der Kirche von Auvers hervor, kein Weg führt zu dieser Kirche, beide Wege führen an ihr vorbei. Van Gogh hat ganz die Haltung des Sohnes, er flüchtet in die Felder, in das Gelbe, um als Sohn alles zu bezwingen, um die Hingabe zur Vollendung zu bringen. Das weiße newtonsche Hemd an den blutig Verstümmelten verschenkt, das Ohr an die Prostituierte gegeben, hatte er sich selber noch zum Schauspiel der Farben zu bereiten versucht. Er schluckt Gelb und andere giftige Farben und rührt diese noch mit Terpentin für seinen Magen an. Die inneren Schleimhäute, selber zur Toilette geworden, verwehren ihm, der die Hostie der noch nicht abgeernteten Felder des gelben Sohnes verschluckt, den Tod. Das Ohr geopfert, gleichsam als dem Freund verwehrte Muschel, als Versuch, die Stimmen zu bändigen oder das Auge zu stärken, fügt er in den Zirkel der Hingabe – die Kerze Gauguin ist verglimmt – nun die Pistole ein in die Kreisbewegung des auf seine Brust gerichteten Armes, diese wahrscheinlich schwarz «entfärbt» wie die Krähen über ihm, im Zirkel der Hingabe unter zeitweiligem Ergießen von Rot.

Van Gogh hat mit den Mitteln der Farbe eine alte Legende erzählt, der wir vielleicht noch immer nicht entronnen sind, weil die Bewegung des Entrinnenwollens einen konstitutiven Teil dieser Erzählung ausmacht (François Lyotard erzählt diese Geschichte mit psychoanalytischen Mitteln). Er vollendet die Freiheit wie eine beckettsche Figur, welche die Freiheit bis zur radikalen Aufhebung der Freiheit ausführen will. Van Goghs Schicksal erschüttert uns, weil er das vorführt, was Jochen Gerz die Schwierigkeit des Zentaurs beim Absteigen vom Pferd nennt, weil er zur Radikalität führt, was sonst in vielfältige Bezüge eingebettet erscheint. Van Gogh bewegt uns zutiefst, weil er von der Krankheit «wie ein Vieh vor den Kopf geschlagen» unbeirrt an seiner Sache weiter festzuhalten versuchte. Auch hier machen nicht das Chaos, sondern die Unbeirrtheit und die planvolle Zielgerichtetheit das Wesentliche der Genialität aus. Allen Rückschlägen und Niederwürfen versucht er durch künstlerische Reflexionen im Selbstbildnis und in den Briefen eins draufzusetzen, bis er von der Plötzlichkeit seiner Anfälle so erschlagen wird, dass ihm ein planvolles Gegenhandeln nicht mehr möglich erscheint.

Wie kann nun die Hirnforschung einen Beitrag zur Erklärung des Phänomens van Gogh leisten? Sicherlich ist es auch in diesem Fall angemessen, von einer besonderen Leistung des Stirnhirns auszugehen, das in der Lage war, auf die verschiedensten Irritationen mit konsequentem Verhalten zu reagieren. Die Frage, ob van Gogh an einer Temporallappen-Epilepsie (komplex-partielle Anfälle) litt, ist dabei nicht ohne Bedeutung. Nach dem Geschwind-Modell kann bei einer Epilepsie des rechten Schläfenlappens in den Phasen zwischen den Anfällen größere Kreativität beobachtet werden. Der Bostoner Neurologe Norman Geschwind beobachtete bei seinen Patienten mit Temporallappen-Epilepsie eine überhäufig auftretende Kombination von Vielschreiben (Hypergraphie), Hyperoralität, Hypersexualität und überhäufigem Wechsel der Weltanschauungen. Das Modell ist allerdings nicht unumstritten. In unveröffentlichten Beobachtungen von Epileptikern konnte die Geschwind-These nicht bestätigt werden (so der Leiter der Bonner Epileptologie Christian Elger). Offen bleibt allerdings die Frage, ob die Weiterentwicklung der medikamentösen Behandlung der Epilepsie bei Einschränkung der Anfallshäufigkeit zu einer Coupierung kreativer Impulse führen könnte. Sicher ist, dass eine epileptische Störung im nicht dominanten Schläfenlappen nicht von sich aus zu kreativen Prozessen führen kann. Eine Kombination mit zielgerichtetem Handeln vonseiten des Stirnhirns wäre hierfür eine notwendige Voraussetzung. Van Gogh war von der Plötzlichkeit seiner Anfälle überrascht und wurde von diesen oft über längere Zeit in seiner Schaffenskraft unterbrochen, sodass schließlich die orientierende Kraft des Stirnhirns von der Unberechenbarkeit der Anfälle überwältigt wurde. Die Verknüpfung von Temporallappenepilepsie und Psychose ist bekannt. Es wäre durchaus möglich, das Krankheitsbild van Goghs auf der Grundlage einer komplex-partiellen Epilepsie mit Psychose zu deuten. Die Kreativität wäre damit jedoch noch nicht gedeutet. Sie ist in erheblichem Maße an die Entschiedenheit, Entschlossenheit und Risikobereitschaft des Individuums gebunden.

Die Koordination von Form und Farbe findet im Schläfenlappen des Gehirns statt. Van Gogh berichtet in seinen Briefen über Störungen der Formwahrnehmung. Die Befreiung der Farbe von den Formen in seinen Bildern und die Befreiung des Gelb könnten durchaus durch die Irritationen im Schläfenlappen befördert worden sein. Doch wiederum: Die Kraft der Störung war nicht jene Kraft, die zu einer neuen Formung führte. In diesem Sinne käme der Krankheit höchstens eine Befreiungs- und Beschleunigungsfunktion zu. In gewissem Sinne jedoch wäre die medizinische Diagnose zur Erklärung des Phänomens van Gogh nicht entscheidend. Nicht die psychiatrische Klassifikation, sondern die neuropsychologische Einholung psychiatrischer Begrifflichkeiten erscheint hier hilfreich. Das neuropsychologische Modell, das hier greifen soll, wäre jedoch eines der zur Radikalität entschiedenen «Normalität», einer Steigerung bis zur Zirkularität, die in den kreisend sich aufsteigernden Krampfanfällen ihre Bahnung gefunden haben mag.

Van Gogh selbst stellte seinen behandelnden Arzt Dr. Gachet als eine Art Melancholiker dar. An dieser Stelle könnte man ein interessantes Spiel der gegenseitigen Diagnostizierung von Arzt und Patient beschreiben. Doch festzuhalten ist: Psychiatrische Medikamente hätten dem behandelnden Arzt heute effektive Möglichkeiten zur Suizidprophylaxe in die Hand gegeben. Auch die Epilepsie hätte medikamentös oder operativ zumindest gebessert werden können. Ob van Gogh aber aus diesen «Heilungen» nicht doch die Bilanz eines Selbstmordes gezogen hätte, bleibt eine andere Frage.

Wenn van Gogh Gift schluckte und sich ein Projektil in die Brust schoss, so traf er Körperregionen, in denen die Temporallappen-Epilepsie ihre psychovegetativen Symptome manifestiert (vom Magen aufsteigende heftige Missempfindungen). Dennoch kann die Krankheitsklassifikation den größeren Zusammenhang des van Gogh'schen Entwurfs nur unzureichend verdeutlichen. Der Streit in der medizinischen Fachliteratur um die Diagnose der Erkrankung des Malers ist jedoch erheblich. Vielleicht hat die psychiatrische Diagnostik auch zu dem Faszinosum dieser Persönlichkeit beigetragen. Van Gogh lernte durch den Umgang mit anderen Patienten, die Angst vor dem Irresein zu verlieren. Folgt man dem Neuen Testament, so erwartet einen das Höllenfeuer, wenn man einen anderen einen Narr nennt. Van Gogh kämpfte gegen das Irresein, und wenn es nicht gelang, versuchte er sich dessen Kräfte für seine Arbeit zunutze zu machen. Sein Schicksal verdient unseren höchsten Respekt.

Zur Erklärung des Phänomens van Gogh sind unzählige Diagnosen angeboten worden. Von Bedeutung ist die Frage, ob sich das stärkere Hervortreten der Farbe Gelb auf einen einfachen Krankheitsprozess zurückführen lässt. Im Rahmen von Digitalisvergiftungen kann es zum Auftreten von Gelbsehen kommen. Zu van Goghs Zeit wurde Epilepsie unter anderem mit Digitalis behandelt. Es liegen jedoch keine Belege dafür vor, dass van Gogh Digitalis bekam. Xanthopsie, das so genannte Gelbsehen, kann auch im Rahmen von Leberstörungen auftreten. Sicherlich hat sich van Gogh durch den Konsum von Absinth und das in Selbstmordabsicht verschluckte Terpentin einschließlich einiger Farben eine Stoffwechselstörung zugezogen. Ob es hierdurch bereits zur Dominanz der Farbe Gelb kommen konnte, muss eher als zweifelhaft angesehen werden. Auch Linsentrübungen, die im Alter möglicherweise zu einem Übergewicht der Gelbfarbe führen, reichen zur Erklärung seiner Farbpalette nicht aus.

Die Annahme einer Störung des Gleichgewichtsorgans (Morbus Menière) erklärt sein Krankheitsbild nicht ausreichend. Auch die kreisenden Bewegungen in seinen Bildern muss man nicht Schwindelanfällen zuordnen, wenn man sie nicht den Malströmen des Farbgeschehens und damit einhergehenden Formabstraktionen unterordnen will. Sollte ein Bedürfnis nach krankheitsspezifischer Deutung bestehen, so könnten hierfür auch die bei Temporallappen-Epilepsie bekannten Dysmorphopsien (Formsehensstörungen) herangezogen werden. Größer als alle Krankheit war jedoch die Kraft, welche sein Werk zur Vollendung brachte.

Beim Herabsteigen vom Pferd ist der Zentaur verblutet, doch er hat gelöst, was bisher nicht zu trennen war. Die Farbe Gelb wurde aus dem Farbkreisel befreit und ließ eine rotierende Bewegung zurück. Wir können heute freier mit den Farben umgehen, ohne jedes Mal ein Schicksal in jede einzelne investieren zu müssen. Das Gleichmaß der Farben in der Bildschirmmodulation macht sie fast schicksalslos. Die Mode strengt sich an, noch einmal Aufmerksamkeit zu erzeugen. Will Kunst Lebensgeschichte erzählen und Erscheinungen deuten, so sucht sie auch heute noch nach den Stellen, an denen Reiter und Pferd ununterscheidbar zu sein scheinen. Die Hirnforschung tut ihr Übriges, um das Reich der Elemente durch Trennung immer neuer Funktionen von ihren bisherigen Zusammenhängen zu erweitern. Van Gogh hat mit der Hingabe der Hingabe seinen Beitrag dazu geleistet.

IMAGERY UND METABILDER

Sowohl für die künstlerische Theorie als auch für die Hirnforschung stellt es eine der grundlegenden Fragen dar, ob im Gehirn mit dem Bild auf eine besondere Weise im Vergleich zu anderen kognitiven und emotionalen Prozessen umgegangen wird. Die Kognitionswissenschaft, welche Hirnfunktionen durchgängig als Rechenfunktionen verstehen wollte, wurde Anfang der siebziger Jahre erheblich irritiert, als Shepherd und Mitarbeiter zeigen konnten, dass es beim Umgang mit vorgestellten Bildern zu kognitiven Verarbeitungsprozessen kommt, die in ihrem Zeitverlauf durch Bildcharakteristika, zum Beispiel Drehwinkel (nicht aber durch Komplexität der Informationen), bestimmt waren. Wenn Versuchspersonen dreidimensionale Gebäude, die aus Würfeln zusammengesetzt waren, vor dem geistigen Auge drehen sollten, so korrelierten die Drehwinkel mit der Zeit, die für diese mentale Aufgabe gebraucht wurde. Die Kognitionswissenschaftler mussten dies als einen Hinweis interpretieren, dass es im Gehirn möglicherweise analoge Verarbeitungsmodi gibt. Für eine Theorie des Bildes sind diese Befunde zur mentalen Rotation von großer Bedeutung.

Für die Aufklärung der Hirnmechanismen, die den Prozessen mentaler Bildverarbeitung zugrunde liegen, spielen Untersuchungen, bei denen die Hirnaktivierung kartographisch (nicht nur während mentaler Rotationsaufgaben) registriert wird, eine große Rolle. Dabei hat sich eine intensive Diskussion um die Frage entsponnen, ob die Imagination eines Gegenstandes von ähnlichen Regionen des Gehirns getragen wird, wie dies bei der Wahrnehmung der Fall ist. Die nuklearmedizinischen Untersuchungen zeigen, dass Imagination, also Vorstellung eines Gegenstandes ohne aktuelle Wahrnehmung, eine weitgehende Überlappung mit den bei der Wahrnehmung aktivierten Hirnregionen aufweist. Die polare Diskussion um Imagination als gleichsam erinnerte Wahrnehmung und Imagination als von der Wahrnehmung gesonderter Prozess findet durch den Nachweis der überlappenden Aktivierung die Auflösung der Gegensätzlichkeit. Es gibt Hirnforscher wie Zeki, welche den bewussten Teil der visuellen Wahrnehmung weitgehend auf das Areal V1 beschränken möchten. Vieles spricht jedoch dafür, dass viele andere Regionen des visuellen Systems bewusstseinsfähig sind. Wir sollten uns in diesem Zusammenhang eher fragen, ob das *Modell* des Bewusstseins sich nicht manchmal in der primären visuellen Wahrnehmung erschöpft und inhaltlich darüber nicht hinausreicht. In solch einem Falle wäre die Aussage, dass im Wesentlichen nur die Prozesse in V1 mit Bewusstsein verbunden sind, mehr oder weniger tautologisch.

Wie die Phänomene des Blindsight beweisen, rechtfertigt Wahrnehmung visueller Daten ohne das Wissen darüber nicht die Annahme, dass Bewusstsein im visuellen System auf das Areal V1 beschränkt sei. Bei Blindsight-Patienten ist V1 gestört, und sie erlangen Informationen über die visuelle Umwelt über niedrigere Verarbeitungszentren im Hirnstamm. Hieraus zu schließen, dass die Verarbeitung zum Beispiel in V4 und V5 nicht mit dem Bewusstsein verbunden wäre, erscheint nicht angemessen, da das Bewusstsein bei Verarbeitungen in diesen Regionen möglicherweise nur von dem Input über V1 abhängig ist, nicht aber schon allein durch die Tätigkeit in V1 konstituiert wird. Vieles spricht dafür, dass Bewusstsein im Gegenteil ein über die primären visuellen Felder hinausreichender Vorgang ist, wenn man den Bewusstseinsbegriff nicht zu tautologisch und trivial gestalten will. Von daher gibt es keinen Grund, Imagination, weil sie ja bewusst ist, als bloße Wiederholung in den primären Wahrnehmungszentren anzusehen. Da sie in ganz anderen Kontexten aktiviert wird, ist die Aktivierung einer anders gearteten Hirnregion nur plausibel.

Bei dem Versuch, die Welt in sinnliche Wahrnehmung und vorstellenden Verstand aufzuteilen, wäre man angesichts der Hirnregionenüberlappung bei Imagination und Wahrnehmung mit einigen Schwierigkeiten konfrontiert. Natürlich könnte man sich auf den Standpunkt stellen, das Faktum einer gemeinsamen Schnittmenge der Neuronenaktivierung zwischen zwei Hirnregionen bei unterschiedlichen Funktionen belege noch nicht, dass diese Funktionen einen inneren Zusammenhang aufweisen. Möglicherweise bedeutet die gemeinsame Schnittmenge ja nur, dass der Zusammenhalt der Funktionen in einem gemeinsamen Gehirn gewährleistet werden soll. Und Traditionen, in denen Sinnlichkeit und Verstand scharf getrennt wurden, finden in dem Faktum der Überlappung der

Hirnaktivitäten vielleicht sogar ihre Bestätigung, denn warum sollte man beide Bereiche gedanklich voneinander trennen, wenn sie es in der Sache schon wären? Möglicherweise hängt der Ingrimm, mit dem Anhänger des Geistigen sich gegen die Dimension der Sinnlichkeit wenden, gerade damit zusammen, dass beide so eng miteinander verknüpft sind.

Diese Gedanken könnten auch einiges Licht auf die Geschichte der Ideenlehre werfen. Platon verbrannte seine eigenen Theaterstücke und übte Kritik an der Malerei wegen ihrer Mimisis-Funktion. Möglicherweise wollte er den Neuronengruppen des visuellen Systems mehr Freiheit für den Umgang mit abstrakten Begriffen verschaffen und sie daher im Feuer der Verbrennung eigener Texte «umformen». Folgt man diesem Gedankengang, dann war Platon gegen die Wahrnehmung, weil er wesentliche Momente derselben für die Erkenntnis des Begrifflichen benötigte. Er steht hier in der Geschichte der griechischen Philosophie, in der Anaximander noch ins Gefängnis geworfen wurde, weil er bestritt, dass die Sterne der Sitz der Götter seien. Platon, der die kritische Vernunft, mit der diese Kritik an dem Göttersitz durchgeführt wurde, zur Ideenlehre weiterentwickelte, benutzte die Wahrnehmung des seiner Bedeutung nun entkleideten Sternenhimmels, um die Ideenwelt selber zu beschreiben. Die Wahrnehmung wurde somit in den Dienst des Geistigen gestellt. Der Intellekt konnte sich mit den Qualia des Sternenhimmels schmücken und zugleich glauben, auf die Sinnlichkeit herabzublicken. Damit war eine Umkehrung in dem Netzwerk der visuellen Verarbeitung konstituiert, die von größter Tragweite für die menschliche Kognition war. Plötzlich konnten geistige Dinge wahrgenommen werden wie die bunten Blumen und Käfer auf einer Wiese. Mozart, das Genie der abstrakten Klangwelt, beschreibt auf eindringliche Weise, wie er eine Komposition visuell wie eine vor sich aufgebaute Festtafel betrachten konnte. Bisher konzentriert sich die Hirnforschung im Wesentlichen auf Imagery als Wiederholung für eine Wahrnehmung ohne Außenstimulus. Wichtig wäre es, die Funktion der visuellen Zentren bei der Konstituierung von Metabildern des Geistes, also der Anschauung des Geistes mit den Mitteln des Sinnessystems, genauer zu eruieren. Ein Großteil der so genannten «abstrakten» Malerei, die sich zunächst als konkrete Malerei verstand, da die Erfahrung des Geistigen als höchst konkret angesehen wurde, ist in diesem Theoriezusammenhang zu deuten. Das Schicksal der Benutzung sinnlicher Mittel bei der Darstellung des Geistigen besteht nicht selten darin, dass bei Aufbrechen der ausgebildeten Schulen der Verständniszusammenhang für die komplexen Verschachtelungen von Geist und Wahrnehmung, von Bild und Abstraktion in ihrer mehrfachen Überlagerung in die Ein- bis Zweidimensionalität allgemeiner Rezeptionsmodelle verschwinden kann. Die kurzlebigen Schemen des Geistes vermögen ihre sprachliche Zuordnung also am ehesten in einer Gemeinschaft ihrer Bedeutungen stabil zu halten (zum Beispiel der Künstlerpakt zwischen Paul Klee und Wassily Kandinsky), sodass bei deren Zusammenbruch der Rückzug in die Gegenüberstellung von sinnlichen und geistigen Wahrnehmungsvorgängen droht. Kreativität besteht häufig im Durchbrechen des starren Dualismus von Geist und Sinnlichkeit, bisweilen durchaus so, dass Geistiges mit den Mitteln der Sinnlichkeit dargestellt wird, so wie auch Mozart die abstrakten Vorstellungen der Musik bildlich (nicht nur illustrierend) erfasste. Das menschliche Gehirn kann Bilder auch zur Charakterisierung von Sprache einsetzen und damit die evolutionäre Reihenfolge von Bild und Sprache in ein mehrfach komplexeres Verhältnis bringen.

Tafel 1: **Christo und Jeanne-Claude, Valley Curtain**, Rifle, Colorado, 1970–1972, Nylongewebe, Stahlseile und Beton, 111 x 381 m
Neben dem Reichstagsgebäude und einer Seine-Brücke haben Christo und Jeanne-Claude auch verschiedene Landschaften dem Blick entzogen und dadurch ins Zentrum der Aufmerksamkeit gebracht.

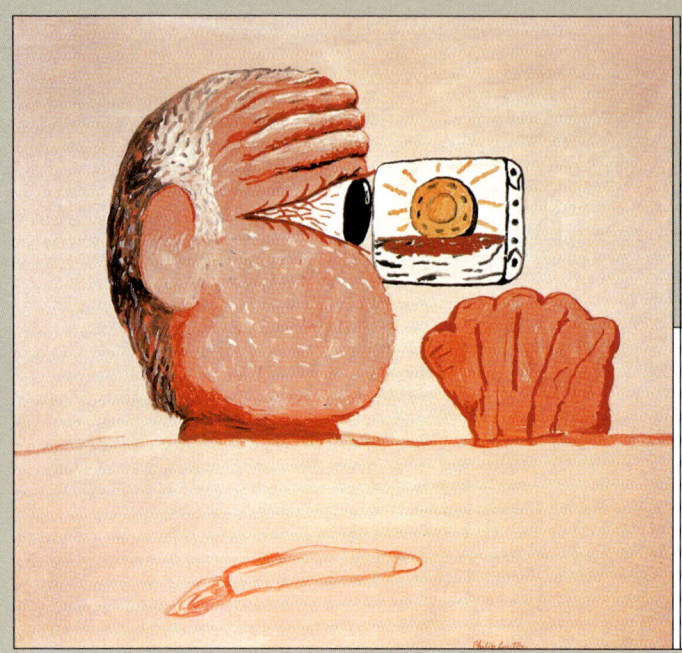

Tafel 2: **Philip Guston, Spleen,** 1975, Öl auf Leinwand, 172 x 191,7 cm, Privatsammlung
Der Rahmen trifft auf die Hornhaut: Blendung durch das Bild? Besser sehen ohne Bild?

Tafel 3: **Philip Guston, Sleeping,** 1977, Öl auf Leinwand, 213,4 x 175,3 cm, Privatsammlung
Schwierigkeiten mit der Abgrenzung. Die Decke gerät zwischen Lid und Hornhaut.

Tafel 4: **Giovanni Bellini, Pietà,** 1478, Öl auf Holz, 107 x 84 cm, Vatikanische Museen
Für seinen Tod durchbricht der erschienene Gott das Bilderverbot – weil es nur als «Bild», als «Erscheinen» den Tod demonstriert?

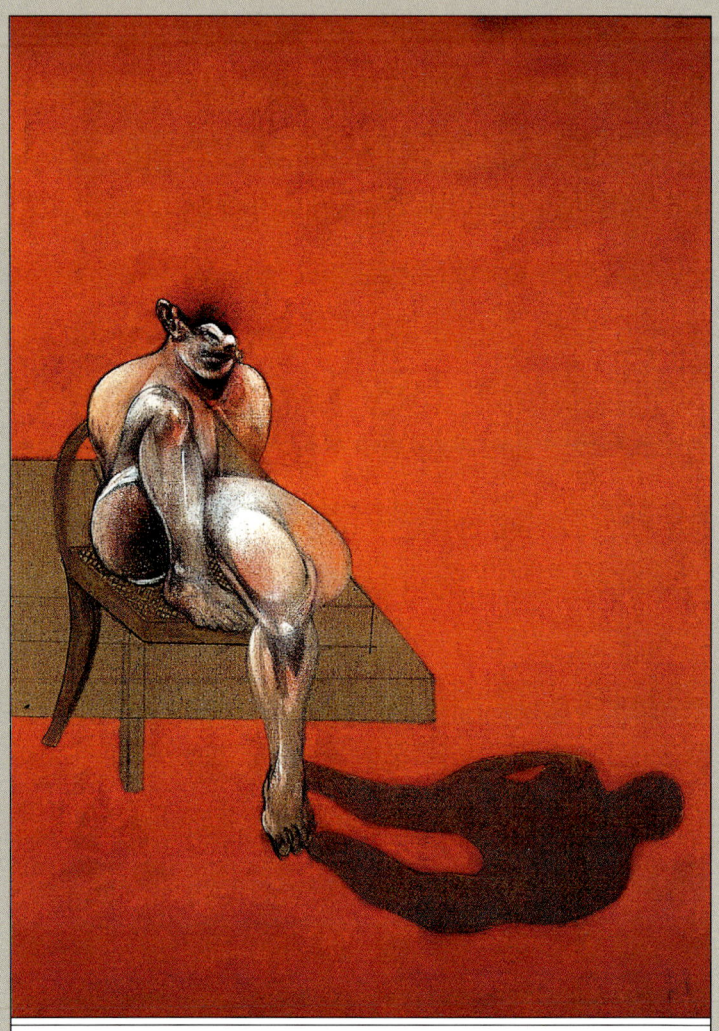

Tafel 5: **Francis Bacon, Triptychon (linker Teil)**, 1983, Öl auf Leinwand, je 198 x 147,5 cm, Marlborough International Fine Art, Vaduz

Der Schädel ist unvollständig, der Schatten ist vollständig. Dem entspricht durchaus die gewöhnlich vorhandene Vollständigkeit des Selbstbildes und die unzureichende Erfassung des ganzen Körpers durch die Aufmerksamkeit. Darüber hinaus gilt: Wir können unseren Kopf visuell nur unter Zuhilfenahme eines Spiegels wahrnehmen.

Tafel 6: **Markus Lüpertz, Totentanz,** 1997, Öl auf Leinwand, 162 x 130 cm.
Nicht nur ein Engel kann auf die Hüfte schlagen, sondern auch der Tod.

Tafel 7: **Kopf des Buddha, Borobudur, Zentraljava,** 800 n. Chr., Stein, Höhe 31,5 cm, Museum für Indische Kunst, Berlin
Buddha-Skulptur des javanischen buddhistischen Borobudur. Die «ûrnâ», die Vorwölbung zwischen Stirn und Nasenwurzel, wird bisweilen als «drittes Auge» bezeichnet, aber auch auf eine bloße Haarlocke zurückgeführt. Der Ausbildung eines zusätzlichen Auges bei einem Neugeborenen wurde zur Zeit des Buddha im Mittleren Orient große prognostische Bedeutung beigemessen (Ausgang von Kriegen etc.), sodass «Seher» herbeigerufen wurden. Möglicherweise hat man Buddha auch deshalb ein solch bedeutsames Merkmal zuerkannt. Zu bedenken ist auch, dass es sich um eine nasofrontale Encephalocele (s. Abb. 9a) gehandelt haben kann. In diesem Sinne kann auch die «ushnîsha», der «Schädelauswuchs» beziehungsweise Haarknoten, mit einer Encephalocele des Scheitellappens in Verbindung gebracht werden (s. Abb. 9b).

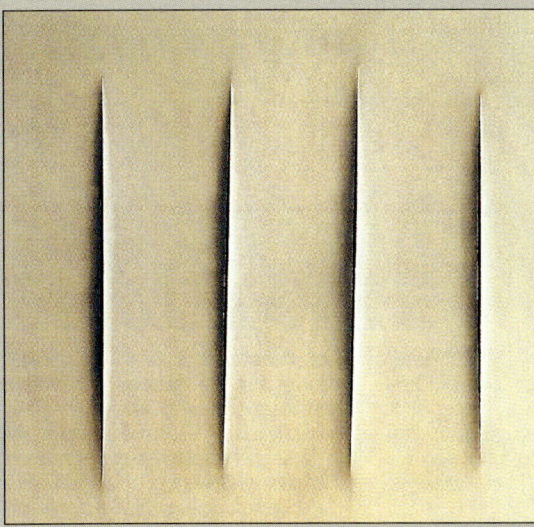

Tafel 8: Tim Maguire, Schlitze 95.54, 1995, Öl auf Leinwand, 90 x 90 cm
Kopie einer Leinwandzerstörung von Lucio Fontana. Besonders in den 50er Jahren schlitzte Fontana Malleinwände mit dem Messer auf, um der Kunst damit einen Neuanfang zu geben. Bereits bei Fontana selber gewann das Ergebnis der Zerstörungen darstellenden beziehungsweise ornamentalen Charakter. Maguire kopierte die Leinwände mit einem Pinsel so täuschend echt, dass man glauben könnte, es würde sich um Zerstörungen durch ein Messer handeln.

Tafel 9: Pablo Picasso, Kind mit Spielzeug, 1923, Pastell, 103,5 x 73,5 cm, Privatsammlung
Im «Fort-da»-Spiel mit dem eigenen Spielzeug sah Sigmund Freud einen Versuch, den Tod zu bezwingen. Es gibt «postmoderne» Philosophen (Jacques Derrida), die dieses Fort-Da-Spiel mit sich selber inszenierten (eigentlich wollte ich nicht kommen, aber jetzt bin ich da) und sich damit in der Rolle des Todesvertreibers anboten.

Tafel 10: **Werner Gephart, Die Mode und das Meer,**
1992, Aquarell, Collage, 69 x 49 cm
Eine andere Form der Verhüllung: Das Antlitz ist durch eine «männliche Projektion» überlagert.

Tafel 11: **Paul Gauguin, Selbstporträt**, 1989, Öl auf Leinwand, 79,5 x 51,5 cm, National Gallery of Art, Washington
Gauguin zeigt sich selber als Heiland in Gelb. Auf einem anderen Bild malt er ein Kruzifix in Gelb.

Tafel 12: **Paul Gauguin, Jakobs Kampf mit dem Engel**, 1888, Öl auf Leinwand, 73 x 92 cm, National Gallery of Scotland, Edinburgh
Der Kampf mit dem Engel ist ein Alternativmodell zur Versöhnung (ich lasse dich nicht, du segnest mich denn). Jakob wurde dabei die Hüfte ausgerenkt. Hier erscheint der Kampf aus distanzierter Perspektive. Gauguin, der sich auch in Gelb malte, hier auf der Suche nach Distanz (am Schluss bis Tahiti). Van Gogh hingegen vollendet den Weg des «Gelb».

Tafel 13: **Vincent van Gogh, Krähen über den Weizenfeldern,** 1890, Öl auf Leinwand, 50 x 100 cm, Van Gogh Museum Amsterdam
Asiatische Maler empfehlen, ganz eins mit dem gemalten Gegenstand zu werden. Van Gogh erschoss sich in den von ihm gemalten gelben Feldern. Das Van-Gogh-Gelb ist in der Malerei mittlerweile zum Suizid-Gelb avanciert. So malten Komar und Melamid in ihrem fünfteiligen Ölgemälde «Eine Suite in Chromgelb» einen Suizid mit Pistole in einem Motel in dieser Farbe.

Tafel 14: **Leonardo da Vinci, Mona Lisa,** um 1503, Öl auf Holz, 77 x 53 cm, Louvre Paris
Das Lächeln der Mona Lisa erscheint rätselhaft. Aus kieferorthopädischer Sicht könnte der Mangel des oberen Gebisses von Bedeutung sein (die Prominenz der Schneidezähne fehlt).
Entscheidend ist jedoch, dass ein eher freundliches Gesicht mit einer starren Kopfhaltung verbunden ist. Der Gegensatz löst sich auf, wenn der Kopf geneigt und mit den Halsmuskeln «gelächelt» wird. (Computeranimation von M. L.)

Tafel 15: **Leonardo da Vinci, Hl. Anna (Anna Selbdritt)**, 1510, Öl auf Holz, 168 x 130 cm, Louvre Paris

Freud meinte in dem grauen Gewand die Gestalt eines Adlers zu erkennen (der Fuß als Adlerschnabel) und schloss auf oralen Missbrauch durch den Vater in der Kindheit Leonardos. Die Darstellung einer Katze statt eines Lammes auf anderen Marienbildern bei Leonardo kann durchaus als orale Aggressivität gedeutet werden. Die Neuropsychologie interessiert sich allerdings eher für den symmetrischen Aufbau des Bildes (gleichschenkliges Dreieck wie auch bei der Mona Lisa), der bei Linkshändern häufiger anzutreffen ist. Die Schwierigkeiten beim Beenden von Werken, die Leonardo aufwies, sind dann nicht unbedingt als Vaterproblem zu deuten, sondern möglicherweise in Zusammenhang mit dem besonders intensiven Spannungsbogen bei einem stärker symmetrisch angelegten Gehirn zu sehen. Solch ein Spannungsbogen kann große Leistungen hervorbringen, aber auch erschöpfend sein.

Tafel 16: **Arwed Gorella, Minotaurus I,** 1988, Acryl auf Leinwand, 70 x 80 cm
Man sollte die kognitiven Möglichkeiten des «Animalischen» nicht unterschätzen. Welches Denken werden die genveränderten Biosysteme auf die Erde bringen? Der Minotaurus (Stiermensch) weiß vom Plan des Theseus, der ihn bezwingen will.

Tafel 17: **Maja, Für Menschenrechte**, 2000, Öl auf Leinwand, 120 x 150 cm, privat
Der Körper als liebende Rücknahme der eigenen Unendlichkeit – für die Gewalt der «Verwertung»?

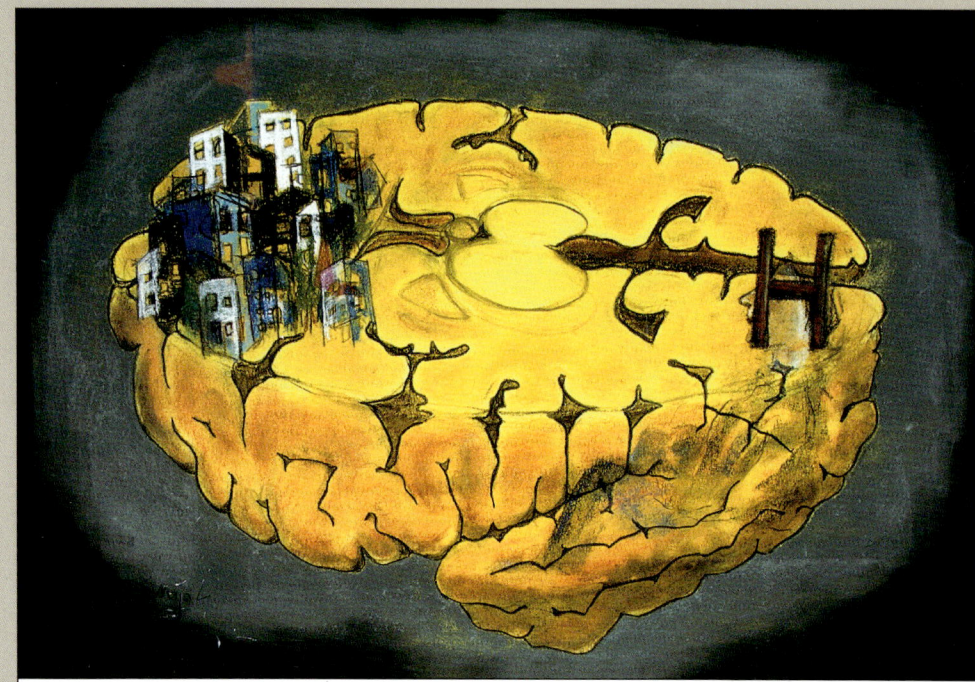

Tafel 18: **Maja, Innen/Außen,** 1999, Pastellkreide auf Papier, 60 x 80 cm, privat
Das Licht wirft das Gehirn zurück in den kleinen Tastraum; Projektion nach innen statt nach außen: Wir sind alle abgestürzt.

Tafel 19: **Dirk Lange, Ohne Titel,** 2000, Mischtechnik auf Holz, 42 x 30 cm, privat
In den Schädel lässt sich viel hineinprojizieren (zum Beispiel Fahrrad bei Otto Dix), aber gibt es im Gehirn überhaupt Bedeutungen oder sind sie nur draußen und innen nur Signale? Vielleicht aber bedeutet alle Hirnaktivität dasselbe: Wundversorgung.

Tafel 20: **Michael Wesely, Pacific Ocean at Santa Monica Pier**, Los Angeles, 1999–2000, Farbfotografie
Ein bewusster Umgang mit dem Licht und seinen Darstellungsmechanismen (Lochkamera mit Belichtungszeiten von bis zu 24 Monaten).

KREATIVITÄT: DAS STIRNHIRN ALS ORGAN DES KÜNSTLERS

Die Diskussion um die Kreativität hat bisweilen einseitige Bahnen eingeschlagen. Menschliche Schöpferkraft wird dabei gegen Ordnungsprozesse konzeptioniert. Kreativität, die Erzeugung neuer Zusammenhänge und Formen, ist jedoch in erheblichem Maße nicht einfach nur auf ein Querdenken, sondern auch auf einen starken Ordnungswillen ausgerichtet. In Kreativitätsseminaren wird manchmal so getan, als ob Schöpferkraft eine Angelegenheit des ungehemmten Umgangs mit bunter Knetmasse in einer Kindergartengruppe wäre: je amorpher, desto besser. Als ob mit einem Schritt aus dem Alltag heraus schon der Feiertag des Neuen gewonnen wäre! In unserem Gehirn finden sich in jeder Sekunde neue Aktivierungskonstellationen. Es kommt darauf an, aus neuen Ideen etwas zu machen und sie durchzusetzen oder, wenn es dann zum Schiffbruch kommt, die an den Klippen zerschmetterten Planken auf interessante Weise darzustellen. Typischerweise erwartet einen die kreative Herausforderung ja gerade dann, wenn das geplante kreative Projekt in die einzelnen Scheite zerfällt. Viele kreative Geschichten sind Geschichten des Scheiterns, in denen man ein interessierter Beobachter blieb, auch wenn der Schaffende selber zur Hauptperson des Dramas wurde. Es gilt, Aufmerksamkeit auf die immer neuen Pointen des Scheiterns zu richten. Der weiße Wal, Moby Dick, zerschlug das Schiff des ihn verfolgenden Kapitäns. Der alte Mann aus Ernest Hemingways Novelle «Der alte Mann und das Meer» konnte seine Beute noch nach Hause bringen, allerdings von den Haien bis aufs Skelett abgenagt. In der nächsten Novelle ist das Meer vielleicht blutrot und gar nicht mehr befahrbar. Eine Erzählung vom weißen Wal wäre gescheitert. Doch wer wollte sie auch hören, wenn die neue Farbe des Meeres noch nicht zur Sprache gebracht ist? Die Folgen des Scheiterns sind unzählig und damit auch die Möglichkeiten der Kreativität. An dieser Stelle könnte dann die Erzählung vom Glück etwas Neues sein, beispielsweise von dem Glück, zwischen der untergehenden Sonne und dem blutroten Meer eine Farbkorrespondenz festhalten zu dürfen.

Das Scheitern kann den Künstler ins Herz treffen und ihn zu Notmaßnahmen bei seinem Schaffen zwingen. Beethoven, des Gehörs verlustig gegangen, legte eine Holzleiste zwischen Unterlippe und Klaviertastatur aus, um die Vibration der einzelnen Noten zu erfühlen. Matisse, ans Bett gefesselt, verfertigte Scherenschnitte, und ein an einer das Augenlicht nehmenden Krankheit (Retinitis pigmentosa) leidender Fotograf versucht, Mitmenschen für seine eingeschränkte Perspektivik zu interessieren. Die schwerste Entscheidung für den bedrohten Künstler ist, ob er einen Kampf aufgibt und sich in einem neuen Terrain versucht oder ob er an seinem durch Lebensumstände oder auch Krankheit gefährdeten Talent versuchen will festzuhalten. In diesem Zusammenhang müssen die konstruktiven und schöpferischen Seiten der Kreativität herausgestellt werden. Kreativität steht nicht im Gegensatz zur Ordnung, sie kann nicht als ein wie auch immer zu bestimmender Gleichgewichtswert zwischen Chaos und Ordnung umgesetzt werden. Vielmehr ist der kreative Prozess durch ein Loslassen von Ordnung in einem entscheidenden Moment der Erstellung neuer Ordnung charakterisiert. Diese Moment der Entkopplung zwecks neuer Kopplung stellt die höchste Herausforderung an das Individuum und seine zielorientierten Stirnhirnaktivitäten dar. Würde man Ordnung und Kreativität einander gegenüberstellen, so gelangte man zu Modellen, in denen das Überraschungsspiel des Pan, der plötzliche Schrei seiner Hirtenflöte, der Schrecken in der Mittagsstunde, das Herausgerissensein aus dem Dösen im Gegensatz zum Logos stünde, den Platon doch als Zwillingsbruder beziehungsweise als identisch mit dem Pan sehen wollte. Folgt man dieser Äußerung Platons, so wären alle Dualismen, die auf der Zweiteilung von Logos und Pan, von Ordnung und Kreativität aufbauen, ein Irrweg. Dies würde dann auch für jene Dichotomien gelten, in denen der rechten Hirnhälfte die Kreativität und der linken die Ordnung zugerechnet wird. Sicherlich ist die Hirnhälftendynamik nicht unbedeutend. Wir möchten für den kreativen Prozess jedoch die Rolle des Stirnhirns herausstellen, welches in der Lage ist, bei dem Entstehen von Entkopplung und dem Aufbau neuer Kopplungen Orientierung zu liefern. Kreativität wäre dann nicht eine Angelegenheit eines gestörten rechten Schläfenlappens, sondern eines Stirnhirns, das in der Lage ist, sich selbst zu modellieren. Diesem Konzept zufolge wäre Genialität nicht Ausdruck einer Bionegativität, wie das noch in der psychiatrischen Literatur zu Beginn des 20. Jahrhunderts behauptet wurde, sondern Ausdruck eines besonders leistungsfähigen Stirnhirns.

Der Geist geht eigene Wege, und nach Heraklit sind sie sogar unendlich. Die Webgesetze des Geistes und Verknüpfungseigenarten der Neuronen möchte man verstehen lernen. Auch der Geist geht mit den Mustern im Teppich auf seine Weise um. Hegel weist darauf hin, dass man ein Loch in der Socke stopfen könne, im Geist jedoch nicht. Die Versuche, nach einer «Durchlöcherung» die Einheit des Geistes wiederherzustellen, erfolgen auf unterschiedliche Weise. Der eine mag in der Zerstückelung trotzig verharren, der andere Flickwerk als das angemessene Zeichen der Zeit ansehen, und der Nächste trainiert sich vielleicht schon von Jugend an darauf, mit Störimpulsen optimierend umzugehen. Denken wir an den letzteren Fall, so wäre hierzu Hans Selye zu rechnen, der als Student daran arbeitete, seine Bücher während einer geräuschvollen Straßenbahnfahrt zu studieren. Natürlich beeinflussen solche Techniken das Ergebnis der Kreativität: Hans Selye kreierte als Forscher den Stressbegriff. Der Feuerversicherungsangestellte Franz Kafka, der seine Schriftstellerei in der Nacht betrieb, war gegenüber akustischen Störungen höchst empfindlich und reproduzierte diese Abwehr sicherlich auch in der Figur der Angst in seinen Romanen. Bisweilen wird gezielt versucht, das Drohende zu verdecken und das Loch im Strumpf mit einem schmückenden Emblem zu versiegeln. Dann wird die Krankheit unter Umständen ins Bildliche gewandelt, um sich ihren drohenden Ansprüchen im Rückgriff auf die im Bilde erstellte kognitive Landkarte zu entziehen. Hierbei denke ich an den Schweizer Künstler Stefan Holenstein, der seine Hirnprobleme in eindrücklichen fotografischen Schilderungen festhält und damit eine Art Selbstmantik betreibt. Bildnerische Schöpferkraft hat hier wie auch im Sprachlichen die Aufgabe, das Gedächtnis zu entlasten und für anderes frei zu machen.

Nicht immer wird dabei versucht, aus dem Fremdkörper eine Perle zu machen, bisweilen handelt es sich um Bemühungen, das Störende zu umgehen und eine völlig neue Struktur zu schaffen. Das Fremde soll verzehrt werden, und die Lücke wird nicht Gegenstand eines Reparaturversuches, sondern das ganze Stück einer neuen Verwendung zugeführt.

Die plastischen Vorgänge im Nervensystem sind nicht immer auf Neuweben gestörter Strukturen, sondern bisweilen auch auf Umwege und Neufunktionieren ausgerichtet. Die Socke mit Loch ist dann Ohrenschützer oder Knieschoner (Joseph Beuys: Ich denke mit dem Knie). Man könnte sagen, dass diese Art der plastischen Umgestaltungsfähigkeit des Nervensystems ein Organisationsprinzip darstellt, wie es in den Körperplastiken Henry Moores zum Ausdruck kommt, in denen Hohlräume und Durchlöcherungen das Formenspiel des Körpers zur Vollendung bringen, und könnte vom Henry-Moore-Prinzip beim Umgang mit dem Loch in der Socke des Geistes sprechen. Was mit dem durchlöcherten Strumpfwerk anzufangen ist, stellt die eigentliche Frage der Kreativität dar. Die entscheidende Herausforderung besteht darin, dass die Umorganisation des Nervensystems nur selten dessen höchste Steuerungsorgane ausspart. Der Künstler, der Herr seiner Kreativität sein will, verhindert sie unter Umständen gerade durch diesen Herrscheranspruch. Derjenige aber, der alle Steuerungsfunktionen aufgibt, um die Schöpferkraft über sich hereinbrechen zu lassen, macht aus seiner Kurzwarenhandlung unter Umständen nur eine Kurz- und Kleinabteilung.

DIE STRANDFETE

Die Hirnforschung arbeitet mit exakten Messungen, in der Theorie lebt sie aber auch von Metaphern. Diese haben die Funktion, unterschiedliche Befunde und Aspekte des Nervensystems so zusammenzufassen, dass daraus zusammenhängende Deutungen neuer experimenteller Fragestellungen und weiter reichende Anknüpfungen für die Interpretation unseres Lebens gestellt werden können. Oft widmet ein Forscher dabei sein ganzes Leben nur einer einzigen Metapher. Auch in der Kunst ist es nicht selten der Fall, dass aus Gründen der Rezeptionsfähigkeit sowie der eigenen Ekstase die Beharrung in nur einem Bild erfolgt. Es gibt Metaphern, die man im Vorübergehen formuliert, und solche, die eine ganze Generationen in Bann halten können, besonders wenn sie sich dieser nicht bewusst sind. Heute, wo Wissenschaften unter dem Einfluss wissenschaftstheoretischer Reflexionen konzipiert werden und man selbst Religionen mit Hilfe der Erkenntnisse über das Unbewusste neu zu entwerfen versucht, können Metaphern kaum noch ohne eine methodologische Reflexion über ihren Status neu eingeführt werden. Mittlerweile gibt es auch schon eine kognitive Theorie der Funktion der Metapher, die darauf hinausläuft, anzunehmen, dass mentale Bilder, wenn sie verschoben werden, kognitive Prozesse im Gehirn in neue Zusammenhänge setzen und dadurch neue, vielleicht fruchtbarere Operationen und Algorithmen aktivieren. Möglicherweise gibt es Metaphern, die auf einer Metaebene diesem Vorgang einen Platz einzuräumen vermögen. Denken wir an eine Strandfete. Geladene Gäste und vielleicht auch solche, die sich zufällig dazu mischen, finden sich an einer langen Hochzeitstafel, vielleicht U-förmig aufgestellt, mit Blick zum Meer, zusammen, um in den Abend und in die Nacht hineinzufeiern, auf das Rauschen der Wellen oder gar Brandung zu hören, um im Licht dann in der dunklen Nacht zu träumen und bei Aufklingen der Musik mit dem einen oder anderen zu tanzen oder sich zumindest gemäß der Melodie ein wenig hin und her zu wiegen. An den weißen Tischen erfreut eine geschälte Ananas das Auge, die blauen Trauben werden mit heraufziehender Nacht dunkler. Die Gäste bringen Geschenke, und die Verpackungen werden aufgerissen oder auch so belassen, rote Schleifen ziehen das Auge auf sich. An den Tischen sieht man bisweilen vor lauter Gelächter die Gesichter nicht mehr, nur der auf dem Nachhallen eines klingenden Weinglases erfolgende Trinkspruch sammelt die Aufmerksamkeit auf sich, vielleicht aber auch mehr der Klang des Glases. Toastbrot wird unter dem Teller zerdrückt, Geschirr klappert unter den Tischen. Drei oder vier fahren mit einem Boot, andere gehen abseits in die Dunkelheit, eine Flötenspielerin versammelt noch einmal die Blicke.

Warum deuten wir die Funktion des Gehirns nicht wie eine Hochzeitsgesellschaft, für deren Ausstattung man in manchen Mittelmeerländern und auch sonst wo auf der Welt sein ganzes Lebensbudget zusammennimmt? Wird nicht im Gehirn geschenkt? Gibt es im Gehirn keine Tanzdarbietungen, kein Aufsagen von Sprüchen, Wünschen und Gedichten? Haben die beiden Hemisphären nicht mit der Frage der Selbstdarstellung, der Selbstverdopplung, des Sich-Erkennens im anderen, des Austauschens und des Arrangements zu tun oder vielleicht auch zu kämpfen? Ich glaube, dass das Strandfetenmodell einige Vorteile bei der Interpretation der Hirnfunktionen liefert. Viele Aspekte der Hochzeitsgesellschaft lassen sich herausstellen, die für die Interpretation im Rahmen eines Hirnmodells fruchtbar sein können: die Absonderung einzelner Grüppchen und Pärchen im Verlauf der Fete, das Verlöschen und Wiederanzünden der Kerzen, vielleicht auch das Aufflammen einer Tischdecke oder eines Schmuckgebindes, das Verschütten eines Kruges (die Neuronenenergie findet ihren Partner nicht) usw. Ich möchte mich auf drei Aspekte konzentrieren:

1. das Schenken,
2. die Präsentation im weiteren Sinne und
3. die Frage der Präsentation als Frage nach der Dopplung.

Bei all diesen drei Punkten geht es letztlich um die Frage der Darstellung und der heute kritisch betrachteten Repräsentation. Repräsentation beziehungsweise auch Vergegenwärtigung eines Zusammenhangs wird bisweilen als problematisch angesehen, da darin eine versteckte Verdopplung gesehen wird, die aus dem fließenden Handlungszusammenhang herausreißt. Sie lässt sich jedoch, wie dies auch in tiefenpsychologischen Zusammenhängen oft der Fall ist, als Stellvertretung in dem Sinne werten, dass etwas ein Bild für ein anderes ist und damit an dessen Stelle handeln oder behandelt werden kann. Dadurch, dass anstelle des Ursprungs nur dessen Abbild verwendet wird, kann es zufällig zu neuen Handlungszusammenhängen kommen. Neben Abbildung und Stellvertretung wäre jedoch noch das Präsent herauszustellen, welches den Schenker weder stellvertreten noch abbilden kann, sondern auf komplexere Weise ins Spiel bringt, derart, dass sowohl Abbildung als auch Stellvertretungsmomente dabei mit hineingelangen können, dass aber an erster Stelle von einer Gabe auszugehen ist, die dem Beschenkten energetisch, symbolisch und zeichenhaft aufhilft und den Anderen dabei anwesend sein lässt. Solche «Gaben» können nicht einfach verrechnet werden, dienen aber dem größeren Zusammenhalt der Dinge. Im kunsttheoretischen Kontext würde dies bedeuten, dass eine Korrespondenz der Dinge hergestellt wird, ohne dass eine einfache Ökonomie der Verrechnung am Werke wäre. Für eine Theorie der Farbe heißt dies zum Beispiel, dass ihre Wirkung nicht einfach einem allgemeinen Gesetz unterstellt wäre, sondern dass dessen Ökonomie durch Geschenke durchbrochen werden kann, die dann möglicherweise einen neuen Sinnzusammenhang stiften. Möchte man dies auch auf die neuronale Ebene übertragen, so bedeutet das, dass Neuronengruppen in der Lage sind, Impulse von sich an andere Hirnregionen abzugeben, ohne dass eine einfache Kalkulation der Reziprozität bestünde, durch welche sie sich selber in ihrer Aktivität erhielten, obgleich sie auch, um es anthropomorph zu formulieren, auf Rückgabe des Vergebenen hoffen können.

Die Tische der Gesellschaft sind so angeordnet, dass man den Blick auf das Meer hat. Man schaut auf die Bewegung des Wassers zum Land, doch einige sind über das Früchtebüfett gebeugt und wenden dem Meer den Rücken zu. Wenn das Fest wie bei Pindar zugeht, dann hebt der Schwiegervater des Bräutigams vielleicht eine kostbare Schale als Geschenk mit entsprechendem Willkommensgruß. Ein Rhapsode mag auftreten und die Heldentaten von Wettkämpfern verkünden. Großtaten von abwesenden Läufern, Springern, Sprintern, Speerkämpfern und Reitern werden zur allgemeinen Erbauung aufgezählt. Es kommt zu Zwischenrufen und Wechselreden. Nicht alles wird von der Mitte des Kreises aus vorgetragen, kurze Sprüche tätigen die Redner vom Sitzplatz aus. Kunsttheoretisch heißt dies, dass etwas, wenn es die Aufmerksamkeit erregen soll, nicht immer unbedingt in die Mitte treten muss. Versuchen wir es neuronal zu formulieren, so bedeutet dies, dass die Aufmerksamkeit nicht auf eine Standbühne gerichtet ist, ja dass nicht mal ein Karren herumfahren muss, sondern dass die verschiedensten Hirnpartien zu ihrem Recht kommen können, sei es durch Licht, sei es durch Wort, wobei beides nicht zwangsläufig stets gleichmäßig verbunden ist. Es gibt nicht nur *ein* Zentrum der Aufmerksamkeit, nicht alles wird auf das primäre Sehzentrum zurückprojiziert.

Die Frage der Rückpräsentation des Problems der Störung von Handlungsvollzügen erhält durch diese Frage der Selbstdarstellung ihr besonderes Gewicht. Stellt die Rede vom «Ich» bereits eine Selbstverdopplung dar? Das Bild der Hochzeitsgesellschaft bietet mehrere Möglichkeiten. Zunächst einmal ist hier Platz für viele, auch für denjenigen, der abseits am Strand auf einem umgekippten Fischerkahn hockt und das Ganze betrachtet. Und auch dem Brautpaar selber stehen unterschiedliche Blickmöglichkeiten zur Verfügung. Die beiden Hirnhälften können inzestuös, geschwisterlich oder mit großer Differenz, individuell unterschiedlich, miteinander verbunden sein. Auch an eine Schwulen- oder Lesbenhochzeit sowie an eine zölibatäre Ehe ist zu denken. In dem schönen Film «Breaking the Waves» findet die Frage des Zusammenhangs von Bild und Entzug in dem besonderen Verlauf der Hochzeitsfeier ihre Auflösung. In dem keuschen schottischen Küstendorf lockt die Braut ihren Angetrauten noch während der Feier zum Vollzug auf den Abort. Repräsentation und Handlung leben hier fröhlich miteinander. Die verwinkelten Buchten der Strandfete will ich hier nicht weiter auskundschaften. Viele möchten sich an dem ansehnlichen Brautpaar und dem vielsagenden Weiß der geschmückten Braut erfreuen. Wie stehen sie zueinander? Was sagen ihre Blicke? Spiegeln sie sich überhaupt ineinander, oder meint dies nur der Betrachter, der stets geneigt ist, überall Narzissmen «glücklich oder unglücklich» zu entdecken? In dem Film «Breaking the Waves», in dem das Liebespaar in heftiger Leidenschaft füreinander entbrannt ist, erleidet der Bräutigam durch einen Unfall eine Querschnittslähmung. Die Liebe zwischen beiden besteht jedoch weiter, und er wünscht sich, den gemeinsamen körperlichen Vollzug zu empfinden, indem sie ihm von der Beziehung zu anderen erzählt. Sie trifft sich mit anderen Männern körperlich, weil ihn die Berichte darüber erfreuen und seiner Heilung gut tun. Der körperliche Vollzug mit anderen wird dadurch zum Teil ihrer Liebe zu ihm. Ihr Handeln geschieht im Rahmen der zwischen ihr und ihm ausgetauschten Blicke. Die Sinnlichkeit mit anderen ist blind (zum Beispiel im Bauch eines Schiffes) und wird nur durch die Liebe zu ihm erhellt. Diese Art von Blick (Lacan würde sagen: Phantasma) ist von der Hirnforschung noch nicht zur Darstellung gekommen, und es ist die Frage, ob die bildgebenden Verfahren (PET usw.) dies überhaupt erfassen können. Möglicherweise hat die Berücksichtigung dieses «Blickwinkels» jedoch noch eine andere Pointe: Vielleicht war bei allen nuklearmedizinischen Untersuchungen zur Neuropsychologie stets der Blick des Untersuchers als das Gehirn des Untersuchten aktivierender im Untersuchungsvorgang mit enthalten (diese methodische Frage ist bisher nicht diskutiert worden).

ALLES THEATER!

Werden wir offener, wenn wir uns alle Bilder aus dem Kopf schlagen, oder können wir besser mit dem anderen umgehen, wenn wir die typischen Interaktionsszenen zuvor vor unserem geistigen Auge durchspielen? Die Funktion des Theaters bestand in vieler Hinsicht darin, Situationen des Lebens aufzuarbeiten und auf neue gefasst zu machen. In einem Brennpunkt der Aufmerksamkeit konnten zusammenlaufende Fäden des Lebens und ihre Verknotungen beobachtet und analysiert werden, und ähnlich der Bühnenrampe finden sich in der Malerei die Einrahmungen der Aufmerksamkeit auf ein Bild, das die Welt nicht nur in einem Verkleinerungsmaßstab und einer bestimmten Perspektive, sondern auch auf einer der seltsamen Abstraktions- und Kompositionsstufen unseres Geistes und Gehirns zeigt. Die Trainingsfunktion einer derartigen Fokussierung des Bewusstseins ist unverkennbar. Oft wurde das Theater dabei nicht einfach nur als Konzentrat des Lebens gesehen, sondern als Versuch einer Lesekultur, den Leseprozess umzukehren in dem Sinne, dass bei der Betrachtung eines Bühnenstücks die Handlung und das dahinter stehende Skript so zu verstehen versucht wird, wie man umgekehrt beim Lesen eines Textes aus dem Text Handlung und Szene gedanklich entwickeln kann. Auch die Betrachtung eines Bildes erscheint in diesem Zusammenhang als Einübung in eine Kultur der Texte derart, dass Bilder zu lesen versucht und in interpretierenden Text verwandelt werden: der Museumsbesuch praktisch als umgekehrter oder noch eher als erweiterter Lesevorgang.

Im Grunde genommen bedeutet dies, dass Bilder nicht mehr, wie zum Beispiel das Christus-Antlitz in der orthodoxen Kirche, den ganzen Geist einnehmen sollen, sondern dass sie in eine spezialisierte Interpretationsmaschine eingefüttert werden. Während in früheren Jahrhunderten ein Bild für das kognitive System des Menschen eine seltene Kostbarkeit darstellte und in der Lage war, ihn zutiefst zu bestimmen, musste sich der Mensch unter dem Einfluss der Print- und elektronischen Medien sowie zunehmend kognitiver Arbeitsformen bis hin zur Bildschirmarbeit auf immer neue Bilder einstellen. Die Kritik am Bild, die in der Philosophie und Kunsttheorie zum Teil wegen seines gefangen nehmenden Charakters formuliert wird, steht gar nicht im Gegensatz zu der Bilderflut, die an die Küsten unserer Wahrnehmungsinseln anbrandet. An die Stelle des orientierenden Bildes ist die Bildverarbeitung ins Kurzzeitgedächtnis getreten. Es ist nur angemessen, dass die Hirnforschung dem mit einer neuen Metapher «Gesicht» zu verleihen versucht. Die Forschung zum Kurzzeitgedächtnis hat neuen Aufschwung genommen, nachdem es von A. D. Braddeley 1986 in «Working memory» umgetauft wurde. Diesem Arbeitsgedächtnis, das dem Bereithalten von sprachlichen und visuellen Informationen für die aktuelle Tätigkeit dient, wurde von Bernard Baars erneut die Bühnenmetapher unterlegt, und zwar in dem Sinne, dass das Working memory auf einer Bühne die für eine Handlung wichtigen Informationen bereithält. Diese Bühnenmetapher hat in der Geistesgeschichte eine lange Tradition. Man hat jetzt versucht, sie im Hinblick auf die präfrontale Stirnhirnregion mit ihren Möglichkeiten der Integration verschiedenster sensorischer Informationen für die Neurowissenschaften und Neurophilosophien wieder «salonfähig» zu machen. Ähnlich einem Salon stellt die Bühne allerdings einen exkludierenden Ort der Informationsverarbeitung in dem Sinne dar, dass nicht alle Informationen zugleich aktiviert werden, sondern der Scheinwerfer des Bewusstseins nur einen Teil des Theatersaals beziehungsweise der gesellschaftlichen Interaktion erhellt. Es ist leicht nachzuweisen, dass einige Elemente der Bühnenmetapher in wechselnder Konstellation nicht nur die Geistesgeschichte, sondern auch die Hirnmodelle stark beeinflusst haben. Die kartesische Metapher eines denkenden Subjekts, das sich seine eigenen Vorstellungen auf einer Bühne macht, wird in dieser Art von der gegenwärtigen Hirnforschung nicht mehr unterstützt. Kritik ist vor allen Dingen am Subjektkonzept zu vernehmen, während Forscher das Bühnenkonzept noch zu erhalten versuchen. Baars, der Biophysiker und Neurophilosoph, kehrt die Bedeutung der Bühne um, indem er sie als einen Ort interpretiert, an dem die übrigen Teile des Gehirns über aktuelle Informationen informiert werden können. Anstelle des kartesischen Theaters inszeniert er im Ansatz also ein freudianisches, in welchem nicht das bewusste Ego der Zuschauer ist, sondern das Unbewusste. Auch

Christoph Koch nimmt in gewissem Sinne eine Bühne des Bewusstseins an, wenn er das Modell offeriert, dass nur die Synchronisation von Nervenimpulsen den Zugang zum Bewusstsein ermöglicht. In all diesen Fällen wird dem präfrontalen Cortex die entscheidende Rolle für den Ablauf der Vorstellung zugewiesen. Die Kritik kann sich nun gerade an der Stelle entzünden, an der die freudianische Konzeption der neuronalen Prozesse als letztlich nie vollständig synchronisierbare in ihrer letzten Konsequenz nicht ernst genommen wird. Gehen wir davon aus, dass eine völlige Synchronisation im Gehirn eher störend wäre, also nur in pathologischen Fällen (Epilepsie) erreichbar ist, so muss man feststellen, dass das Bühnenkonzept des Bewusstseins nicht überzogen werden sollte, da eine völlige Konvergenz der Impulse nur teilweise möglich ist. In diesem Sinne sind einige Denker in der Tradition Freuds auch der Ansicht, dass eine völlige Präsenz des Bewusstseins bereits phänomenologisch gar nicht möglich ist (so zum Beispiel Derrida).

Ich glaube, dass das Modell der Strandfete die divergenten Konzepte zusammenbringen kann. In diesem Sinne kann man auch die Kritik von François Lyotard an der Vorstellung einer völligen Kommunizierbarkeit und Synchronisierbarkeit verschiedener Positionen einbeziehen: Bei der Strandfete müssen nicht perfekte Abbildungsprozesse zwischen den einzelnen Personen im Sinne einer Geometrie oder Mathematik stattfinden. Wie beim Kunstwerk genügt die Versammlung des vielleicht auch Widersprüchlichen an einem gemeinsamen Ort. Der Streit um die Frage der Präsenz wäre dann ein Artefakt zu klein gewählter Zeiteinheiten: An einem gemeinsamen Abend ist es durchaus möglich, dass das in den gemeinsamen Zusammenhang gerät, was in den Bruchteilen von Sekunden oder Augenblicken auf der Bühne der Vorstellungen nicht zusammengerafft werden kann. Dabei ist dies einmal vielleicht ein Händedruck, das andere Mal ein Blick, ein Zuprosten, eine leichte Berührung am Strandkleid, ein gemeinsames Hinaushören auf die dunkle Brandung oder ein gemeinsames Lachen mit gegenseitigem Klatschen auf die Oberarme. Die Suche nach dem absoluten Augenblick, nach der Vorstellung, die alles zusammenfasst, mag dabei im gemeinsamen Grund als Komödie aufgeführt werden, die selber noch nicht, sondern erst im Lachen das integriert, was der Kartesianer nicht erreicht (der, nebenbei bemerkt, vielleicht gerade seinen Hemdkragen lockert – bald wird noch mehr geschehen).

Die mühsam antrainierte Fähigkeit unseres Bewusstseins, sich auf wenige und wechselnde Dinge in einem bestimmten Rahmen zu konzentrieren, wird von vielen Künstlern und Theatermachern zu durchbrechen versucht. Der auf seine Details konzentrierte Uhrmacherblick des Alltags soll daran gehindert werden, beim Blick über den Brillenrand hinaus durch das enge Fenster in die Welt der menschlichen Beziehungen auch nur Räderwerke zu entdecken. Es vermittelt uns eine Geborgenheit, gleichsam eine Ersatzburg, wenn wir auf einem Bild einen Fensterrahmen zur zusätzlichen Absicherung gegen die Außenwelt als Blickumrahmung vorfinden. Die Zerschlagung des Rahmens, die Aufhebung der Barriere zwischen Bühne und Zuschauerraum, ist ein wesentliches Anliegen künstlerischer Bemühungen im 20. Jahrhundert. Die ketzerische Frage lautet in diesem Zusammenhang, ob sich dadurch mehr Offenheit erzeugen lässt oder nicht die Vorbereitungsstrategien für Interaktionen irritiert werden. Kann wirklich alles ins Bewusstsein getaucht werden? Vielleicht hat man nur vergessen, den Chor als stellvertretendes Unbewusstes auf der Bühne zu belassen? Vielleicht sollte man wieder den Beobachter ins Bild hineinmalen, wie Caspar David Friedrich dies tat?

Die Anwendung der Bühnenmetapher auf die Hirnforschung bringt ein neues Abbildungsproblem ins Spiel. Wird mit der Benutzung dieser Metaphern nicht das ganze Gehirn zur Bühne, in der sich nochmal eine Minibühne aufhalten soll? Bei dem Umgang mit Verwicklungen erzeugen wir stets neue. Wir haben den Kartesianer in die Gesellschaft zurückgeführt. Was macht er nun auf der Strandfete? Spielt er Schlangenbeschwörer mit einer Krawatte, oder zeigt er den anderen eine Skizze, die er auf die Tischdecke gemalt hat, um ihnen klar und entschieden deutlich zu machen, wie einsam er sich fühlt? Einer der Gäste hat etwas Rotwein in die Skizze hineingeschüttet und sagt: Jetzt kann ich mir ein besseres Bild von dir machen!

DISTANZ ZU DEN VISIONEN?

Zu manchen Dingen kann man sich leicht in Distanz setzen, bei anderen wiederum fällt es schwerer. Etwas ganz aus dem Nervensystem herauszuwerfen, ist nicht so einfach möglich. Das Gehirn arbeitet nicht mit austauschbaren Disketten, sondern muss zusehen, dass es mit unangenehmen Erfahrungen zurecht kommt, dass es sie angemessen einordnet. Bei einigen Erfahrungen gelingt dies nicht. In derartigen Fällen scheint manchem eher so etwas wie eine Identifizierung mit dem «Gegner» angemessen. Negationsoperationen jedenfalls befördern unliebsame Bilder des Lebens oder gar andere Menschen nicht aus den Erfahrungsspuren meiner Nervenzellen heraus. Dies bedeutet noch nicht, dass man sich an einen noch nicht entfernbaren Gegenstand der Erinnerung verlieren müsste – obwohl die Identifizierung mit dem Anderen (oder dem Objekt) nicht selten eine Strategie ist, dessen Bedrohlichkeit zu unterlaufen. Auch die Umarmung kann man schließlich als eine Technik ansehen, der Face-to-face-Kommunikation nicht durch Entfernung, sondern durch noch größere Nähe zu entgehen. Hingabe an den Anderen ist bei persönlichen Beziehungen zurzeit aber eher nur als kontrollierte populär. Das Ausschauhalten nach Möglichkeiten der Kontrolle entspricht dem Kaufverhalten gegenüber anderen Gegenständen, in denen wir uns verlieren könnten.

Die Hingabe, die großen Emotionen, möchte man am ehesten als kontrollierte, sodass man doch wieder alte Handlungsgestalten wach ruft wie die des heiligen Georg, der mit seiner Lanze die Herrschaft über den Drachen ausübt und diesen tötet. Die neuere Einsicht, dass die Triebkraft des Drachen die gleiche ist, die auch dem Georg die Kraft zum Schleudern der Lanze verleiht, würde das Bild des Drachentöters umkippen lassen in die Gestalt des Drachen, der sich selber verschlingt (Ouroboros).

Für eine Bildtheorie, welche die Halbzombiestruktur des Menschen berücksichtigt, die darin besteht, dass nur ein Teil seiner Tätigkeit bildhaft wird, wirft die Einsicht in die Triebdynamik interessante Probleme auf, bei denen sich aufgrund von Wiederholungsstrukturen Paradoxien konfigurieren. Geht man davon aus, dass der Versuch, eigene Triebimpulse zu bremsen, im Bild des Drachentöters unzureichend dargestellt wird, dann wird das Bild des sich selbst verschlingenden Drachen als gleichsam tiefe Einsicht, jedoch kaum als Leitmotiv für die weitere Kontrolle der Impulse herhalten können. Gerät nun der Ouroboros, der sich selbst verzehrende Drache, zum Leitmotiv, dann haben wir damit noch keinesfalls die Herrschaft über den unsichtbaren Bereich unserer Neuronentätigkeit errichtet, sondern nur ein anderes Verhältnis von Sichtbarkeit und Unsichtbarkeit konstituiert. Das Bild des sich selbst verschlingenden Drachen bedeutet nicht einfach nur tiefere Einsicht, sondern ein Verschwinden von Verschlingendem und Verschlungenem, die Initiierung einer neuen psychischen Konstellation. Seelische Verhältnisse, die sich in Bildern äußern, so zu erforschen, dass man auch noch nach Bildern für die Bilderzeugung sucht, kann kaum aus einer distanzierten Position heraus geschehen. An dieser Stelle muss sich der forschende Künstler selber einbringen und riskiert dabei unter Umständen seine seelische Existenz. So sagt denn auch Hölderlin, dass dem Denker das Haus über dem Kopf angezündet würde.

Sicherlich können verstärkte Aktivierungen im Nervensystem, wie sie im Extremfall bei epileptischen Krampfneigungen vorkommen, Bilder in das Bewusstsein bringen, die sonst in Ruhe im Hirn archiviert werden, ohne dass ein Blick auf sie gefallen wäre. Die Reizversuche, die der Montrealer Neurochirurg Oliver Penfield bei Hirnoperationen am offenen Gehirn von wachen Patienten durchführte, zeigten schon in den vierziger Jahren des vorigen Jahrhunderts, dass insbesondere ältere, im Schläfenlappen verborgene Strukturen beim Wachrufen von Bildern eine wesentliche Rolle spielen. Dennoch kann man nicht einfach sagen, dass die Bilder in diesen Strukturen gespeichert werden. Sie lassen sich nur im Rahmen der Aktivität eines größeren Netzwerkes hervorrufen. Die Hirnregion des Schläfenlappens zeichnet sich durch große Komplexität bei der visuellen Verarbeitung aus. Epileptische Anfälle, die ihren Ursprung im Schläfenlappen haben, rufen zumeist umfassende Szenen und Abläufe wach (beispielsweise erinnert ein Patient dabei, wie er bei seinen Großeltern unter den Apfelbäumen lief. Es kann sich aber auch um beängstigende Wahrnehmungen handeln, wie etwa das Hereinschauen von Dä-

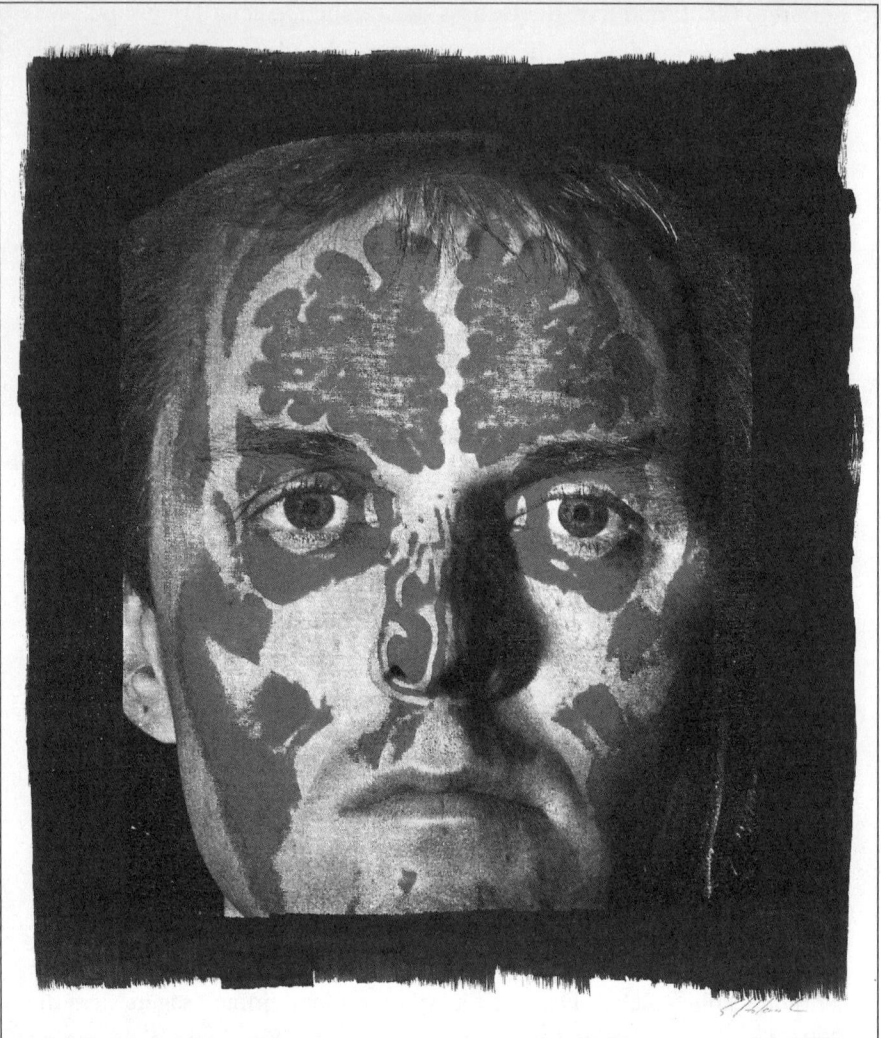

Abb. 12: Stefan Holenstein
Magnetische Resonanz 2, 1997, Aquarell auf Papier, 66 × 81 cm

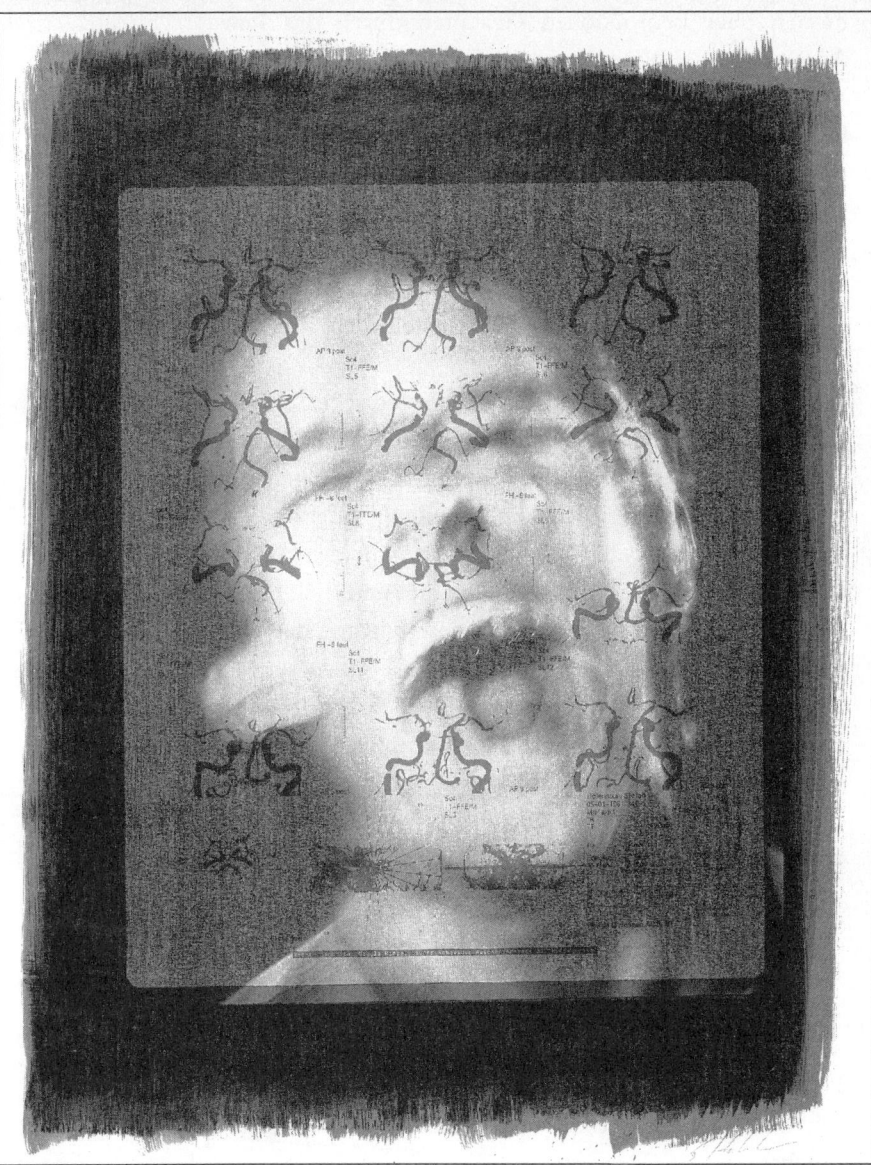

Magnetische Resonanz 1, 1997, Aquarell auf Papier, 70 × 89 cm
Ein medizinischer Befund kann ein Leben verändern. Der Baseler Fotokünstler thematisiert dies, indem er sich Hirngefäße auf das Gesicht projiziert beziehungsweise das Gehirn auf die Stirn malt.

monen oder bedrohlichen Gestalten durch das Fenster. Epileptische Anfälle, die bei Künstlern und Schriftstellern oder Religionsstiftern zur Vision geführt haben, lösten bisweilen heftige Debatten zwischen Neurologie und Kulturphilosophie aus. Die Aufteilung in diese zwei Lager ist mir nicht sympathisch. (Neurologie des Geistes greift stets auf die Philosophie zurück, und die Kulturtheorie ist schon immer auf eine eigene Geschichte von Auseinandersetzungen mit der Natur verwiesen, bei der die Abgrenzungsgeste nicht unbedingt immer erforderlich gewesen ist. – Die Angst vor der Ouroboros-Figur verstehe ich allerdings auch an dieser Stelle durchaus.)

Betrachten wir zunächst die neurologische Seite, so ist es interessant, zu überlegen, inwieweit unterschiedliche Lokalisationen von Krampfereignissen unterschiedliche visuelle Erfahrungen und kreative Reaktionen darauf mit sich bringen. Ich möchte aber noch erwähnen, dass die Dignität einer Einsicht oder Kreation von dem Krankheitsprozess, der dabei Hilfestellung geleistet haben mag, natürlich nicht berührt ist.

In diesem Sinne kann die Lichterfahrung des Saulus auf dem Wege nach Damaskus in ihrer Maximalität als etwas gesehen werden, was differenzierenden Interpretationen kaum noch Spielraum ließ. Vieles spricht dafür, dass diese Erfahrung in einen epileptischen Anfall eingeordnet war. Saulus war danach drei Tage bewusstlos und geblendet. Die Gewalt dieses Ereignisses, das nicht mit der Milde des sanften Lichtes aus dem Rot-Gelb-Spektrum auf ihn herniederkam, legte ihm nahe, dass alles verwandelt sein sollte. Selbst seine personale Identität war betroffen, und er nannte sich von da ab Paulus. Der Gott, der sonst die schützende Hand vor sein Angesicht gehalten hatte, hatte er sich nun zu gleißend gezeigt? Hatte das Christentum, in dessen Akt der Kreuzigung der Himmel sein Licht zurücknahm, in der gleißenden Erfahrung des Paulus eine Überblendung übernommen, und erst damit eine vielleicht unnötige scharfe Trennung zwischen Judentum und Christentum auf den Weg gebracht?

Van Gogh, der dem gleißenden Licht der Provence ausgesetzt war, malte bis in den Sonnenuntergang hinein (mit großer Hektik gab er bei schwindendem Licht die Farbe direkt aus der Tube auf die Leinwand, um dem Farbwechsel bei Lichtwandel entgegenarbeiten zu können). Van

Gogh malte in der Abenddämmerung, deren Sonnenuntergang, wenn man so will, in alter mythischer Sprache, der Tod des Vaters und die Chance des Sohnes ist. Paulus hat mehr ausgeleuchtet: Dem evolutionären Halbzombiemenschen wurde auch hinter dem Gesetz noch Licht gezeigt. Ein nicht ganz einfaches Geschenk.

FLAUBERT UND DIE VISIONEN

Neurologische Aussagen zu dem Schriftsteller Gustave Flaubert sind von besonderem Interesse. Der Epileptologe Henri Gastaut war der Ansicht, dass Flaubert an einer okzipitalen Epilepsie litt, welche zu visuellen Halluzinationen führte. Dies ist nicht uninteressant, denn Flaubert schrieb einen Roman, in dem Visionen im Mittelpunkt standen. Es handelt sich um «Die Versuchung des heiligen Antonius». Interessanterweise erfolgte die Versuchung über Imaginationen und Visionen, welche den Einsiedler Antonius vierhundertvierzigfach in einer Nacht heimsuchten. Ein Bild war verführerischer als das andere. Die Königin von Saba ritt auf dreißig Elefanten einher, beladen mit Kostbarkeiten und Parfüms, um ihn zu verführen. Antonius durchlebte alle Verführungsbilder und Visionen, auch die schrecklichen und höllischen. Natürlich hat dieses Thema die Maler über die Jahrhunderte hinweg inspiriert. Hieronymus Bosch und Max Ernst versuchten, diese Visionen in Gemälden einzufangen. Möglicherweise liegt das Faszinierende an dieser Heimsuchung jedoch nicht in der Vielfalt und Aufwendigkeit der verführerischen Visionen, sondern in der Abruptheit, mit der sie beendet werden und mit der Antonius wieder an sein Tagewerk, das Gebet, treten kann (bei Flaubert wird dies durch das Antlitz Christi, welches vor die Sonnenscheibe tritt, ermöglicht).

En passant sei hier nur kurz angemerkt, dass das Bild eines Antlitzes, das vor die Sonnenscheibe tritt, mit dem gleißenden Licht der Sonne wohl nur dann vereinbar ist, wenn dieses abgemildert wird, also auch hier offenbar wieder eine Abmilderung, vielleicht nur eine leichte, der Leuchtkraft des blendenden, gleißenden Weiß.

Gern möchten viele so mit Bildern umgehen können, wie der Antonius nach der Beendigung der Nacht der Vision es tat: cool und gelassen wieder ans Tagewerk gehen. Dies aber erscheint vielen heute als ein Problem ihrer Seele, das fast wie eine Quadratur des Zirkels wirkt, dass sie die völlige Hingabe suchen, gleichzeitig aus dieser aber wieder souverän heraustreten möchten. Vielen ist der Leitfaden für diesen «Exit» lediglich der Ich-Begriff. Dessen Kultivierung kann jedoch zur Weltarmut führen, sodass die Furcht vor dem Ausgeliefertsein in der Hingabe nicht selten mit Weltarmut bezahlt werden muss. Möglicherweise ist das Antlitz, das gleichzeitig ein Merkzeichen für die Gebote des Zusammenlebens ist, ein besserer Vermittler für die vielfältigen Aufgaben der Welt als der Bezug auf ein sich in seiner Weltarmut (die durchaus mit Besitzreichtum vereinbar ist) behauptendes Ich.

Das Modell der Hingabe an den Anderen wurde zumeist mit einem Notausstieg versehen, der darin bestand, dass man bei Unannehmlichkeiten sagte, der Andere sei ein ganz anderer als der, für den man ihn gehalten hatte beziehungsweise als der, der er vorgab zu sein. Dies wird in der Szene deutlich, welche Wilhelm Busch für den heiligen Antonius eröffnete. Dort nimmt Antonius die Dinge nicht als das, was sie zu sein scheinen. Auf diese Weise erfährt er die Verführerin als Teufel. Ein derartiger «Not-Exit» endet sehr schnell in antagonistischen Schwarz-Weiß-Malereien und brüsken Negierungen.

Am historischen Anfang der Philosophie spielt die Formel «etwas als etwas nehmen» bei der Frage nach den Dingen eine große Rolle. Religion neigt dazu, etwas als etwas anderes zu nehmen, vollzieht dies in einigen Fällen aber auch nach dem einfachen Alternativschema von Engel und Teufel. Etwas als etwas anderes zu betrachten, die Wirklichkeit neu zu deuten, kann beim Umgang mit der Welt von großem Vorteil sein. Besonders im Konstruktivismus wird betont, dass man auch im Rahmen von Therapien einen Menschen anders sehen und «nehmen» kann, als man es bisher gewohnt war.

Gerade der emotionale Anteil an einer «Beziehung» entzieht sich jedoch beliebiger Konstruktion. Um es für Bilder zu sagen: Man muss wohl feststellen, dass sich van Gogh den kreisenden und spiralförmigen Bewegungen seiner Zypressen und Sternenhimmel kaum entziehen konnte. Dazu würde passen, dass ein epileptischer Attraktor im Temporallappen Kraft und Anziehungskraft zugleich für das bildnerische Schaffen liefert.

Bei Flaubert hingegen kann man zu einem ganz anderen Interpretationskonzept gelangen. Die epileptischen Ereignisse im Okzipitallappen führten zwar zu visuellen Halluzinationen, gestatteten ihm aber einen gewissen Abstand zu diesen, da die emotionalen und persönlichkeitsnahen Strukturen von Schläfen- und Frontalhirn nicht unmittelbar in dieses Ereignis einbezogen waren. Hierzu passt die Analyse von Foucault, der in einer literaturwissenschaftlichen Untersuchung darlegte, wie Flaubert in dem Roman über die Visionen des Heiligen Antonius diese in eine gestaffelte Distanz rückte. Ein Ereignis, das die Energie für die Analyse liefert, kann zugleich zu einem «kontrollierten» Objekt werden.

MASON UND DIXON

Lange Zeit waren Mikroskop und Fernrohr die optischen Metaphern für die Deutung unseres Weltverhältnisses. Nicht nur die Beziehung von Subjekt und Gegenstand wurde hieran abgelesen, sondern auch die Virtualität des menschlichen Geistes verdeutlicht, der ähnlich wie die Bilder im Strahlengang der optischen Röhreninstrumente keinen aufzeigbaren Ort haben sollte. Mittlerweile lässt sich dieser Ort mit den bildgebenden Verfahren der Hirnforschung demonstrieren. Dort, wo bisher das Subjekt als Vakuum gedacht wurde, zeigt sich nun ein Ornament, das, genauer betrachtet, ein Neuronengeflecht mit vielfältigen Netzwerkmöglichkeiten ist. Es ist sehr zeitgemäß, dass der amerikanische Schriftsteller Thomas Pynchon in seinem Roman «Mason & Dixon» die besondere Bedeutung des Sextanten herausstellt. Dieser ist ein Gerät, mit dem man seine eigene Position bestimmen kann, nachdem man sie aufgegeben hat. Für die Schifffahrt war solch ein Instrument Grundlage für die Erkundungsfahrten über die Meere. Man bestimmte die Stellung der Sterne am Horizont, segelte ein Stückchen weiter, bestimmte sie aufs Neue und konnte damit seine eigene Position und auch die vorhergehende in die Karten der Längen- und Breitengrade einzeichnen. Während Fernrohr und Mikroskop die Instrumente waren, mit denen die Moderne symbolisiert werden kann, ist der Sextant eines, das sogar über die so genannte Postmoderne hinaus reicht: Ich kann meine Position zwar nur ermitteln, wenn ich sie verlasse, aber wenn ich sie verlasse, kann ich auch Aussagen über meine neue Position machen. Es ist mehr als das Hinterhersegeln hinter der eigenen Illusion, hinter der in den weißen Wal projizierten Seele.

Natürlich stellt dies eine kognitive Revolution dar, und die vorsichtige Umgangsweise der Postmoderne mit der Moderne, im ständigen Zuspätkommen doch noch einen Freiraum des Unbestimmten zu lassen, wird von den technischen Verfahren der Bildgebung des eigenen Denkens und Wollens deutlich überholt und bereits im Sextanten symbolisch konkret.

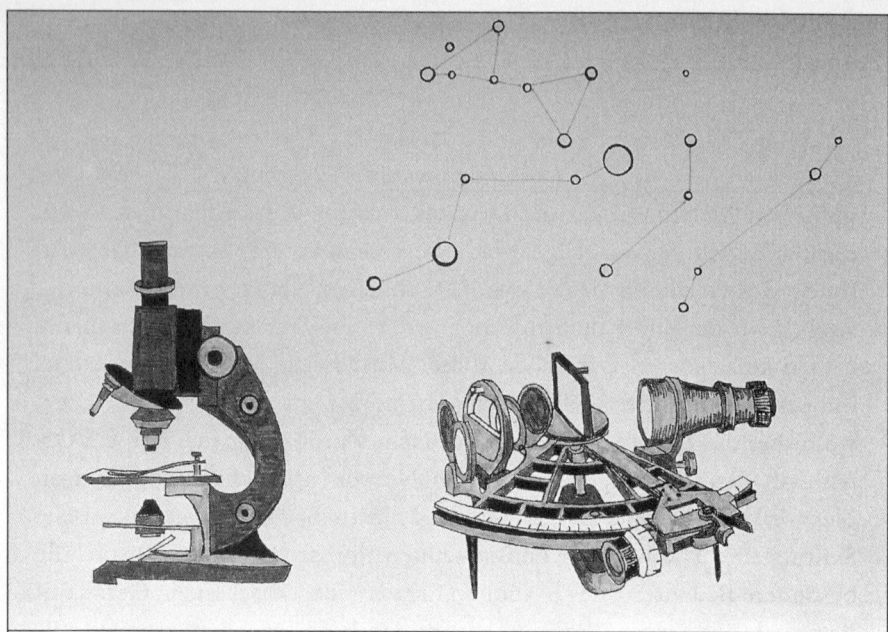

Abb. 13: Mikroskop und Sextant. Die Welt erscheint mir als Gegenstand – für diese Grundhaltung (Subjekt-Objekt-Schema) gelten der Umgang mit Fernrohr und Mikroskop als Muster: Ich bin auf der einen Seite der Linse, die große oder kleine Welt ist auf der anderen. Diese Beobachterhaltung kann als Charakteristikum der Neuzeit angesehen werden. Gern wurde der eigene Standpunkt dabei als der Beobachtung entzogen («transzendent») angesehen. Die Hirnforschung macht den eigenen Standpunkt im Zeitverlauf zugänglich, ähnlich wie beim Sextanten.

Der souveräne Umgang mit den eigenen Positionen, sei es über Satellitenbestimmung, sei es über die Hirnkoordinaten der Neuronavigation, scheint eine neue Herrschaft über das Licht zu signalisieren.

Perseus wirkt durchaus wie ein Vorläufer dieser Entwicklung. Er war ein Meister des Umgangs mit dem Blick (bereits seine Zeugung durch den in einen Goldregen verwandelten Zeus thematisiert das Funkelnde). Er entriss den drei Grazien das gemeinsame Auge, als sie es untereinander austauschen und einander zureichen wollten, und konnte damit die Auskunft für den Weg zur Meduse erpressen. Dieser vermochte er das Haupt abzuschlagen, ohne von ihrem Gesicht gebannt zu sein, da er sich ihr nur über das Spiegelbild näherte, das sie im von der Athene geschenkten metallenen Schild warf. Das Antlitz der Meduse konnte Perseus nun souverän handhaben, hielt er es doch in einem Sack versteckt und konnte seine Gegner im Bedarfsfalle durch deren Blick darauf versteinern. Er meisterte die Dinge des Lebens. Im Flug über Nordafrika entdeckte er die an einem Felsen festgeschmiedete Andromache und vermochte sie zu befreien und zu seiner Frau zu nehmen. Den Schwiegervater allerdings traf er beim Diskusspiel, er, der Meister des Zielens, durch eine fehlgeworfene Scheibe so am Kopf, dass dieser daran verstarb.

Perseus ist die Gestalt desjenigen, der sich der Blicke, Gesichter und Perspektiven bedient, um sie für seine Zwecke zu benutzen. Angesichts der Tatsache, dass die Position unserer selbst reflektierend und naturwissenschaftlich immer mehr in den Blick gerät, wird die Frage aufgeworfen, inwieweit Perspektiven zur Herrschaft oder auch zum ergänzenden Miteinander verwendet werden können. Offen bleibt auch ob der ständige Wechsel der Perspektive nicht nur über einen grundsätzlichen Mangel, ein nicht-schließbares Vakuum hinwegtäuschen soll. Das Beharren auf dem Platz des Vakuums wiederum, kann die Geste der Hingabe erschweren.

In der Fidelio-Aufführung der Oper Bonn des Winters 2000/2001 rettet Leonore ihren Florestan nicht mehr durch Zumutung eines Selbstopfers, sondern durch Hervorzeigen einer Pistole. Hingabe kann im Spiel der Geschlechter nicht mehr einseitig verteilt werden. Die Hingabe, welche van Gogh vollführt hat, steht als ein einsames und erstaunliches Ereignis da.

LEONARDOS HIRN

LEONARDOS HIRN

Leonardo da Vinci (1452–1519) war ein begnadeter Künstler. Körper und Gestalten sind von einer Anmut, die vor ihm kaum jemand erreicht hatte. Betont werden muss seine universelle Leistung in der Erfindung von Maschinen, in der Baukunst, in der Analyse des Vogelflugs und vielen anderen Wissenschaften. Er führte zahlreiche Studien der Anatomie, insbesondere des Nervensystems, durch, die Neuentdeckungen hervorbrachten, die er zeichnerisch festhielt. Da seinen Beobachtungen gemäß nach Durchtrennung der Verbindung von Rückenmark und Gehirn der Tod eintrat, nahm er für die oberste Stelle des Rückenmarks den Sitz der Seele an. Seine Optik und Theorie der Malerei galt den Künstlern bis in das siebzehnte Jahrhundert als Leitfaden. Er hatte die bis dahin gültige Annahme des Empedokles zurückgewiesen, dass von den Augen ein Licht auf die Gegenstände geworfen würde (die Frage des Lichts bei der Wahrnehmung scheint mir noch nicht ganz abgehakt, da das Licht selber ja nicht bis in die Gehirnpartien dringt, in denen wir wahrnehmen).

Leonardos Linkshändigkeit hat sich für das Publikum insbesondere dadurch eingeprägt, dass er auch noch eine linksläufige Schrift benutzte. Auf seinen zahlreichen anatomischen und naturwissenschaftlichen Zeichnungen fallen die in der prägnanten, aus Einzelbuchstaben zusammengesetzten Schrift verfassten Bemerkungen deutlich auf. Diese Linksläufigkeit der Schrift wurde oft als rätselhaft angesehen. Allerdings fällt es vielen Linkshändern relativ leicht, in Spiegelschrift zu schreiben. Die Tatsache, dass Leonardo Spiegelschrift benutzte, spricht dafür, dass zumindest Teile seiner Sprachfunktion und der visuellen räumlichen Funktionen in der rechten Hirnhälfte vereint waren. Vieles weist darauf hin, dass er die naturwissenschaftliche Zeichnung deshalb so hervorragend entwickeln konnte. Er betrachtete die wissenschaftliche Zeichnung selbst als eine «mentale Rede».

Ich bin nicht der Ansicht, dass Linkshändigkeit ohne weiteres von vornherein ein größeres kreatives Potential mit sich bringt. Für das Festhalten eines Leistungsziels ist sicherlich das Stirnhirn entscheidend und weniger die Rechts-links-Aufteilung im Parietalhirn. Ungewöhnliche Funktionsverteilungen im Scheitellappen des Gehirns können jedoch der Anlass zu neuartigen Verschmelzungen und dadurch auch zu neuartigen Aufgliederungen der Erfahrungswelt sein und liefern somit die Möglichkeit zur Kreativität.

Auch bei Leonardo lässt sich der Aufbau eines Bildes nicht einfach aus der Richtung der Schrift ableiten. Schriftgebrauch und Bildverarbeitung stellen zwei verschiedene kognitive Systeme dar. Interferenzen zwischen beiden Bereichen finden allerdings mit großer Wahrscheinlichkeit statt. Dennoch kann man die Linksläufigkeit im gestalterischen Werk Leonardos nicht als sich hervordrängend bezeichnen. Den Flug der Kanonenkugeln malte er in seinen ballistischen Untersuchungen von rechts nach links verlaufend. Daraus lassen sich jedoch keine sicheren Schlüsse ziehen. Für ihn gilt eher der auch bei anderen Linkshändern beobachtete Befund der Neigung zur größeren Symmetrie im Bild, und dies nicht nur im Hinblick auf die Inhalte, sondern auch hinsichtlich der Bewegung. An seinem Gemälde «Das Abendmahl» lässt sich gut demonstrieren, wie das Geflecht der Zeigebewegungen, der Kopf- und Seitbewegungen der Körper die Figuren so integriert, dass die Empfindung einer Aufreihung Einzelner gar nicht erst zustande kommt. Man sieht ein Geflecht von Interaktionen, für welches die Personen nur der Ursprung sind. All diese Bewegungen konvergieren von beiden Seiten auf die Mitte, den Heiland, zu. Auch die Gemälde «Die Jungfrau in der Grotte» und «Anna Selbdritt» zeichnen sich durch eine hohe Symmetrie aus. In dem Gemälde «Leda und der Schwan» könnte es schon fast komisch wirken, dass der Schwanenhals die Schwingung des Frauenkörpers parallel nachvollzieht. Der

Schwan gewinnt dadurch etwas Weibliches, die Harmonie der Imagination steht hier deutlich im Vordergrund. Auf die Verschmelzung von Weiblichem mit Weiblichem bei Leonardo wurde die Psychoanalyse aufmerksam. So veröffentlichte Sigmund Freud eine Analyse des Anna-Selbdritt-Gemäldes von Leonardo und beschäftigte sich dabei insbesondere mit dem Eindruck der Verschmelzung der Körper der beiden Mütter. Der Körper Annas, der Mutter Marias, ist von deren Körper kaum zu trennen. Freud, der selber von seiner Mutter und einer Kinderfrau erzogen worden war, interessierte sich für die aus Leonardos Biographie ableitbare Tatsache, dass dieser auch durch zwei Mütter erzogen worden sein musste, durch die leibliche, wahrscheinlich ein Bauernmädchen, und dann spätestens vom fünften Lebensjahr an durch die kinderlose Frau seines leiblichen Vaters, der ihn dann in sein Haus aufgenommen hatte. In der bildlich schwer trennbaren Darstellung von Mutter Maria und Großmutter Anna wollte Freud die Verschmelzung der beiden Frauengestalten wieder erkennen, die Leonardos Kindheit bestimmt hatten. Natürlich wäre noch zu untersuchen, ob es sich um eine Verschmelzung oder eine unvollständige Trennung handelt. Möglicherweise sind hier, um es hirnphysiologisch zu formulieren, nicht zwei Attraktoren verschmolzen, sondern es wurde einer ungenügend differenziert. Betrachtet man das Gemälde genau, so kann man statt von einer einfachen Verschmelzung oder einer misslungenen Trennung auch von zwei gegenläufigen, sich ineinander fügenden und dann übereinander hinausführenden Bewegungen sprechen. In diesem Sinne werden die in der Abendmahlszene zur Mitte hinführenden Bewegungen auf dem Selbdritt-Gemälde über die Mitte hinausführen und gleichsam ein X markieren. Auf die Neuropsychologie zurückprojiziert, könnte dies bedeuten, dass die rechtsläufige Bewegung der linken Hemisphäre und die linksläufige Bewegung der rechten Hemisphäre jeweils in den Sehfeldbereich der anderen Hemisphäre interferieren und dort ein «energetisches» Konvolut erzeugen. Dieses Konvolut könnte, wenn es richtig weiterverarbeitet wird, Ursprung kreativer Prozesse sein. In der bildlichen Darstellung hingegen würde sich dieser Bereich unmittelbar nur als etwas Ungewöhnliches oder schwer Entzifferbares zeigen. In dem Gemälde «Die Schlacht von Angeri», das nicht mehr erhalten ist, von Rubens aber sehr ausdrucksvoll kopiert wurde, prallen zwei Schlachtrosse derart heftig aufeinander, dass ihre beiden Kopfprofile zu einem übermächtigen, wie von vorn betrachtbaren Pferdekopf vereint sind. Würde die Kraft der von rechts und links ineinander schießenden Bewegungen noch mehr gesteigert, so würden die Inhalte vernichtet und die Bewegung würde sich in die Turbulenzen eines Ornaments umgestalten. In den Wellen der von rechts hereinbrechenden Sintflut oder in den Kräuselhaaren und Zornesgesichtern der Darstellung einer Gruppe von Köpfen scheint dies schon fast der Fall zu sein. Kulturen, die nicht nur von rechts nach links schreiben, sondern auch lesen, drücken sich im Ornament aus. Leonardo, der eine umfangreiche Bibliothek besaß, muss von links nach rechts gelesen haben und hat seinem Gehirn damit die Gegenkraft gegen den bloßen Fluss rechtshirniger Schrift und Ornamentik geliefert. Sigmund Freud sah in Leonardos Schwierigkeiten, ja Unfähigkeit der Beendigung von Bildern die Angst vor der Kritik des Vaters. Möglicherweise jedoch war für Leonardo die Synthese von Text und Zeichnung, wie er sie in den naturwissenschaftlichen Studien finden konnte, die letztlich für seine neuropsychologische Konstitution befriedigendere Tätigkeit: In der Analyse der Natur und der Sektion der menschlichen Körper konnte er jenes auseinander trennen, was im Anna-Selbdritt-Gemälde zwar als schönes, aber doch zweiköpfiges Monstrum erschien. Bedeutungsvoll entwindet sich das kleine Kind den beiden Müttern mit einer Beinbewegung, die dem Lamm zugleich eine unziemliche Nähe zur Genitalregion verwehrt. Im Blick zurück markiert das Kind jene Bewegungsrichtung von rechts nach links (der Kopf des Kindes ist allerdings von ihm aus gesehen nach rechts gewendet), die für den schreibenden und analysierenden Wissenschaftler kräftig bestimmend wird. Freud, der Statuensammler und Rechtshänder, schrieb sein Tagebuch ebenfalls linksläufig, damit es nicht zu schnell entziffert werden konnte. Er, der Theoretiker des Unbewussten, der dieses so häufig aus Modellen der Schrift abzuleiten versuchte, schrieb vielleicht in Spiegelschrift, um dem von ihm theoretisch gewünschten Unbewussten einen neuropsychologischen Wirklichkeitsort zu liefern?

  Freud hatte bedauert, dass Leonardo seine wenigen Gemälde nicht vollendet und sich letzten Endes von der Malerei verabschiedet hat. Er führte das auf eine Angst vor dem Vater zurück. Ich glaube, dass diese

Deutung der innovativen Kraft und Genialität Leonardos nicht gerecht wird. Gerade in der Verabschiedung von der Malerei – die nicht vollständig war – konnte eine Synthese von Bild und Schrift, von Geist und Darstellung entstehen, die den Ursprung moderner Wissenschaft in dem Kopf dieses Menschen annehmen lässt. In der von rechts nach links schreibenden Kultur der Araber hatte die Wissenschaft einen hohen Standard erreicht. In der europäischen Kultur verhinderte das Festhalten am Bild eingehendere analytische Tätigkeiten. In Leonardos zwei Hirnhälften kam eine neue Bewegung in das Verhältnis von Bild und Schrift, von Gedanke und Darstellung. Analyse und Synthese gerieten in eine fruchtbare Bewegung. Im Schreiben von rechts nach links, mit lateinischen Buchstaben wohlgemerkt, verfügte er nicht nur operational über ein analytisches Instrument, sondern fand in der Akzeptanz des Bildlichen, die im islamischen Orient nicht gegeben war, die kreative Begegnung von ganzheitlich orientiertem Bild und analytischer Schrift in der analysierenden naturwissenschaftlichen Skizze. Der französische Dichter Paul Valéry äußerte einmal, für Leonardo habe die Malerei die Stelle der Philosophie eingenommen. Leonardo sprach selber von der naturwissenschaftlichen Skizze als «mentaler Rede». Als besonderes Beispiel mag seine berühmte Darstellung des Menschen, wie er von Kreis und Quadrat umgeben ist, gelten. Dies ist mehr als eine anatomische Zeichnung, nämlich die Darstellung eines Gedankens. Der Mensch erscheint hier als die Lösung eines Unmöglichen, nämlich der Quadratur des Kreises. Sind die Beine geschlossen und die Arme zur Seite gestreckt, so ist er von einem Quadrat umgeben. Streckt er die Arme leicht nach oben und die Beine zur Seite, so befindet er sich in einem Kreis. Die mentale Rede sagt hier: Der Mensch selbst ist die Lösung dessen, was die Mathematik bis dahin nicht vermochte. In dieser mentalen Rede konnte er nun also nicht nur die Natur beobachten, sondern auch seine eigene Freiheit und Schöpferkraft formulieren. Das viel bestaunte Wunder der abendländischen Wissenschaft findet somit in einem ihrer späten Zweige, der Neuropsychologie, in der Anwendung auf ihren Urheber ihre endlich befriedigende Erklärung.

Schlägt man naturwissenschaftliche Werke auf, so wird man sehr schnell auf analytische Skizzen modellhafter Zeichnungen und graphischer Darstellungen stoßen. Die Wissenschaftstheorie hatte diese Seite der Wissenschaft lange Zeit nicht reflektiert. Der Philosoph Rudolf Carnap wollte für die Wissenschaft sogar eine Art Bilderverbot formulieren. Doch selbst die abstrakte Physik orientiert sich letztlich an einer Bildlichkeit, nämlich dem Bild der Symmetrie, mit der sie vielleicht jene Neigung des Linkshänders zum Ausdruck bringt, der am Anfang der modernen abendländischen Wissenschaft steht. Betrachtet man diesen Ursprung und diese Neigung der Wissenschaft, so verwundert das Ergebnis statistischer Untersuchungen nicht, dass unter den höchstbegabten Mathematikern zwanzig Prozent nicht-rechtshändige Männer, also Links- und Beidhänder, sind.

Das Glück der Synthese, welches Leonardo für seine mentale Konstitution gewonnen hatte, hat er noch einmal bildlich dargestellt. Die letzten fünf Jahre seines Lebens arbeitete er an nur einem Bild, in welchem die Zweiheit der Köpfe verschwunden war und sich Zweiheit, wenn überhaupt, nur noch in einem Gesicht zeigte: in dem nicht eindeutigen Lächeln der Mona Lisa.

Sicherlich kann mit der psychoanalytischen Sprache einiges am Werk und Leben von Leonardo da Vinci eine vertiefende Perspektive gewinnen. So muss seine erstaunliche Tat, in einem Marienbildnis das Lamm durch eine Katze zu ersetzen, an die aggressiven Komponenten der Oralität erinnern. Hiermit wird man auf das hingeführt, was über die von Freud beschriebene Idylle der Müttersynthese hinausweist. Jan Philipp Reemtsma, der den tiefen Keller der Gewalt erlitt, weist darauf hin, dass es nicht ausreichen kann, Psychodynamik allein von der Sexualität her deuten zu wollen. Möglicherweise liefert die neuropsychologische Untersuchung sprachliche Horizonte, die neue Akzente setzen lassen. Das Thema der Bilateralität gewinnt in diesem Zusammenhang eine besondere Betonung. Das Augenmerk wird auch auf die Zwillinge Castor und Pollux gewendet, die aus der Vereinigung von Leda und dem Schwan hervorgehen. Leonardos Kindheitserinnerung an einen Hühnerhabicht, der ihm mit den Schwanzfedern mehrmals in den Mund stieß, kann in diesem Zusammenhang zu der Interpretation führen, dass der Schwan eine Deckerinnerung für das Ereignis ist, bei welchem das Kind sich zwiefach (Zwillinge) wieder findet. Die Transformation vom Lamm zur

Katze weist darauf hin, dass in der Idylle Aggressionen tobten. Doch weder Sexualität noch Macht allein genügen zur Beschreibung der Szenerie. Der Vogelflug, der Leonardo so faszinierte, erinnert Freud nur an geschlechtliche Betätigung. Die Neuropsychologie ist geneigt, hier auch das Balancieren der Bilateralität zu finden. Beides ist richtig. Die Dualität und deren Ausbalancierung haben Leonardo Glück und Verzweiflung beschert. Im Abendmahl stellt er den Moment des Verrats dar, und auch mit der linksläufigen Schrift gestaltet er einen Moment der Auflehnung. Im Weder-noch von Einheit und Zweiheit hat Leonardo sein Leben gestaltet, und die Neuropsychologie, zurzeit noch in ihren Anfängen, mag zu den Versuchen der Sexualpsychologie und Machttheorie ihren eigenen Beitrag beisteuern.

HEMISPHÄRENDOMINANZ BEI KÜNSTLERN

Über das Verteilungsmuster kognitiver Leistungen der Hirnhälften bei Künstlern kann man im Grunde genommen nur dann eine Aussage machen, wenn zumindest nuklearmedizinische Funktionsuntersuchungen (funktionelles Magnetresonanz-Imaging) oder besser noch eine neuropsychologische Untersuchung unter Narkose einer Hirnhälfte durchgeführt wird. Wie die Untersuchungen zum WADA-Test (Narkose einer Hirnhälfte: dabei kann man die Leistung der anderen Hirnhälfte prüfen) zeigen, gibt es Rechtshänder, die ihr Sprachzentrum nicht in der dominanten linken, sondern in der rechten Hirnhälfte aufweisen. Das findet man nur in etwa zwei Prozent der Fälle, macht es aber unmöglich, aus der Händigkeit allein auf das Realisationsmuster der Hirnhälften zu schließen. Bei Linkshändern ist das mögliche Variationsmuster für die Funktionsverteilung beider Hirnhälften noch größer als bei Rechtshändern. Für die Erfassung kreativer Prozesse wird es von großer Bedeutung sein, funktionelle neurowissenschaftliche Untersuchungen bei Künstlern durchzuführen. Doch bereits die Untersuchung der Bildprodukte von linkshändigen Malern der Vergangenheit und die neuropsychologische Untersuchung von Künstlern der Gegenwart sind für die Analyse des Zusammenhangs von künstlerischer Produktion und Hirnfunktion von großem Interesse. Wir werden uns daher im Folgenden mit den Künstlern Paul Klee, Jochen Gerz, Rosemarie Trockel und Leonardo da Vinci etwas genauer befassen.

Paul Klee war Linkshänder, lernte in der Schule allerdings mit der rechten Hand zu schreiben. Dies behielt er sein Leben lang bei, führte seine Zeichnungen und Gemälde jedoch weiter mit der linken Hand aus. In einigen seiner Zeichnungen lässt sich ein linksläufiger Zeichenduktus sehr gut erkennen, so zum Beispiel in der Zeichnung «Stadt am Fluss». In seinen kunsttheoretischen und reflektierenden Skizzen findet sich eine Vorliebe für Zeichen der Bewegung, für Pfeile, die zum Beispiel eine Bewegung auf dem Bild im symmetrischen Unendlichkeitszeichen markieren. Man möchte hier einen Hang zur bewegten Symmetrie nach rechts und nach links gerichteter Bewegungen erkennen, wobei im Sinnbild der Unendlichkeitsbewegung der bevorzugte Duktus der rechten und der linken Hand integriert erscheint. Eine eingehendere Untersuchung des Werks von Paul Klee unter neuropsychologischen Aspekten steht noch aus. Bisher stehen psychoanalytische Untersuchungen im Vordergrund, die anhand einer der Mutter geschenkten Kinderzeichnung aufzeigen wollen, dass sich Paul Klee mit dem Zeichnen einen Freiraum gegenüber dem ödipalen Konflikt eroberte. Es bietet sich an, ein derartiges Modell aus neuropsychologischer Sicht für die späteren Jahre zu veranschlagen. Das Zeichnen mit der linken Hand und das Schreiben mit der rechten könnten das Zeichnen künstlerischer Produktionen von der «väterlich» gebietenden Schrift getrennt gehalten haben. Auffallend ist, dass er jedoch nach einer Integration von beidem suchte und seine Bilder mit poetischen Texten versah. Er versuchte, Schrift und Bild, in den kunsttheoretischen Notizen zugunsten der Schrift, bei den Gemälden zugunsten des Bildes, zu integrieren. Man könnte sagen, dass sich im Werk eine vollgültige Synthese des vorher Wohlgetrennten zeigt. Betrifft diese Synthese aber nur das Werk? Befand sich die Synthese jenseits der Lebenswirklichkeit? «Diesseitig bin ich gar nicht fassbar» entwarf er als Text für seinen Grabstein. Die Sklerodermie, die krankhafte Verpanzerung seiner Haut, die ihn im Gesicht und am Körper und in Herz und Lunge einschnürte, brachte ihm eine schwere Erfahrung mit seinem Körper. Durch die Bindegewebeverhärtung wurde er nicht nur eingepanzert, sondern musste erleben, dass ein Teil seines Körpers selber dieser Panzer war, der nicht abgestreift werden konnte wie eine Rüstung, ähnlich wie in seinem Bild der Katze, die den Vogel, der sich zwischen ihren Augen bewegt, nicht objektivierend vor sich stellen kann. Diesseitig bin ich gar nicht fassbar, sagte er, der im festen Griff der Bindegewebsschnürung leiden musste. Die Körperlosigkeit der Engelsgestalten mag ihm geholfen haben. Denkt man jedoch an das Bildnis «Der vergessliche Engel», so muss man feststellen, dass der Engel seiner eigentlichen Funktion, eine Botschaft zu überbringen, verlustig gegangen war. Ist ein Bote, der seine Botschaft vergisst, noch ein Bote?

Ich glaube, dass Kreativität darin besteht, den Möglichkeiten des eigenen individuellen Hemisphärenzusammenspiels nachzuforschen. Die

Verteilungsmuster von Funktionen zwischen den beiden Hirnhälften können dabei bisweilen sehr bizarr sein und durch eine einfache Aufteilung wie linke Hand gleich Malen, rechte Hand gleich Schreiben bisweilen nicht erfasst werden. Der Künstler Jochen Gerz ist Linkshänder. Er berichtete mir, dass er als Kind im Vorschulalter aus seinem Zimmer auf eine Volksschulklasse herabblicken konnte, in welcher er Kindern beim Schreiben zusah. Bevor er selber in die Schule kam, imitierte er die Schreibbewegungen der Kinder. Offenbar hatte er dabei aber einen Blickwinkel eingenommen, der ihn dazu führte, statt von links nach rechts in Spiegelschrift von rechts nach links zu schreiben. Bekanntlich ist die Lateralisation im Einschulungsalter nicht fixiert, sodass Spiegelungen auftreten können. Bei Jochen Gerz fixierte sich eine Linksrichtung des Schreibens, seiner Meinung nach durch die Betrachtung der Volksschüler ausgelöst. Jochen Gerz ist Linkshänder geblieben. Seine Korrespondenz führt er in normaler rechtsläufiger Schrift. Seine Tagebücher schreibt er allerdings in linksläufiger Spiegelschrift. Die interessanteste Dissoziation kommt aber erst noch: Er kann die Spiegelschrift nicht lesen! Bei Jochen Gerz liegt eine Dissoziation zwischen Schreiben und Lesen gespiegelter Schrift vor. Er schreibt Tagebücher, ohne entziffern zu können, was darin steht. Dennoch hält er diese Tätigkeit für wichtig. Er empfindet, dadurch zu einem Selbstverständnis und zu einer Selbstklärung zu kommen. Möglicherweise ist das Schreiben in Spiegelschrift eine Mitteilung an andere Hirnpartien, wahrscheinlich sogar die linke Hirnhälfte. Das Schreiben hat hier also weniger die Funktion, einen Gedächtnisspeicher zu erstellen, sondern vielmehr die Aufgabe, Kommunikation zwischen verschiedenen Hirngebieten herzustellen. Das Schreiben in Spiegelschrift übernimmt die Funktion fehlender Balkenfasern oder besser noch: Es wirkt dem hemmenden Effekt mancher Balkenfasern entgegen.

Jochen Gerz war zunächst als Dichter und Sprachkünstler tätig und ist dann zu einer Kunst übergegangen, die man konzeptionell nennen kann. Bedeutsam sind seine Auseinandersetzungen mit dem Verbrechen des Holocaust. In Saarbrücken hat er vor dem Rathaus eine «unsichtbare» Gedenkstätte errichtet, in dem er auf der der Erde zugewandten Seite des Kopfsteinpflasters Namen von Opfern der NS-Morde aufschreiben ließ.

Dies stellt eine starke künstlerische Aussage zur Frage von Vergessen und Gedenken dar. Gegenüber den Forschungen und Demonstrationen der Erinnerung zeigt diese Installation ihre besondere Kraft: Die Namen werden in die Bewegung des Zudeckens selber hineingeschrieben. Sie werden nicht in die Tiefe des Vergessens hinabgelassen, sondern die Tiefe des Vergessens wird selber benennbar und bildlich und schreit unserer Neugier die unerkennbaren Namen entgegen.

Die Angemessenheit der künstlerischen Aussage von Jochen Gerz steht außer Frage. Von Interesse ist jedoch, ob seine besondere Hemisphärenkonstellation mit der Dissoziation von Schreibenkönnen und Nichtlesenkönnen von Spiegelschrift eine Matrix für ein passendes Kreativitätsmuster lieferte. Wurde in das Kopfsteinpflaster nicht auch so hineingeschrieben, dass es unlesbar wurde, wie er es auf andere Weise bei seinen Tagebüchern vollzieht? Vieles spricht dafür, dass parallel zur künstlerischen Diskussion noch eine Diskussion über die Matrix der Kreativität geführt werden kann. Auch Jochen Gerz' Metapher von der Schwierigkeit des Zentauren beim Absteigen vom Pferd erinnert mich an die Schreibbarkeit (Zentaur) von Schrift und Spiegelschrift und die Trennung von Schrift und Spiegelschrift in der Lesbarkeit (Pferd).

Die Künstlerin Rosemarie Trockel ist beidhändig. Sie lacht auch über beide «Backen». Über ihr Werk könnte man einen Satz des Dramatikers Rainald Goetz setzen: «Kleine Bewegung in der Mitte, und alles ist verändert». So, wenn sie in ihrem nicht zornigen, sondern schmunzelnden bis lachenden Feminismus dem Zwerg Nase ein extrem langes Geruchsorgan verpasst. Zu ihren eindrucksvollsten Werken gehört das Mahnmal für verfolgte Homosexuelle in der Frankfurter Innenstadt. Hierfür hat sie eine originale Engelsstatue vom Kölner Dom verwendet, den steinernen Kopf abgeschlagen und dann ein ganz klein wenig quer wieder aufgesetzt. Ein tiefsinniges Denkmal, dem in diesem Fall zwar eine heftige Bewegung zugrunde liegt, die aber erst aus der Mitte einer räumlich-geometrisch gesehenen kleinen Bewegung abzulesen ist.

In vielen ihrer Werke lassen sich «kleine Bewegungen» ausmachen: Die Vergrößerung einer Herdplatte, Strümpfe, bei denen die Strickzeit

nicht eingehalten wurde und die daher zu lang sind, Schöpflöffel mit Kellen aus Meermuschel. Der Wahrnehmung werden nur kleine Bewegungen angeboten, metaphorische «Verschiebungen» zum Beispiel an Küchengegenständen. Hier treffen Wahrnehmung und Kognition zusammen, aber nicht einfach im vorgefassten Begriff, sondern in einer den Begriff durchbohrenden Form des Gegenstandes. Übersetzt man Begriff mit Konzept, so könnte man von Concept Art sprechen, insofern als die künstlerische Betätigung Modellierung an der Wahrnehmbarkeit des Begriffes selber ist. Die Herausstellung der minimalen Brüderschaft von Begriff und Wahrnehmung fern von traditionellen Vorstellungen hierarchischer Perzeption erfordert einen innigen Umgang mit den kleinen Erfahrungen des Alltags, denen die Künstlerin, ich möchte sagen, mit einem leichten Schmunzeln geöffnet ist und für die sie sich stets auch mit Fotoapparat in der Windjacke, bisweilen auch mit Videokamera bereithält. Es tut der Freundschaft keinen Abbruch, wenn sich dem Hirnforscher die Vermutung aufdrängt, dass die eigentümliche Verschmelzung von Wahrnehmung und Begriff, die sich bei Rosemarie Trockel findet, gebahnt und gefördert ist durch die Verteilung von Sprache und Bild auf ihre beiden Hirnhälften.

Neben der grundsätzlichen Vermutung zur Concept-Kunst Rosemarie Trockels lassen sich natürlich auch Werke zum Beispiel mit linksläufiger Schrift mit der Beidhändigkeit und Fähigkeit zum Spiegelschreiben bei Rosemarie Trockel in Beziehung setzen. So gibt es ein Strickbild mit dem Titel «Freude», auf dem sich Kacheln mit Segelschiffen abgebildet finden. Das Wort Freude ist in Spiegelschrift gehalten und deutet damit vielleicht die größere Möglichkeit der Freude durch die rechte Hirnhälfte an, die auch eher für die Spiegelschrift zuständig ist.

Abb. 14: Der Frankfurter Engel. Mahnmal von 1997 in Frankfurt am Main für verfolgte Homosexuelle von Rosemarie Trockel. Zur Herstellung nahm sie einen Engel vom Kölner Dom, dem sie den Kopf abschlug und leicht verschoben wieder aufsetzte. Mit dieser Geste verdeutlichte sie auf besondere Weise die bei allen Menschen gegebene «Sollbruchstelle» im Körperverständnis und das Leiden der Verfolgung zugleich.

Abb. 15: Zeichnung der beidhändigen Künstlerin Rosemarie Trockel. Die beiden Gesichtshälften wurden mit rechter und linker Hand flink gleichzeitig gezeichnet.

Es liegt nahe, die vielen Bilateralitäten und Dopplungen im Werk von Rosemarie Trockel mit ihrer Beidhändigkeit in Beziehung setzen zu wollen. In der Tat steht hinter den Strickbildern, mit denen sie berühmt wurde, schließlich auch der Gestus der Beidhändigkeit, auch wenn sie die Bilder zumeist maschinell durch Strickmaschinen fertigen ließ. Die Dopplungen und Paarungen finden sich allerdings auch in den Inhalten, dies nicht nur im Paar überlanger Strümpfe, in der Darstellung der Liebespaare oder dem zwiefach aufgehängten Kruzifix (als ob jede Hemisphäre ihrer eigenen Erlösung bedürfte). Dopplungen auch in den gestrickten Rorschachbildern, die sich wie blaue Hemisphären ausbreiten ...

Natürlich stößt man bei der Beschäftigung mit dem eigenen Körper auf Dopplungen, doch manch einer wandert ab ins Profil, um ihnen zu entgehen. Erst die doppelt arbeitenden Hemisphären erhöhen die Wahrnehmungskraft für das Zwiefache. Brüste bemalt sie mit Gesichtern oder setzt ihnen ein Bügeleisen vor. Unvermeidbar findet sich das Thema der Dopplung in der Geschlechterthematik. In eine von ihr geschaffene große Tonvase kann man alles hineingeheimnissen: männliche Statuensymbolik, weibliche Rezeptivität. Die Vase, gemeinhin Symbol weiblicher Rezeptivität, bekommt hier gestreckt phallische Konturen, die aber durch zwei viel zu kleine Ohrenhenkel ihrer Eindeutigkeit beraubt werden. Geschlechterverschmelzung unter dem Zeichen der Gedoppeltheit.

In einer Kirche schreibt sie mit weißer Farbe «Ich habe Angst». Bei öffentlichen Auftritten geht ihr Puls über hundertzwanzig und in manchen Situationen kann sie sogar in Ohnmacht fallen (eine Kunst, die heute nur noch wenige Frauen beherrschen, die ihr aber von ihrem Kreislauf zugespielt wird). Müssen die Übergänge in diesen Doppelwesen, der Wechselschritt von einer Hemisphäre in die andere, nicht auch Angst bereiten?

Selbst stilles Schmunzeln und fast tonloses Lachen synchronisieren die Hemisphären, und Rosemarie Trockel weiß davon Gebrauch zu machen. Nach dem Dessert erklärte sie sich bereit, für den Hirnforscher einige Zeichenproben mit wechselnder Handkonstellation zwischen den Weingläsern zu verfertigen. Als sie dann mit linker und rechter Hand abwechselnd zeichnete, fand sich interessanterweise, dass die Motive nicht nur gespiegelt auftraten, sondern oft auch eine ganz andersartige Gestaltung erfuhren. Der gewöhnliche Rechtshänder wird ein Profil auch mit der linken Hand kaum anders als mit der rechten zeichnen, wenn man vom Grad der Vollkommenheit der Ausführung einmal absieht. Die weitgehend ähnliche Verfassung von Zeichnungen mit der rechten und linken Hand findet darin ihren Grund, dass jeweils Abzüge vom gleichen visuellen Klischee in der rechten Hirnhälfte getätigt werden. Bei siebzig Prozent der Versuchspersonen weist das Profil dabei nach links. Rosemarie Trockel zeichnete mit der rechten Hand ein nach links weisendes Profil und mit der linken Hand ein nach rechts weisendes, wobei die Gesichter vom Stil her jedes Mal recht unterschiedlich gezeichnet wurden. Sie greift also offenbar auf ein doppeltes Reservoir visueller Kompetenzen zurück. Die Dopplung der visuell-graphischen Fähigkeiten findet sich auch in der

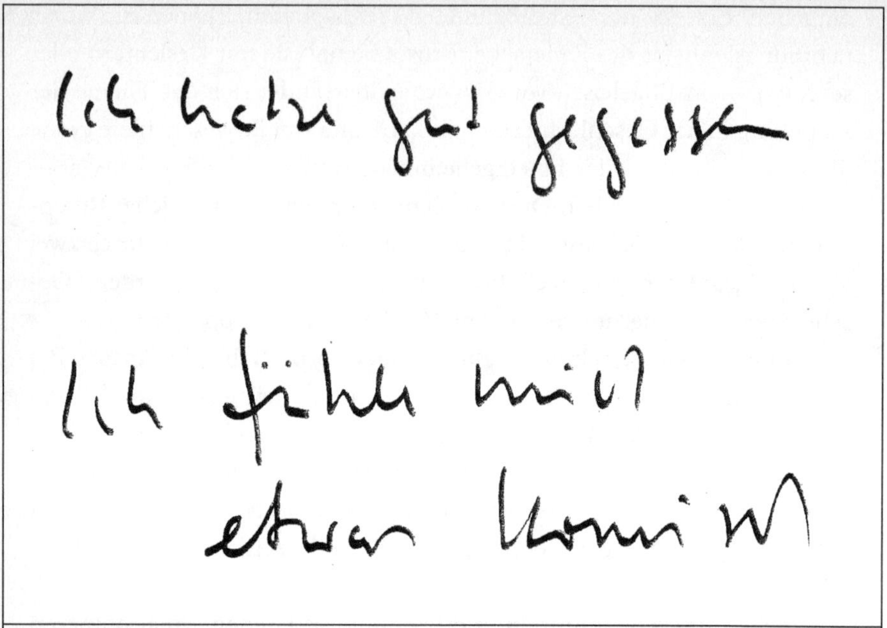

> *Ich habe gut gegessen*
>
> *Ich fühle mich
> etwas komisch*

Abb. 16: Schriftbeispiel der Künstlerin Rosemarie Trockel.
a) linke Hand

Schreibschrift. Beim Versuch, mit beiden Händen gleichzeitig zu zeichnen, war die linke Hand etwas überlegen. Dopplung also mit geringer Asymmetrie.

Beim Schreiben fiel auf, dass sie mit der rechten Hand eher in Schreibschrift, mit der linken dagegen eher in Druckbuchstaben schreibt (eher tendenziell), dass sich dies unter Ausschaltung der visuellen Rückkopplung (Küchenhandtuch vor die Augen gebunden) aber genau umgekehrt zeigte. Sie ist in der Lage, ein Gesicht mit symmetrischen Bewegungen beidhändig zu zeichnen. Das Kreuz der Halskette machte sie sodann mit der rechten Hand und die Signierung mit der linken.

Rosemarie Trockel hat in gewisser Weise zwei Gehirne. Die Leistungen sind nur teilweise asymmetrisch verteilt. Es liegt eher eine Verdoppelung vor (mit leichter Variation). Vielleicht hat sie auch deshalb in der Ausstellung «Paare» diese gleich doppelt gezeigt (also zwei Paare).

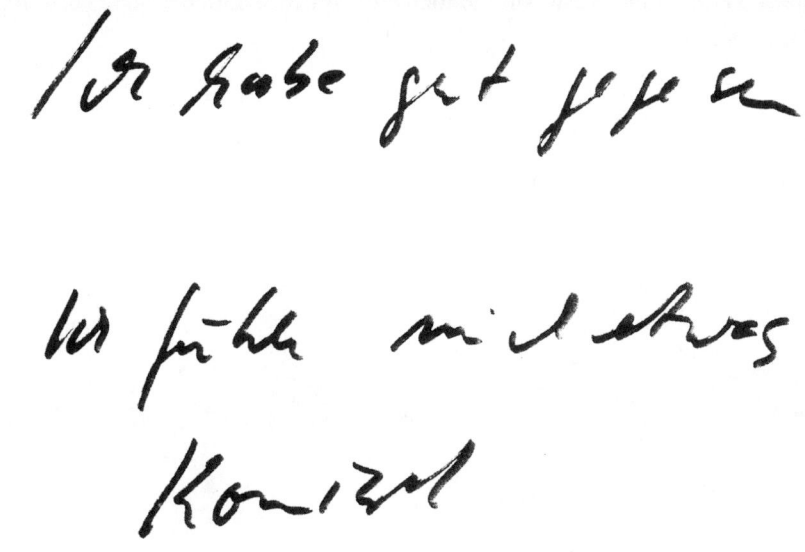

b) rechte Hand.
Auch hierbei zeigte sich ihre Beidhändigkeit.

Wesentliche Einsichten zur Hemisphärenbeziehung kann man mit der Narkose einer Hirnhälfte erlangen. Aber auch das einfache Zeichnen von asymmetrischen Situationen (Sonne und Mond in einer Landschaft, Sturz in den Abgrund usw.) kann Auskunft über Hemisphärenbeziehungen liefern.

Seit Anfang der achtziger Jahre haben die Studentinnen und Studenten in meinen Vorlesungen mit großem Interesse und in dankenswerter Weise Zeichentests durchgeführt. Tendenziell zeigte sich eine Auflösung traditioneller Seiten-Zuordnungen (Sonne steht rechts in der Landschaft etc.). Der Boden beim Sturz in den Abgrund wurde eher in das linke Sehfeld gezeichnet. Möglicherweise ist die zumeist sprachliche linke Hirnhälfte die lichtere, aber auch die bodenlosere. Bedenkt man, dass die rechte Hirnhälfte die eher ganzheitlich arbeitende ist, dann wäre eine Deutung des Lichts in einem «Gesamtzusammenhang» sicherlich etwas, was den vielen Dimensionen des Menschen zugute käme. «Ganzheit», «Doppelung» usw. sind jedoch stets für individuelle Gehirne zu diskutieren.

DAS RECHTS UND LINKS IM BILDE: KLÄRUNG DURCH DAS STIRNHIRN

Sich vom eigenen Schatten befreien, ein großartiger Traum! Schattenlos, ohne die dunkle Seite des Lebens durch die Welt zu spazieren, eine Vorstellung, die manch einer als erfrischend empfindet. Warum läuft die dunkle Seite immer hinter mir her? Carla Hoekendijk, eine niederländische Künstlerin, befreit sich von ihrem Schatten. Über ein Rückkopplungssystem hat sie in einem Raum eine Video-Installation so arrangiert, dass ihr Schatten selbständig werden kann. Er ist nicht vernichtet, sondern darf sein eigenes Leben führen. Also nicht immer der eigene Abklatsch auf dem Straßenpflaster, sondern eine neue Dynamik für das zweite Ich. Auf die Tatsache, dass unser Großhirn zwei Hälften aufweist, sind ähnliche Vorstellungen projiziert worden. Psychoanalytiker wie Paul Watzlawick haben der rechten Hirnhälfte das dunkle Unbewusste und der linken die helle Rationalität zugeordnet. Man weiß, dass bei Operationen, bei denen die Verbindung zwischen den Hirnhälften durchtrennt wird, beide unabhängig voneinander komplexe Funktionen durchführen können. Es sind viele Hinweise dafür gesammelt worden, dass der rechten Hirnhälfte «bildliche» und der linken «sprachliche» Funktionen zuzuordnen sind. Im neunzehnten Jahrhundert war es eine Sensation, als der französische Chirurg und Anthropologe Paul Broca nachweisen konnte, dass die Hirnfunktionen asymmetrisch sind. Es hatte zunächst ungläubiges Staunen hervorgerufen, dass die Sprache beim Menschen auf die linke Hirnhälfte konzentriert sein sollte.

Operationen, bei denen die beiden Hirnhälften voneinander in ihrer Balkenverbindung getrennt werden, welche besonders in den sechziger und siebziger Jahren durchgeführt wurden, zeigten, dass die beiden Hirnhälften unabhängig voneinander funktionieren können. Dadurch gewann ein Modell Unterstützung, demzufolge Sprachverarbeitung und Bildverarbeitung als zwei unabhängig voneinander ablaufende Prozesse angesehen werden könnten.

Die Organisation des menschlichen Großhirns in zwei Hälften mit

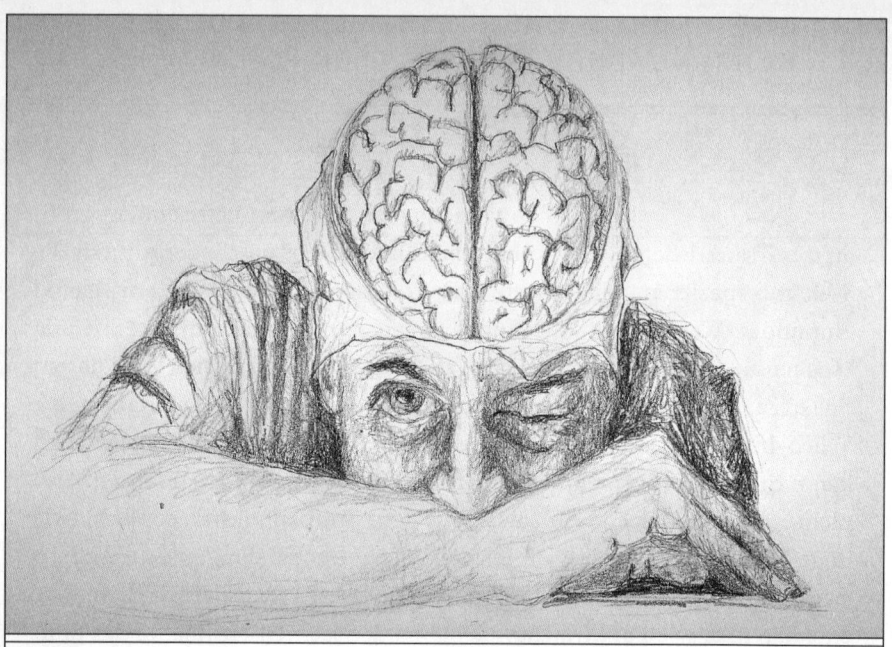

Abb. 17: Blick auf die beiden Hälften des Großhirns.
(Zeichnung: M. L.)

einem Verbindungssystem von nur zweihundert Millionen Nervenfasern im Balken ermöglicht eine weitgehende Entkopplung der kognitiv-emotionalen Prozesse in beiden Hirnhälften. Da die beiden Hälften mit den äußeren Gesichtsfeldern über Kreuz verbunden sind, liegt es nahe, im linken Gesichtsfeld eines Bildes eher visuelle räumliche Funktionen unterzubringen gegenüber den eher sprachlich orientierten Funktionen des rechten Gesichtsfeldes und damit der linken Hirnhälfte. Dieses Zuordnungsmuster kommt in einem gewissen Maße in Joseph Beuys' Werk «Weekend» zum Ausdruck. In einem aufgeklappten Aktenkoffer sind an der Innenseite des Deckels auf der rechten Seite eine Ausgabe von Kants «Kritik der reinen Vernunft» und auf der linken Seite eine Flasche mit Suppenwürze angebracht. Man kann sich gut vorstellen, dass die «Kritik der reinen Vernunft» für die linke Hirnhälfte steht und die Suppenwürze die rechte Hirnhälfte ins Spiel bringt. Analysiert man die visuelle Perzeption etwas genauer, so wird der Sachverhalt natürlich unterhalb der metaphorischen Ebene etwas differenzierter. Als Buch hat auch «Die Kritik der reinen Vernunft» eine gestalterische Form, und auf der Suppenwürzflasche prangt ein Markenname. Dennoch ist in dieser Dichotomie die Vorstellung von der Dualität der Wahrnehmung, wie sie mit dem Hirnhälftenmodell Auftrieb bekommen hat, prägnant versinnbildlicht. Beuys' Arbeit wird damals noch keine bewusste Reaktion auf Hirnhälftenmodelle gewesen sein, ist aber vermutlich nicht ohne das Zusammenspiel seiner Hirnhälften entstanden. In diesem Zusammenhang fällt sogleich auf, dass der rechtshirnigen (linkes Sehfeld) Suppenwürzenseite ein größerer Raum zugebilligt ist als der reinen Vernunft. Hier deutet sich schon die Problematik der Zuordnung von Bildhälften und Hirnhälften an, die vor allem darin besteht, dass der normale Betrachter nicht wie eine Versuchsperson im Neuropsychologie-Labor Bildbetrachtung unter Fixierung der Bildmitte vollführt.

Aber auch die Beziehung der Hirnhälften selber untereinander hat Joseph Beuys auf eine ihm eigentümliche Weise reflektiert. In seinem Werk «Hirnschale» sind zwei Fettmassen in einer Filzkappe so modelliert, dass sie den Hirnhälften entsprechen. Ihre bloße Dualität wurde jedoch dadurch aufgelöst, dass Beuys der linken Hirnhälfte zwei Kreuzmarkierungen aufsetzte und der rechten eine. Hier findet sich eine eigenwillige Deutung der Hirnhälftenbeziehung, die neurophysiologisch und neuropsychologisch sogar Sinn machen könnte. In den Theorien zum Brain-Code wird die Hirnhälftenbeziehung hauptsächlich als gegenseitige Hemmung gedeutet. Da jedoch auch ein Informationsaustausch zwischen den Hirnhälften stattfindet, ist es durchaus angemessen, ihr Verhältnis nicht durch Hemmung, sondern durch unterschiedliche Aktivierung zu charakterisieren. Dass Beuys dabei seinen klassischen Dreischritt vollführt, ist noch eine andere Frage und gibt das Rätsel auf, vor dem wir stets bei der Lokalisationslehre stehen: Aus welcher Bewegung entspringt ein angegebener Ort?

Informationstransfer muss letzten Endes bedeuten, dass eine strikte Trennung nach Inhalten zwischen den Hirnhälften kaum denkbar ist. So gibt es zahlreiche neuropsychologische

Untersuchungen, die sich mit der Bild-Wort-Dichotomie befassen und Hinweise darauf finden, dass entgegen klassischen Modellen unter bestimmten Aspekten durch die linke Hirnhälfte durchaus Bildverarbeitung geleistet wird. Als Beispiel mögen die Untersuchungen von Dahlia Zaidel gelten, die bei der Vorlage von surrealistischen Bildern an Versuchspersonen feststellen konnte, dass bei dem Versuch, die Bilder in Erinnerung zu behalten, die linke Hirnhälfte eine größere Rolle spielt.

Bei der Betrachtung von Gemälden von Magritte kann man in der Tat feststellen, dass sie in gewisser Hinsicht als Illustrationen von Gedanken und Plakatierungen von Paradoxien gedeutet werden können, wobei die linke, sprachliche Hirnhälfte für die Erkennung der entsprechenden Zusammenhänge natürlich herangezogen werden muss. Dies gilt insbesondere für solche Gemälde, die zu einer kunst- und erkenntnistheoretischen Reflexion geradezu herausfordern, wie zum Beispiel das Gemälde, in dem sich ein Maler eine wirkliche Frau malen will. Andere Bilder, wie «Die Philosophie im Boudoir», dürften die Tiefenpsyche jedoch stärker ansprechen. Dennoch ist es denkbar, dass auch in diesem Fall das Formenspiel eher von der linken Hirnhälfte analysiert wird, da das Auseinanderhalten der Formen von Kleidung und Körper eng an begriffliche Operationen angeschlossen ist. Sicherlich muss man sich immer fragen, für welche Zwecke und in welchem «Hinblick» eine Bildbetrachtung erfolgt. Stellt man die Aufgabe, Bilder zu erinnern, so wird natürlich eher eine sprachliche Sortierung durch die linke Hirnhälfte stattfinden, als wenn die Frage lautet: Bei welchem Bild haben Sie am tiefsten empfunden?

Dennoch ist festzuhalten, dass die Aufteilung zwischen Bildverarbeitung und Sprachverarbeitung zwischen beiden Hemisphären nicht streng getrennt ist und dass die betrachteten Bilder auch daraufhin analysiert werden müssen, inwieweit sie für eine Versprachlichung zugänglich sind. So bereitet die Versprachlichung der kaum regulären Geometrie des Steins in der linken Bildhälfte des Gemäldes «Melancholia» von Albrecht Dürer sicherlich Schwierigkeiten. Gerade deshalb ist dieses Bild ein Beleg für die Situation der Hemisphärenaufteilung der Hirnfunktionen. In diesem Gemälde sind die visuell-räumlichen Analyseaufgaben durchaus dem linken Sehfeld und damit der rechten Hirnhälfte zugeordnet und damit in optimaler Korrespondenz. Da aber die linke, sprachliche Hirn-

Abb. 18: Ein Patient mit einem Tumor im linken Hinterhauptslappen wurde gebeten, ein Gesicht im Profil zu zeichnen. Er erzeugt ein Mischbild aus Profil und Frontalansicht.

Höhere Wesen befahlen: rechte obere Ecke schwarz malen!

hälfte diese Geometrien nicht ohne weiteres erfassen kann, muss sie gleichsam sinnend den Kopf senken. Dies kommt im Bild des «Trübsal blasenden» (also seine Sprechwerkzeuge für etwas anderes benutzenden) Engels in der rechten Bildhälfte deutlich zum Ausdruck. Die Sprache ist der Visualität nicht gewachsen, das Imaginäre überwältigt die symbolische Dimension: Das ist Melancholie. Damit ist mit Dürers Gemälde nicht einfach eine Korrespondenz zu den beiden Hirnhälften ausgedrückt, sondern zugleich die Tatsache, dass diese dualistische Korrespondenz eher einem melancholischen Geistesstatus entspricht.

Der Geist sucht nach Verstehbarem, Vertrautem und weiß sich durchaus mit einer visuell nicht einfach auflösbaren Gruppe im linken Sehfeld zurechtzufinden, wenn er in ihr Schutz und Geborgenheit empfindet, um im rechten Sehfeld in die Weite der Ebene zu schauen (siehe zum Beispiel Rembrandts Landschaftsgemälde). Gerade in diesem Zusammenhang ergibt sich auf die Bildflächen bezogen die schwierige Frage, was denn überhaupt das Wichtige sei, von dem der Blick angezogen werde. Diese kunstpsychologische Frage, die bereits der Schweizer Kunsttheoretiker Heinrich Wölfflin stellte, geht noch von der Einheit eines Beobachters aus, kommt aber auch nicht zu einem eindeutigen Abschluss. Wölfflin war der Ansicht, dass das Wesentliche eines Bildes in die rechte Seite gerückt werden müsse. Doch was ist das Wesentliche? Ist es die freie Ebene, oder ist es die Baumgruppe?

Die Zuordnung zwischen den Bildhälften und der räumlich-analyti-

---

Abb. 19: Sigmar Polke, Höhere Wesen befahlen: rechte obere Ecke schwarz malen!, 1969, Lack auf Leinwand, 150 × 125,5 cm, Sammlung Froehlich, Stuttgart
In Kandinskys Ästhetik wird das Schwere und Dunkle der linken unteren Bildecke zugeordnet. Dies entspricht der klassischen Hemisphären-Zuordnung. Das Zusammenspiel der Hirnhälften verfügt jedoch über Freiheitsgrade und die Möglichkeit mehrfacher Spiegelung. Gerade die Durchbrechung klassischer Gewohnheiten kann dabei als interessant empfunden werden. Solche Innovationen werden vom Künstler oft als vom Willen nicht lenkbar empfunden (eine starke Fixierung des Willens kann auch zur Festschreibung der Hemisphären-Beziehung führen).

schen und der sprachlichen Funktion der Hirnhälften muss auch noch den dynamischen Umgang der räumlich analysierenden rechten Hirnhälfte mit dem Bildmaterial berücksichtigen. Würde eine strenge Aufteilung hinsichtlich visueller Komplexität auf der Bildfläche erfolgen, so malte man ein Porträt einfach in Gänze in der Frontalsicht auf die linke Bildhälfte, um damit die Korrespondenz mit der rechten Hirnhälfte zu erlangen. Wir positionieren ein Porträt jedoch normalerweise in der Mitte des Bildes, und wenn wir ein Profil zeichnen, dann in siebzig Prozent der Fälle mit der Nase nach links (siehe Hans-Joachim Hufschmidt). Es gibt also ganz spezifische Transformationsprozesse für die visuelle Wahrnehmung durch die rechte Hirnhälfte, die für das Erkennen verzerrter Perspektiven besonders geeignet ist. Dies alles deutet darauf hin, dass sowohl von der Analyse der Bildfläche als auch vom Zusammenspiel der Hirnhälften her und im Hinblick auf die Transformation bei der Abbildung des Gesehenen oder dessen Situierung (Profil statt Frontansicht) der Zusammenhang von rechts und links im Bild und von rechts und links in den Hirnhälften ein höchst komplexer ist, der durch die Dualität der Analysemechanismen in den Scheitellappen allein nicht genügend aufgeklärt werden kann.

Ich möchte daher vorschlagen, für die Dynamik neuropsychologischer Prozesse bei der Bildanalyse entscheidend die Funktion des Stirnhirns mit zu berücksichtigen. Das Stirnhirn ist der Ort, an dem der Organismus seine Regeln für das Verhalten gegenüber anderen Organismen entwerfen und formulieren und gegebenenfalls auch «über den Haufen» werfen kann. Testuntersuchungen, bei denen Störungen des Frontalhirns erfasst werden sollen, bauen auf dieser Fähigkeit des Stirnhirns, Regeln aufzubauen und gegebenenfalls zu verwerfen, auf. So gibt es einen Kartensortiertest, bei dem die Versuchsperson herausbekommen muss, nach welchen Prinzipien der Versuchsleiter seine Karten legt. Den meisten macht es keine großen Schwierigkeiten, die Regel herauszufinden, problematisch wird es jedoch für viele, wenn der Versuchsleiter seine Regel ändert. Es fällt dann schwer, sich umzustellen, ja sich überhaupt darauf einzustellen, dass eine einmal gefundene Regel nicht immer gültig sein könnte. In vieler Hinsicht spiegelt dies manche Situationen des Alltagslebens wider, greift aber auch in den Bereich ästhetischer Prinzipien hinein, die manchmal gerade von der Regelverletzung leben. Im Wesentlichen lassen sich drei entscheidende Regionen des Stirnhirns unterscheiden:

1. Der medio-frontale Cortex: Hier organisiert sich das, was man moralisches oder eben auch amoralisches Verhalten nennen kann.
2. Der dorso-laterale frontale Cortex: Hier findet sich das aktuelle Arbeitsgedächtnis mit der Konvergenz zahlreicher sensorischer Modalitäten, weswegen diese Region auch als eine Bühne angesehen wird.
3. Der prämotorische Cortex: Hier konstituieren sich interindividuelle Symbol- und Verhaltenssysteme.

Im aktuellen Arbeitsgedächtnis des dorso-lateralen frontalen Cortex werden die Regeln mit der aktuellen Umweltsituation abgeglichen. Diese unter der Metapher der Bühne bezeichnete Hirnregion kann man in mancher Hinsicht auch als eine Art Theke bezeichnen, an der Bilder und Gedanken durchgesprochen werden oder auch schon mal ein Witz erzählt wird.

Regel und Regeldurchbrechung finden sich im Witz gebündelt, was auch von der Aktivität des dorso-lateralen frontalen Cortex beeinflusst wird. Es zeigt sich, dass bei Störungen in dieser Region Witze, bei denen man die Perspektive anderer Menschen mit einnehmen muss, damit sie verstanden werden, nicht richtig aufgefasst werden. Hier ist also die Region des Gehirns, in der der Aufbau der Perspektivik der Anderen (das, was einige Psychoanalytiker Phantasma nennen) sein Wort findet. Man kann mit den Bildern spielen: Wer an der Theke Witze erzählt, zeigt, dass er mit dem Spiel von Regel und Durchbrechung umgehen kann; wer zu viele Witze erzählt, fällt auf. Die Zuordnung des Witzes zur rechten Hemisphäre ist nicht ausreichend; es kommt darauf an, welcher Art der Widerspruch ist, der hier zum Lachen führen soll. Eine Perspektive durchbrechen zu können ist sicherlich eine Angelegenheit des Frontalhirns. Dies zu berücksichtigen erscheint mir für eine Theorie der Bildwahrnehmung von Bedeutung. Wie steht denn jene Frau (es kann auch ein Mann sein) im Museum vor dem Bild? Sieht sie das Bild, oder sieht sie, dass sie von anderen beim Bildbetrachten gesehen wird? Das Phantasma würde an dieser Stelle zu einer völlig anderen Hirnaktivierung führen, als dies in einer Deutung der Bildwahrnehmung der Fall wäre, bei der der Mensch als ein visuelles Detektionssystem angesehen würde. Das Frontalhirn geht nicht nur mit Regeln und deren Durchbrechung, sondern auch mit der Multiplizität konkurrierender Regeln und Perspektiven um.

Hierfür muss es sich sowohl der Wahrnehmung des Neuen widmen als auch dies an der bisherigen Erfahrung prüfen. Für diesen Vorgang existiert in einem gewissen Maße eine Arbeitsteilung in dem Sinne, dass das rechte Stirnhirn für den Abruf eingespeicherter Informationen und die linke Hirnhälfte für die Einspeicherung der rekategorisierten neuen Informationen zuständig ist. Dem rechten Stirnlappen käme die Erfassung des Neuen und das wachzurufende Alte, der linken Stirnhirnhälfte die Einspeicherung des Neuen nach Rekategorisierung zu. Daraus ergäbe sich ein Hemisphärenmodell, bei dem unter Berücksichtigung der Stirnhirnfunktionen der rechten Hirnhälfte die Wahrnehmung des Neuen, der Abruf alter Informationen sowie visuell räumliche Funktionen zukämen. Die linke Hirnhälfte wäre hingegen für die Einspeicherung, die Rekategorisierung und die sprachliche Mitteilbarkeit verantwortlich.

Folgt man diesem Modell, so werden manche Paradoxien der Rechts-links-Zuordnung verständlicher. Der Künstler nimmt bei seiner Tätigkeit auch den Blick des Betrachters ein und verändert auf diese Weise seine interne Perspektive erheblich. Um einen ästhetischen Effekt zu optimieren, genügt es nicht, die Korrespondenz zwischen Parietalhirnspezialisierung und Bildhälften in Korrespondenz zu bringen. Ist die Zuordnung des Figuralen in der linken Bildhälfte zur räumlichen Wahrnehmungsfähigkeit der rechten Hirnhälfte hergestellt, so kann es sein, dass, da es sich um altbekannte Bildelemente handelt, der Analysator in der rechten Hirnhälfte gar nicht angemessen ist. Die Hemisphäre müsste möglicherweise erst durch einen Neuigkeitseffekt stimuliert werden. Dieser aber kann im Extremfall darin bestehen, dass die Korrespondenzbeziehung zwischen optimalem Analysator und Bildkomponenten aufgebrochen wird. Beispiele hierfür stellen die Arbeiten «Höhere Wesen befahlen: rechte obere Ecke schwarz malen!» von Sigmar Polke (siehe Seite 178) und das «Halbkreuz» von Joseph Beuys dar. Ganz entgegengesetzt zu den Raumaufteilungslehren Wassily Kandinskys finden sich die schweren Momente in diesen Fällen auf der rechten Seite. Dies muss nicht verwundern, da die moderne Kunst natürlich in erster Linie nicht nur einen Wahrnehmungsprozess hervorrufen will, sondern vor allem auch eine Reflexion über diesen. Ähnlich wie der Sportler beschäftigt sich der Künstler mit der Physiologie seiner Tätigkeit, anders als der Sportler aber nicht unbedingt, um diesen Gesetzen zu gehorchen und seine Leistung entsprechend zu optimieren, sondern um einen Reiz der Verwirrung dieser Gesetze und der Schaffung neuer Gesetze zu gewinnen. Im Stirnhirn treffen sich künstlerischer Entwurf und das Zusammenspiel biographisch entwickelter Hirndominanzen und ihre Durchbrechungen. Der Streit um die Frage, ob die Ästhetik der Rechts-links-Aufteilung im Bild in Korrespondenz zur Aufteilung der Hirnhälften gesehen werden muss, ist noch nicht mit der Annahme beendet, dass in das rechte Bildfeld das Bedeutsame gesetzt werden sollte (so Wölfflin, auf seltsame Weise anders als Kandinsky). Wölfflins Ansicht, dass der Betrachter von der rechten Bildfläche angezogen werden sollte, kann durchaus in dem Sinne mit einem Hirnmodell in Vereinbarung gebracht werden, dass man sagt, auf diese Weise werde eine ästhetische Balance zu dem auf die linke Bildfläche gerichteten, räumlich kompetenten Rechtshirnhälftenprozess geschaffen, und in dieser Balance könnte die ästhetische Empfindung ihren Ursprung haben. Das Wechselspiel zwischen rechts und links kann jedoch erst zum Verständnis geführt werden, wenn man die historisch-biographische Situation des Künstlers beziehungsweise Betrachters unter Zuhilfenahme des Stirnhirnmodells berücksichtigt und auf diese Weise Neurobiologie im historischen Kontext betreibt, aus dem heraus die Bestimmung, ob die Regularität und Rekategorisierung der linken Stirnhirnregion oder die Neuigkeit durch Irritation des rechten Stirnhirns im Vordergrund stehen, erst möglich wird. Erst dann werden auch die unterschiedlichen Ergebnisse der Neuropsychologie für Urlaubsfotos und Kunstwerke verständlich. Der Reiz von Kunstwerken liegt in einer anderen Aufteilung des Raums, nämlich in der Thematisierung der gewohnten Kompositionsprinzipien selber.

DIE VERTIKALE

Im kognitiven System gibt es zahlreiche und recht unterschiedliche Arten, den Raum zu erfahren. Diese lassen sich nicht einfach dem allgemeinen Raumbegriff unterordnen. Im rechnerischen Raum verschwinden die Eigentümlichkeiten der Raumerfahrung des Menschen, die sich in den verschiedenen Bereichen von Sinnlichkeit und Geistigkeit manifestiert. Es gibt einen traditionellen Streit zwischen den Anhängern des abstrakten newtonschen Raums und jenen, für die der Raum sich erst aus der Beziehung der Dinge zueinander konstituiert, wofür Lao Tse mit seiner Aussage über den Ochsenkarren stehen mag: Lao Tse formulierte etwas überspitzt, dass am Rad des Ochsenkarrens die Räume zwischen den Speichen wichtiger als die Speichen selber seien. Dadurch kommt zum Ausdruck, dass Raum Zwischenraum ist und erst in einer rechnerisch planenden Vernunft zu einer Abstraktion gerät, in der die Dinge positioniert werden. Dennoch ist in der alltäglichen Erfahrung des Menschen der Raum nicht nur ein rechnerischer, sondern entscheidend durch die Erfahrung von Licht und Schwerkraft geprägt.

Es gibt zahlreiche Hinweise darauf, dass Metaphern, wenn ihre ursprüngliche Bedeutung noch empfunden wird, in enger Beziehung zu den sensorischen Systemen stehen, aus denen sie ihre Anschauungskraft beziehen. Die Höhendimension wird, wenn sie im geistigen Bereich durch die Metaphern von Licht und Schwerkraft charakterisiert werden soll, also durch zwei überlappende Kennzeichnungssysteme bestimmt. Dies kann Verwirrung stiften. Nehmen wir das Bild einer Kathedrale, so ist in Bezug auf die Schwerkraft der Grund das Entscheidende. Im Hinblick auf die Dimension des Lichts ist wiederum das Obere führend. Das höchste Prinzip und der tiefste Grund können also je nachdem, ob sie dem Schwerkraft- oder dem Lichtprinzip entsprechend gedacht sind, vor- oder nachgeordnet sein.

Bei dem Versuch, neue Gedanken und Erfahrungen zu entwickeln, versuchen Künstler und Schriftsteller nicht selten, die Koordinaten der neurophysiologischen Raumerfahrung zu demontieren, um auf diese

Weise neue fruchtbare Bereiche für Gedanken zu finden, die in der Passform des Fließbandes ihre Eigentümlichkeit nicht entwickeln könnten. Man mag an André Gide erinnern, der in manchen seiner Erzählungen die Erfahrung von Himmel und Erde umkehren wollte. Natürlich gehört auch der Maler Georg Baselitz dazu. Wichtig ist der Künstler Carsten Höller, der als habilitierter Biologe nach Mechanismen der Überraschung sucht, die den Menschen in neue Zusammenhänge setzen können. So setzt er Prismenbrillen ein, um Kunstbesucher Erfahrungen mit der Umkehrung der visuellen Raumwahrnehmung machen zu lassen. In der Tat wird dabei deutlich, dass aus dem Bereich der experimentellen Wissenschaften zahlreiche Versuchsanordnungen für künstlerische Erfahrung ausgebeutet werden könnten. Das Entscheidende liegt nicht darin, dass zu wissenschaftlichen Phänomenen jetzt einfach Kunst gesagt wird, also im Sinne eines erweiterten Machtanspruchs für die Kunst, sondern dass dabei auch künstlerische Zwecke verfolgt werden können, die über die Demonstration physiologischer Gesetzmäßigkeiten hinausgehen. Carsten Höller bedient sich dabei nicht nur der Ironie, mit der Prismenbrille gleich einen Sturzhelm mitzuliefern. (Es kann einem leicht passieren, dass man bei den ersten Gehversuchen gegen einen Laternenmast rennt, in eine Hecke stürzt oder von der Bordsteinkante fällt. Deshalb empfiehlt es sich nicht nur, einen Sturzhelm zu benutzen, sondern das Umkehrspiel auch mit Freunden gemeinsam durchzuführen, die einen vor Hindernissen warnen können. In diesem Sinne veranstaltet der Künstler Carsten Höller auch ganze «Prismenabende» in Ferienhotels, mit einem vertiefenden wissenschaftlichen Vortrag über die Geschichte der Umkehrbrille.) Höller hat Variationen der Prismenbrille entwickelt, bei denen man nicht einfach eine Umkehrung der Außenwelt sieht, sondern sich vor sich selber liegen sehen kann. Dies vermittelt besondere Erfahrungen mit der Bedeutung der visuellen Wahrnehmung, zum Beispiel beim Versuch des Gehens. Die Vertikalorientierung, die Wahrnehmung des eigenen Körpers und das Zusammenspiel von Schwerkraft und Licht werden hierbei einer analytischen Auseinandersetzung zugänglich. Es ist erstaunlich, in welchem Maße das Nervensystem umlernen kann. Es gibt Untersuchungen darüber, wie gezielt man bei Benutzung einer Prismenbrille werfen kann. Natürlich wirft man zunächst erheblich daneben.

Trifft man dann aber genauer und nimmt die Prismenbrille anschließend wieder ab, wirft man in dieser Ausgangs- und Normalsituation daneben. Durch die Flexibilität des Nervensystems ist es somit möglich, sich in beide Situationen zu adaptieren. Einige Versuchspersonen haben über sechs Wochen mit und ohne Prismenbrille Wurfübungen durchgeführt und konnten sich dadurch auf beide Bedingungen gleich gut einstellen.

Auch bei der Installation von Edgar Guszmann, einem kolumbianischen Architekten, kann man zunächst seine Überraschung erleben. In den Räumen der Düsseldorfer Kunstakademie realisierte er ein interessantes Spiel mit der spiegelnden Umkehr von oben und unten. Dem Akademiebesucher wird ein Einkaufswagen an die Hand gegeben, auf dem eine Bananenkiste platziert ist, auf deren oberer Fläche ein Spiegel positioniert ist. Die Spiegelhöhe beträgt 110 Zentimeter, eine Höhe, die Guszmann genau ausgetestet hat. Bei diesen Abmessungen kommt es nämlich zu einem interessanten Phänomen. Schiebt man den Einkaufswagen und schaut dabei auf die Spiegelfläche, dann erscheint zum Beispiel ein Türrahmen wie eine unüberwindliche Bodenschwelle, die nach oben führende Decke eines Treppenhauses wie ein gähnender gefährlicher Abgrund, und die nach unten führende Decke täuscht in ihrer nach oben weisenden Spiegelung darüber hinweg, dass man vor einem gefährlichen Treppensturz steht. Erst nach längerem Hin- und Herschieben des Einkaufswagens durch die Räume der Akademie gelingt es einem, die Annahmen abzubauen, die einem das visuelle System über die Außenwelt suggeriert. Edgar Guszmann ist es nun gelungen, den Abbau von Vorurteilen im visuellen räumlichen System auf interessante Weise mit der Erfahrung von Vorurteilen im kognitiven System zu verbinden. In den langen Fluren der Akademie hat er an der Decke Installationen angebracht, die mit den räumlich verfestigten Metaphern unserer kognitiven und geistigen Orientierung zu tun haben. Da findet sich eine umgearbeitete Landkarte, auf der, anders als in der Schule, der Südpol nach oben zeigt und auch die Beschriftung so angebracht ist, dass die Karte in dieser Version betrachtet werden muss (in der Spiegelung sieht dann alles noch einmal verkehrt aus). Auch Schubladen sind an der Decke montiert, in denen solche Worte zu lesen sind, mit denen sich zwei Länder vorschnell gegenseitig charakterisieren wollen (Wurst und Bier für

Deutschland, Bananen und Kokain für Kolumbien). Die Texte sind in Spiegelschrift angefertigt, sodass erst im verkehrten Lesen die «Wahrheit» buchstabiert werden kann. Bei den Wörtern «ich» und «du» sowie «hier» und «wir» deutet der Spiegelungsvorgang auf tiefere Beziehungen.

Projiziert man die menschliche Raumerfahrung auf ein abstraktes kartesianisches Koordinatensystem oder den abstrakten newtonschen Raum, so kann man feststellen, dass sich Raumerfahrung zwar unabhängig von dem konstituierenden Sinnessystem etablieren kann (das bekannte Beispiel der Raumerfahrung der Blinden über die Kinästhesie), dass aber natürliche menschliche Raumerfahrung, wenn sie nicht auf Abstraktion trainiert ist, durch sensorische Systeme gefärbt wird. Von besonderem Interesse ist dabei der Übergang von der unmittelbaren räumlichen Orientierung zur Orientierung im kognitiven Raum. Auch hier gibt es zahlreiche Möglichkeiten der Raumkonstituierung, angefangen von kognitiven Landkarten, Schemata, Skripten bis hin zu Dispositionen, die ihre Verbindung zu sensorischen Systemen nicht verleugnen können.

Phänomene, die der Selbsteinsicht in die zerebrale Disposition entspringen und auf die Hemisphärenverteilung kognitiver Merkmale hinweisen, können unter dem Begriff der Metabilder zusammengefasst werden.

Möglicherweise gibt es für Räumlichkeit und Sachlichkeit verschiedene Koordinatensysteme in dem Sinne, dass der Vertikalen von oben und unten in der Dimension von Räumlichkeit eine Rechts-links-Orientierung in der Dimension der Sachlichkeit (Inhalte und Begriffe) entspricht. Dies würde bedeuten, dass die linkshemisphärischen Begrifflichkeiten unserem rechten Sehfeld zugeordnet werden, dann in der geistigen Anordnung aber auch in das Koordinatensystem der Oben-unten-Orientierung transformiert werden können. Möglicherweise gibt es zwei Dispositionsstufen (rechts/links und oben/unten), die je nach dem Grad der Praxisanwendung unterschiedlich aktiviert werden, ohne dabei prinzipiell unterschiedliche Inhalte aufweisen zu müssen. Solche Überlegungen gehören einer spekulativen Neurologie in einem doppelten Sinne an, in einem üblichen, dass sie noch nicht über weit gehende empirische Grundlegung verfügen, andererseits aber auch in dem anderen Sinne, dass hier Spekulation, das heißt wörtlich Spiegelung, selber zum Gegenstand der neurologischen

Theorie wird. Hier wird sich noch ein weiteres Forschungsfeld mit möglicherweise interessanten Überraschungen eröffnen. Schließlich ist das Nervensystem nicht rein topologisch organisiert, sondern weist durch die sensomotorische Ankopplung an die Außenwelt auch eine geometrische Organisation auf. Es wäre verlockend, die verschiedenen Repräsentationsstufen von Welt und Kognition (zum Beispiel die Neunzig-Grad-Inversion der Außenweltbilder im Stammhirn gegenüber der kortikalen Repräsentation) im Hinblick auf ihre vielfältigen Spiegelkabinettverschachtelungen eingehender zu untersuchen. Die Selbstexperimente der Künstler und der Psychophysiologen könnten dabei durch «Reflexionen», die ja auch wieder eine Art Spiegelung sind, vertieft werden.

Beim Weltraumflug gehen wir der subjektiven Vertikalen nicht ganz verlustig, auch wenn die Sondenorientierung fehlt, die Sterne überall sind und auf den Körper keine spürbare Schwerkraft wirkt. Es ist dann unser Kopf, der unabhängig von der Haltung zum Körper als Bezugskugel für den Entwurf einer subjektiven Vertikalen dient.

Hier auf der Erde, wo Licht und Schwerkraft nicht nur für die Wachstumsorientierung der Pflanzen, sondern auch für die Erfahrung des Menschen eine Vertikaldimension entwickeln lassen, ist jedoch zu berücksichtigen, dass das Licht im Grunde genommen nicht völlig vertikal auf uns einfällt. Viele Blumen folgen mit ihrem Kopf daher dem Verlauf der Sonne. Die nach ihr benannten Sonnenblumen sind hierfür am bekanntesten. Der Maler richtet sein Atelier am liebsten nach Norden aus, um von den wechselnden Lichteinflüssen der Sonne eine gewisse Unabhängigkeit zu erreichen. Dennoch zeigen an zahlreichen Gemälden durchgeführte statistische Untersuchungen, dass bei vielen Malern eine Neigung besteht, das Licht schräg von links einfallen zu lassen. Diese Tatsache ist aber eher im Zusammenhang mit der Hemisphärenasymmetrie zu sehen, welche, wenn wir uns nur auf das Licht verlassen würden, unsere Vertikalempfindung erheblich beeinflussen könnte. Vielleicht sind wir aber auch, um es anders zu formulieren, daran gewöhnt, eine leichte Abweichung des Lichts von der Vertikalität der Schwerkraft zu erfahren.

An die Dimension von Schwere und Licht haben sich kognitive Systeme mit ihrer je eigenen Metaphorik angelagert. Das visuelle System ge-

Abb. 20: Jörg Immendorf, Rühmen – Söhne der Sonne, 1990, Öl auf Leinwand, 280 × 280 cm, Sammlung Grothe
Das Verhältnis von Licht und Schwerkraft bestimmt die Grundkoordinaten vieler Maler. Hier scheint der tragende Grund – die Fußbodendielen – in die Strahlen einer Sonne überzugehen.

stattet Freiheiten, die in der Welt der Schwerkraft nicht erlaubt sind. Nicht nur auf der Dokumenta in Kassel kann eine Plastikfigur einen schrägen Mast hinauflaufen, als ob es nur Gegensätze der Bildlichkeit gäbe, auch in den Tom-und-Jerry-Filmen jagen sich Katz und Maus an Decke, Wänden und Boden des Zimmers gleichermaßen, die zunehmende Gleichwertigkeit der Kanten des Fernsehers und die Uninteressiertheit des Elektronenstrahls an Schwerkraft vorwegnehmend. Der baskische Bildhauer Eduardo Chillida wollte eine Wette gegen die Schwerkraft einnehmen und gestaltete Formen, welche diese wirklich vergessen lassen, obwohl er sie als Skulpturen auf Boden, Küste und Strand den größten Herausforderungen der Kraft der Erde preisgab. Eine ganz andere Lösung bietet der Maler Jörg Immendorf in seinem Gemälde «Söhne der Sonne» an. In diesem Gemälde, in welchem die vier großen Maler Picabia, Beuys, Duchamp und de Chirico an einem Tisch zusammensitzen, sind die Dielenbretter des Bodens ähnlich Sonnenstrahlen von oben nach unten ausgebreitet und damit die Dimension von Licht und Schwerkraft durchquerend, so, als lieferte die Sonne selber den Boden unter den Füßen der Maler. Die Wirklichkeit ist bei Immendorf dementsprechend eher wie eine lehmartige Ausstülpung der Augen dargestellt. Sicherlich weiß Immendorf, dass die heile Welt des Lichts am Rahmen des Bildes zu Ende geht. Beuys verdreht in dem genannten Gemälde den Kopf, um einem kopflosen Huhn nachzuschauen, das rechts aus dem Bildrand rennt, aber so, dass kurz vor der Rahmenumfassung man noch den blutspritzenden Hals erkennt. In neuropsychologischen Studien wird darauf hingewiesen, dass eine Bewegung, die von der Bildmitte zum rechten Bildrand läuft, als unangenehm und nicht harmonisch empfunden wird, weil sie aus dem Bildrand herauszulaufen scheint. In dem Bild von Immendorf wird aber gerade dies, was sonst als kompositorische Disharmonie bezeichnet werden könnte, zur entscheidenden Aussage: Im Rahmen endet die Wirklichkeit der Visualität. «Söhne der Sonne» ist ein schönes Beispiel dafür, wie künstlerische Komposition entgegen allgemein formulierten Gesetzen ästhetisch glücken kann und es damit ermöglicht, den Traum von der Wirklichkeit durch eine tiefere Ironie zu begleiten.

EIN GEDÄCHTNIS FÜR BILDER

Eine zeitgenössische Künstlerin namens Anja Bakker widmet einen Großteil ihrer Arbeit dem Bemalen von Hirnplastiken. Sie zeichnet Provinzen auf die Hirnoberfläche, gibt diesen dann einen Namen und setzt dessen Schriftzüge säuberlich auf das Modell auf. Die Plastikgehirne erinnern an die Landkarten der Lokalisationstheorie und an die Schrebergärtenabgrenzungen einer Schädellehre, welche an die räumliche Aufteilbarkeit psychischer Funktionen glaubte. In den ersten Hirnkarten fanden sich neben Gottesschau und Tochterliebe Funktionen wie Raufsucht und Zechgelage eingezeichnet. Lokalisationen musste man in mehrfacher Hinsicht mit Vorsicht durchführen. Heute glaubt man eher, dass es die Zeit ist, welche den verschiedenen Denkfunktionen und Empfindungen den Ort gibt. Aber diese Zeit rast durch das Gehirn und macht dort verschiedene Orte auf, stellt Labyrinthe her, Hemmungenstellwände und -durchgänge, und lässt immer neue Raumgestalten geschehen. Dennoch wiederholt sie sich manchmal in ihren Wegen, und dann vermag die Hirnforschung sie als Raum zu erfassen. Doch auch wenn das gelingt, ist noch nicht alle Arbeit getan. Die Zeit, wenn sie Geschichte wird, ändert ihre Begriffe, und es würde eher auf Unverständnis stoßen, wenn man jene Begriffe, die zur Zeit der Entwicklung der Schädellehre um das Jahr 1800 herum kulturell im Vordergrund standen, heute zur Markierung energetischer Schwerpunkte des Seelenlebens heranziehen wollte. Ein zaghafter Versuch der Zuordnung verschiedener kognitiv-emotionaler Funktionen zu den verschiedenen Bereichen des Gehirns ist dennoch in Abbildung 1 unternommen (siehe S. 14).

Anja Bakker geht einen anderen Weg. Bei einer ihrer Hirnskulpturen schreibt sie in allen voneinander abgegrenzten Hirnbezirken ein und dieselbe kognitive Funktion hinein: Memory. Damit zeigt sie die Pointe einer interessanten und stets bewegten Diskussion um die Lokalisation von Hirnfunktionen. Sie wiederholt damit nicht einfach die Position des Philosophen Henri Bergson, der, von einem Geist-Materie-Dualismus ausgehend, dem Gehirn als Materie nur Gedächtnisfunktionen zusprechen wollte. Dieses Kunstprodukt des Leib-Seele-Dualismus ist heute weitgehend verlassen, hat aber immer noch versteckte Auswirkungen in der Vorstellung, das Gehirn könnte als ein Aufzeichnungssystem verstanden werden, bei welchem die Speicher- beziehungsweise Gedächtnisleistungen am schnellsten interpretiert werden könnten. Die lange Suche nach dem Alphabet der Erinnerung hat jedoch gezeigt, dass Spuren in der weichen Dreipfundmasse des Gehirns aufgrund der wiederholten Überlagerungen und Umorganisationen verschiedenster «Eindrücke» schwieriger zu entziffern sind als die Hieroglyphen, da es sich gar nicht um Ziffern oder Buchstaben handelt. Ein ausferndes System von Spuren durchzieht das Gehirn, und ebendies bringt Anja Bakker zum Ausdruck: Zu beiden Seiten der Grenzen der Provinzen findet sich die gleiche Funktion: alles Gedächtnis.

Genauso gut könnte man auch sagen: alles Wahrnehmung oder alles Schmerz oder warum nicht gleich: alles Psyche. Anja Bakkers Installation hat jedoch noch eine andere Bedeutung: Sie ist nicht nur Künstlerin, sie hat auch ein Problem, ein medizinisches. Wenn sie in Galerien und auf Kunstausstellungen Hirnstromkurven dokumentiert und Hirnkartenentwürfe präsentiert, so sind es Auseinandersetzungen mit einem Problem, das ihr das eigene Gehirn macht: Es kann manchmal nicht vermeiden, sich in Krampfanfällen zu entladen.

Verdrängung ist in vielen Phasen des Lebens unverzichtbar. Aber es gibt Dinge, die nicht verdrängt werden können, weil sie allgegenwärtig sind. Die Möglichkeit, dass ein Krampfanfall auftritt, begleitet Anja Bakker rund um die Uhr. Der Versuch, hier zu verdrängen, wäre kontraproduktiv. Gerade im Moment der schönsten Harmonie wäre sie dann vielleicht ungewappnet gegenüber dem über sie hereinbrechenden Ereignis. Bilder und Darstellungen können Angst bannen, können vorbereiten helfen und auf diese Weise von gestauter Energie befreien. Jene Theorien sind falsch, die da annehmen, dass Bilder nur zum Energiestau führen würden und man daher besser auf Bilder verzichte. Es kommt auf die Situation an. Der Energiestau ist oft schon vorhanden, bevor die Bilder da sind. Diese aber liefern unter Umständen die kognitiven Landkarten, mit welchen die Ausfahrtwege aus den Verknotungen gefunden werden können. Dies gilt für uns nicht nur, wenn wir eine Epilepsie haben, sondern auch in vielen anderen Situationen des normopathischen, das heißt des an und in der Norm leidenden Lebens.

Anja Bakkers Installation des Gehirns, dessen Provinzen alle Gedächtnis heißen, ist von allgemeinerer Bedeutung. Die Geschichte der Menschen ist in eine Phase getreten, in der sich die Erinnerung an diese Geschichte auch mit den aufwendigsten Sortierungsmaßnahmen nicht so darstellen lässt, dass der Einzelne hoffen kann, im Fortschreiten der Zeit fände seine Lebensform, die seiner Freunde und seiner Gemeinschaft, darin noch einen Ort des Erinnerns oder gar Gedenkens. Inzwischen haben viele Künstler den Eindruck, dass sie nicht mit verfeinerten Erprobungen der Wahrnehmung, sondern eher mit direktem Bezug und Kommentar zur eigenen Geschichte der Kunstschaffenden ihren jeweiligen Ort in ebendieser Geschichte markieren könnten. Die Frage des Gedächtnisses und der Erinnerung ist daher möglicherweise in mancher Hinsicht die bedeutsame Frage der Künstler an die Physiologie, so wie dies früher die Frage nach der Wahrnehmung gewesen war. Dabei kann man auf die kreative Umgestaltung der Antworten der Physiologen durch die Künstler vertrauen, die nicht einfach nur nach neuen Strategien des Gedächtnisses suchen werden, sondern unter Umständen aus der Not eine Tugend machen oder den Stürzenden noch stoßen statt nach Mnemotechniken der Geschichte nach besseren Methoden des Vergessens Ausschau halten. Für viele Menschen ist nicht das schlechte Gedächtnis, sondern das Nichtvergessenkönnen das Problem. Vielleicht ist das Leben selber das Hirnzentrum für das Vergessen, das von den Neurowissenschaftlern in die Lokalisationsbilder einzutragen bisher «vergessen» wurde. Jedenfalls stünde das mit Freuds Methoden im Einklang, demzufolge Bewusstsein nicht eingespeichert wird. (Viele erinnern sich beim Lebensrückblick eher an Situationen als an Gedanken.)

Machen wir uns nichts vor, es ist ein Kampf um die letzten Speicherplätze im Universum entbrannt, die Cook-Inseln und die Plejaden haben zu ihrem Namen gefunden, jetzt erscheint auf dieser Erde das milliardenfache Gehirn als die letzte freie Einschreibungsfläche nicht nur für Künstler und Neurowissenschaftler.

NEURONALE ÄSTHETIK DER MEDIEN

DAS ÄUSSERSTE IST IM INNERSTEN

Medienforschung wird häufig noch im Horizont eines sensualistischen Modells betrieben, in welchem das Gehirn Endstation eines Informationsflusses ist. Ein derartiges Modell kann sehr zweckdienlich und fruchtbar sein, ist aber in einigen Aspekten als eingeschränkt anzusehen. Zunächst ist festzuhalten, dass Wahrnehmung ein aktiver Vorgang ist, der gewöhnlich komplexe sensomotorische Mechanismen ins Spiel bringt. Aufgrund dieser motorischen Aktivitäten kann man nicht einfach von einem festen Endpunkt der Wahrnehmungsprozesse sprechen. Dieser wird vielmehr erst durch die Eigenaktivität des Nervensystems, zu der auch motorische Entäußerungen gehören, festgelegt.

Das Wahrnehmungserlebnis ist nicht sensualistisch strukturiert. Bei der Wahrnehmung können ganz andere Grenzen für Innen und Außen angesetzt sein als die Grenze zwischen Körper und Außenwelt. Die Innen-Außen-Metapher spielt sich intrapsychisch beziehungsweise intrazerebral ab. Diese Metapher ist fragil. Andererseits stellt sie in unserer Kultur den Bezugsrahmen für die Wahrnehmung dar. Viele urteilen daher nach diesem Schema: «Für mich hat die Wahrnehmung erst stattgefunden, wenn sie für *mich* stattgefunden hat.» Das Innen-Außen-Schema ließ sich dabei vereinfachend als deckungsgleich mit der Unterscheidung von Mein und Nicht-Mein verwenden, wie man an der Unterscheidung von im Haus und außerhalb des Hauses demonstrieren kann (das eigene Heim wird dabei auch der Ausgangspunkt für die Unterscheidung von heimlich und unheimlich). Das eigene Haus konnte als eine Erweiterung des Ich empfunden werden, in seinen vier Wänden fühlte man sich sicher. Das Fremde beobachtete man durch die Fenster. Der Mittelpunkt solch eines Systems wurde nicht im Kopf des Individuums, sondern im Herd des Haushaltes lokalisiert.

Der Oikos (griechisch=Herd) bestimmte die gesamte Oikonomie. Heute versammelt sich die Familie nicht mehr um das Herdfeuer. Der Fernseher ist zum Brennpunkt geworden. Zugleich übernimmt er die alten Fensterfunktionen, ausgestattet mit einem «Mega-Fernrohr». Damit haben sich die Koordinaten von Innen und Außen verändert. Das Fernste findet sich im Innersten und das Innerste ist durchsichtig geworden für das am weitesten außen Liegende ohne Benutzung der Fenster. Dies ist nicht einfach eine völlige Diffusivität, kein völliges Aufheben der Grenzen, sondern deren Umkehrung. Der Seestern durchbrach solche Grenzen, indem er beim Verzehr seiner Opfer seinen Magen ausstülpte. Der Fernseher ist ein im Innersten leuchtender Magen, der seine Schätze zeigt, ohne dass man nach ihnen ausholen müsste. Es gibt chinesische Tore, durch welche man aus der Welt in die Welt tritt. Das Fernsehen hat das Heim nicht auf diese Weise aufgelöst, sondern neue Verschachtelungen eingeführt. Man tritt aus der Welt durch eine Tür in ein Haus, in dem sich eine bewegliche Welt im Bonsai-Format befindet. Keine russische Matrjoschka, denn im Innern ist die Außenwelt. Auf diese Weise sind die Schemata, welche uns zur Selbstdeutung zur Verfügung stehen, komplexer geworden. Und es sind nicht nur die Schemata, denn die praktischen Anbindungen von Außen, Innen und Äußerstem an unser Nervensystem sind im Handeln und Leben selber verändert. Eine Theorie der Informationsverarbeitung im Nervensystem muss diese komplexeren Einbettungen im Blick haben, denn was im Nervensystem abgebildet wird, ist nicht einfach die Außenwelt, sondern das Zusammen von Innen- und Außenwelt zugleich – und darüber hinaus auch noch das von äußerster Welt. Dieser allgemeine Kontext verdeutlicht, inwiefern das Fernsehen ein Novum für das unter andersartigen Bedingungen der Evolution gewachsene Nervensystem darstellt.

NEURONALE ÄSTHETIK

Neuronale Ästhetik will Gehirn und Wahrnehmungsprozess miteinander in Beziehung setzen und dabei den Fehler vermeiden, den Wahrnehmungsvorgang nur aus der Beobachterperspektive zu betrachten. Neuronale Ästhetik sieht, dass die subjektive Erfahrung und die Grenzziehung für Innen und Außen gleichermaßen dem Gehirn zugeordnet sind. Sie versucht dabei, die Mechanismen von Sensomotorik und Handeln bei der Konstituierung dieser Dichotomie zu erfassen.

Im Sensualismus kamen dem Gehirn nur rezipiente Funktionen zu. Der Konstruktivismus hatte erkannt, dass dem Gehirn auch die aktiven Leistungen der Wahrnehmung zufallen. Den Wahrnehmungsprozess nun aber als reine Konstruktion zu verstehen, wäre eine überschießende Gegenkarikatur zum Sensualismus. Hirnprozesse sind Hirnprozesse, und wir können sie uns auf verschiedene Weise verständlich machen. Dem konnektionistischen Geschehen können wir verschiedene Mentalprozesse zuordnen, es aber als Konstruktion der Außenwelt zu interpretieren, wäre eine kategorienfehlerhafte Verwendung der Beobachterperspektive in dem Sinne, dass dabei nicht deutlich wird, dass Außen- und Innenwelt gleichermaßen «konstruiert» werden.

Um solche fundamentalen Irrtümer zu vermeiden, scheint es angemessener, zunächst einmal zerebrale und mentale Prozesse zu unterscheiden, da sonst mentalistische Fehldeutungen des Netzwerkes nicht so leicht aufgedeckt werden können. Müssen wir uns deshalb aber darauf einstellen, dass es sich bei den Hirnprozessen möglicherweise um Vorgänge handelt, die lediglich einer Hirnsprache zugänglich sind und sich auf einem subsymbolischen Niveau abspielen, welchem mentale Kategorien nicht mehr zugeordnet werden können? Dies ist, glaube ich, nicht der Fall. Es gibt einige geistige Prozesse, deren Struktur und Dynamik mit dem Netzwerkcharakter der Hirnprozesse in Beziehung stehen dürften. Es bietet sich an, das Netzwerk geistiger Relationen, wie es im Schemabegriff zum Ausdruck kommt, mit dem Netzwerk neuronaler Prozesse in Beziehung zu sehen. Neuronale Ästhetik wäre im Hinblick hierauf der Versuch, unverkürzt Hirnprozesse mit der Komplexität geistigen Geschehens verbunden zu sehen, nicht im Sinne einer allgemeinen Isomorphie mentaler und zerebraler Vorgänge, wohl aber als Anregung, nach der möglicherweise größeren «Hirnnähe» künstlerischer Intuitionen zu forschen.

DAS SIGNAC-PARADOXON

Die Befruchtung der Kunsttheorie durch die Medizin und Physiologie stellt kein Novum dar. Maler haben sich spätestens seit der Entwicklung der Perspektive an den Theorien des Sehens orientiert. Nicht selten wurde die seelische Wirklichkeit des Wahrnehmens durch Theorien geformt und in eine völlig neue Dimension gebracht. Der Mensch scheint seiner eigenen Wahrnehmung nicht zu trauen, er möchte sie noch einmal von außen betrachten und selber als Gegenstand besitzen. Entsprechend dem Kenntnisstand der Physiologie erschien Wahrnehmung dann als ein Geschehen der Linsenbrechungs-Geometrie oder später dann der Verarbeitungsprozesse in der Netzhaut. Das Gehirn wurde relativ spät in den Blick genommen und die Abbildungsmetapher für Wahrnehmung und Wirklichkeit auf das Auge beschränkt. Die Netzhaut wird in ihren Verarbeitungsmechanismen als eine Art gekörnter Silberschicht wie auf einer Fotoplatte gedeutet. Der Pointillismus machte sich diese punktuellen Verarbeitungsstrukturen theoretisch zur Maxime und erzeugte nun bewusst Bilder, wie man sie sich auch als Abbildungen auf der Netzhaut vorstellte. (Die Maler Paul Signac und Georges Seurat setzten ihre Gemälde aus zahlreichen einzelnen Farbpunkten zusammen.) Kam man damit nun aber der Wirklichkeit näher? Ich glaube, es ist eher so, dass man neue Wirklichkeiten erzeugt hat, und dies ist als ein wichtiger Befund für die Hirnforschung zu werten. Das Gehirn ist eben keine Fotoplatte, sondern ein verschachteltes Abbildungssystem, dem die reduktionistische Frage, welches denn die wahre Abbildung sei, nicht gerecht werden kann. Das visuelle System weist hintereinander geschaltete, gestaffelte Verarbeitungsstufen auf, die von der Netzhaut über den Thalamus bis zum Cortex zunehmende Komplexität und Differenziertheit besitzen. Neben diesen sequentiellen Verarbeitungsschritten gibt es auch eine Parallelverarbeitung, unter anderem in Strukturen des Mittelhirns hinein.

Man wäre jedoch schlecht beraten, wollte man für Fragen der Ästhetik und Wahrnehmung nur eine der betreffenden Verarbeitungsstufen herausgreifen. Letzten Endes sind mindestens achtzig Prozent des Gehirns an der Verarbeitung der visuellen Wahrnehmung beteiligt. Das Spezifische der Wahrnehmung dürfte gerade in der Konstituierung eines über einen bestimmten Sinnesbereich hinausgehenden Raumes bestehen. Wenn man sich zur Deutung ästhetischer Phänomene der Erkenntnisse der Netzhautphysiologie oder der Physiologie des primären visuellen Cortex bedienen wollte, könnte man leicht in das Signac'sche Paradoxon verfallen. Auch wenn der Wahrnehmungsvorgang in bestimmten Verarbeitungsstufen gepunktet ist, wäre die Eingabe einer gepunkteten Information am äußeren Sinneskanal noch keine dem Wahrnehmungsvorgang angemessenere Darstellungstechnik. Der Maler, der von der Diskretheit neuronaler Netzwerkprozesse (ihrer «Gepunktetheit») weiß und sein Bild aus Punkten zusammensetzt, vollführt keine größere Annäherung an die Wirklichkeit des Wahrnehmungsprozesses, sondern eine rekursive Funktion. Ein gepunktetes Bild wird im Verlauf der Sehbahn noch einmal einem Punktuierungsprozess unterworfen. Ein abstraktes Bild kann entsprechend im visuellen Verarbeitungsmechanismus gewissen Abstraktionsprozessen zugeführt werden. Ein pointillistisches Bild wäre erst dann «wirklicher», wenn es nicht vor das Auge gehalten würde, sondern mit der Netzhaut unmittelbar Kontakt aufnehmen könnte. Ästhetische Theorien, die sich an der Netzhaut oder am primären visuellen Cortex orientieren, können dem Fehler unterliegen, visuelle Informationen so aufzubereiten, als ob sie ohne Zuhilfenahme des Sinnesorgans einer technischen Schnittstelle des Gehirns zugeführt werden könnten.

VORSICHT BEIM UMGANG MIT ARCHETYPEN

Man muss sich fragen, ob es überhaupt die Bilder sind, an denen wir uns orientieren. Zumindest ist zu prüfen, ob es sich um Bilder im vordergründigen Sinne handelt. Folgt man der Archetypen-Theorie von Carl Gustav Jung, so ist festzustellen, dass die archetypische Gefangennahme durch ein Bild den Erfahrungen des Psychoanalytikers nach in einer seelischen Krisensituation geschieht. Seine

Theorien sind also nicht für eine Theorie des allgemeinen Umgangs mit Bildern generalisierbar. Wollte man Werbung allein auf der Herausstellung eines einzelnen Bildes aufbauen, so wäre man eventuell auf das Einrasten eines Krisenmechanismus bei einer nur geringen Patienten- beziehungsweise Verbrauchergruppe angewiesen. Die Tiefenstruktur des Alltagsverhaltens kann mit derartigen Archetypen nur unzureichend angesprochen werden. Was in der Tiefe der Seele Bild ist, wird nicht unbedingt durch Bilder ausgelöst, und Handlungsorientierung kann durchaus in bildentfernten Strukturen liegen, die eher als Metabilder zu charakterisieren wären.

Wenn man sich aber des jungianischen Ansatzes bedienen möchte, um die bildliche Informationsverarbeitung des Menschen in der heutigen Mediengesellschaft zu charakterisieren und eventuell interventionell zu beeinflussen, so müsste man in ganz erheblichem Maße die heute zumeist nur isotopenartig kurzzeitig auftretenden «Archetypen» auf fast täglich neu zu aktualisierende Weise charakterisieren und interpretieren. Ein Löwe mit einer Jungfrau lässt sich demgemäß nicht einfach als Tierbräutigam beschreiben, wie dies für eine Bierwerbung geschehen ist (siehe Kroeber-Riel, 1993), sondern müsste angesichts der heutigen Erfahrung des Löwen als eines hinter Gittern eingesperrten, vom Aussterben bedrohten Wesens eher als die Ausführung eines Gefangenen gedeutet werden denn als eine spannungsgeladene Partnerschaft zwischen einem König der Tiere und einer Jungfrau. Solch ein Gespann wäre heute höchstens als Werbeplakat zur Resozialisierung von Gefangenen brauchbar.

Verbal ist der Löwe immer noch der König der Tiere, aber die Tiere sind vom Aussterben bedroht, und seine Freiheit ist gefährdet. Man denkt an «Serengeti darf nicht sterben»! und ein Tier hinter Gittern. Anstatt dass der Löwe den Archetypus der Macht wachrufen könnte, ist er heute Zeichen für den Archetypus der Ohnmacht. Der Löwe ist nicht mehr Herr, sondern zum Opfer geworden. Die Kombination eines Löwen mit der Jungfrau stellt daher nicht mehr die Bändigung der Naturkräfte dar, sondern die Darstellung zweier Impotenter.

Grundsätzlich ist noch Folgendes hinzuzufügen. Die Archetypen brechen in der Seele in der Krisensituation auf, durch die man heute typischerweise nicht mehr hindurchgehen will und braucht. Mit Beruhigungsmitteln und Psychopharmaka lässt sich der archetypischen Übermächtigung des Ichs durch das Selbst entgegentreten. Seelische Transformationen, die insbesondere beim Durchhalten zwischenmenschlicher Beziehungen möglich sind, werden häufig durch Abgleiten in die Verbalform des Streits verhindert. Anstelle jungianischer Archetypen aus der Tiefe der Seele werden eher Statussymbole an der Oberfläche behandelt.

NEUROWISSENSCHAFT UND FERNSEHEN

Auch bei der Analyse der neuronalen Mechanismen beim Umgang mit dem Fernsehen muss das erste Grundprinzip einer neurowissenschaftlichen Analyse beachtet werden, welches da lautet, dass Innen- als auch Außenwelt den Hirnprozessen zugeordnet sind. Dies bedeutet, dass die Aufteilung zwischen innerhalb des Gehirns und außerhalb des Gehirns als anatomische Aufteilung keinesfalls mit der phänomenologischen Aufteilung in Innen- und Außenwelt in eins fällt. Es ist jedoch anzumerken, dass unsere Wahrnehmungsvorgänge in der Selbstdeutung oft so sophistisiert sind, dass wir uns oft nicht in der Situation des Beobachters der Außenwelt, sondern in der Beobachtung des Beobachters, also als zweiter Beobachter erleben. Dies ist ein kulturelles Faktum für viele Menschen, das nicht einfach zurückgeschraubt werden kann.

Die Analyse der Hirnprozesse bei der Wahrnehmung kann ein wesentliches Licht auf die Struktur der Wahrnehmung werfen, welche bei bloßer Introspektion nicht unbedingt aufscheinen muss. Eine konkrete Analyse der Wahrnehmungssituation im Hinblick auf die Positionierung des wahrgenommenen Gegenstandes (der Fernsehapparat beziehungsweise die von ihm transportierten «Wirklichkeiten», der Betrachter in seiner Interaktion mit dem Monitor) kann in der «Hermeneutik» der neuronalen Prozesse zu einer Erhellung der Gesamtsituation führen.

Die beim bisher üblichen Fernsehkonsum üblichen Bildschirmgrößen und Betrachterabstände führen zu einer Reduktion der möglichen Exkursion der Augenbewegungen im Hinblick auf die betrachtete Szenerie. Typischerweise werden in diesem eingeschränkten Operationsfeld jedoch Situationen dargestellt, die das Gehirn von seiner evolutionären

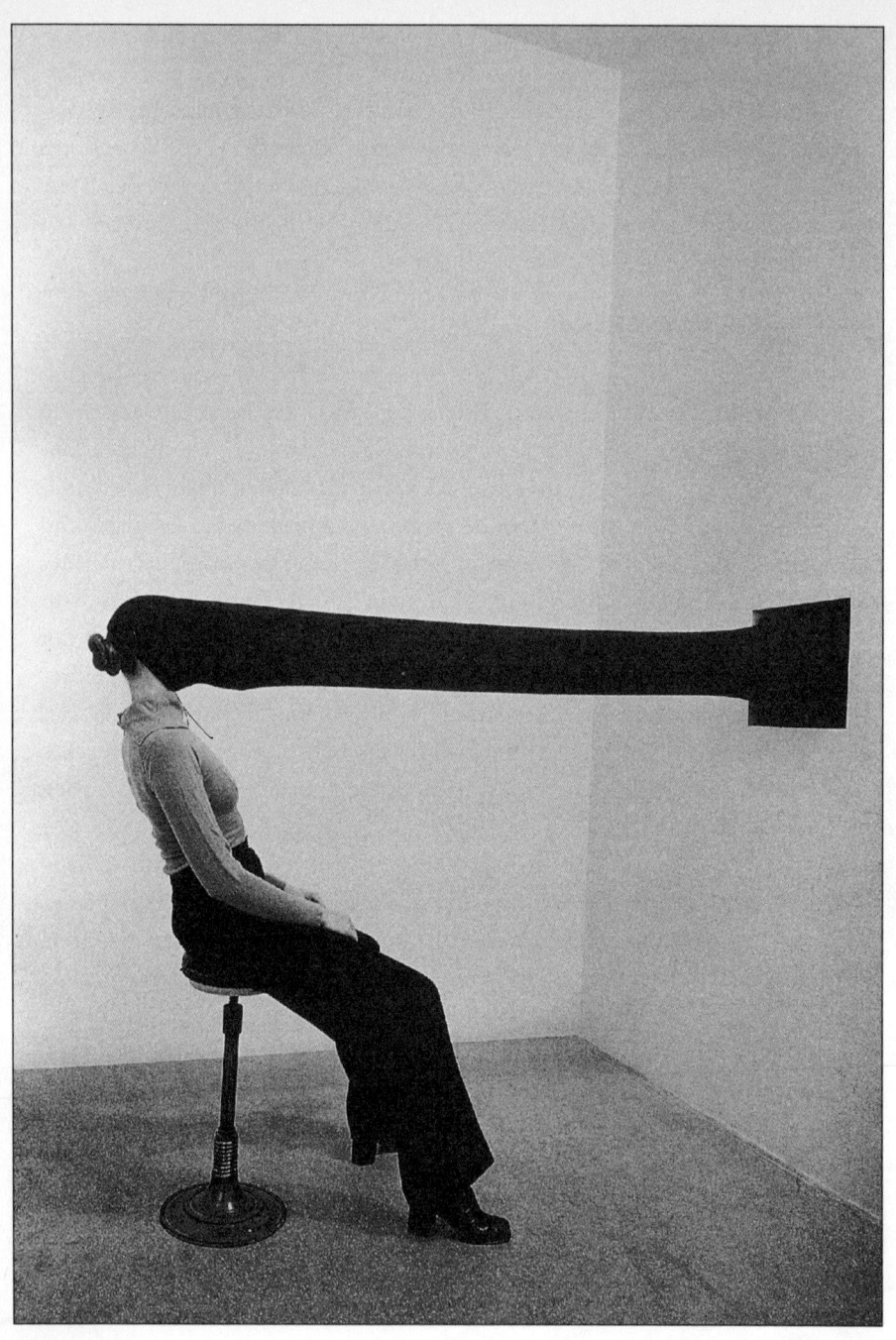

Erfahrung her eher von den seitlichen Gesichtsfeldern her wahrgenommen hatte, so zum Beispiel das Hineinreiten eines Reiters von der seitlichen Bildfläche in das Blickfeld. Beim reduzierten Durchmesser der Fernsehbildschirme tritt der Reiter, in Bezug auf die Netzhaut gesehen, relativ nahe vom mittleren Sehbereich her in das Blickfeld. In der natürlichen Umgebung hätte solch eine Situation eine Kopfwendung mit sich geführt. Fernsehkonsum führt daher verhaltens-neurobiologisch gesehen zu einer Reduktion der sensomotorischen Aktivitäten im Wahrnehmungsvorgang. Die vorwiegend im Stammhirnbereich ausgelösten Orientierungsreaktionen beschränken sich auf abstrakte Aufmerksamkeitsverschiebungen, in welche die Sensomotorik des Körpers nicht integriert ist.

Diese Situation entspricht in einem gewissen Maße der Organisation der zwei visuellen Systeme, wie sie in ihrer unterschiedlichen Projektion auf die Großhirnrinde und das Stammhirn beschrieben sind. Das erste visuelle System liefert die Informationen an die Großhirnrinde, das zweite visuelle System ist mit dem Stammhirn und einigen von dort ausgehenden Augen- und Kopfsteuerungen verbunden. In der Evolution haben die seitlichen Sehfelder stärkere Verbindungen zum Stammhirn hervorgebracht. Auf die Menschheitsgeschichte bezogen, kann man sich die Situation so vorstellen, dass beim Sitzen am Lagerfeuer und bei der Besprechung mit zu bearbeitenden Gegenständen das plötzliche Gewahren eines Feindes im seitlichen Sehfeld zu schnellen Reaktionen führen musste, die besonders über die Stammhirnstrukturen gewährleistet werden konnten. Im Stammhirn wurde insbesondere die Hinwendung des Kopfes zu der plötzlich auftretenden potentiellen Gefahrenquelle reguliert, sodass dann mit dem zentralen Sehen eine Detailanalyse des Gegenstandes erfolgen konnte. Im Rahmen von Schreckreaktionen konnte sogar vom Stammhirn ausgehend schon relativ schnell zur Fluchtreaktion übergegangen werden.

Abb. 21: Marie-Ange Guilleminot, Emotion contenue, 1995.
Die Künstlerin verdeutlicht in ihrer Installation die besondere Zuordnung des Fernsehens zu den evolutionären Mechanismen des Sehens: Die über das Stammhirn erfolgende explorative Kopfwendung fällt fort.

Wir alle kennen die genannten Mechanismen aus dem Alltag. Öffnet sich plötzlich eine Tür, so kann man kaum vermeiden, den Kopf gleichsam reflektorisch dorthin zu wenden, um dann zu einer genaueren Sehanalyse überzugehen. Beim Fernsehen fallen diese sensomotorischen Koordinationen fort. Es ist gleichsam ein abstraktes Medium. Auch wenn die emotionalsten, atavistischsten und bedrohlichsten Ereignisse gezeigt werden, werden diese von vornherein nicht über das Stammhirn, sondern zunächst vom Großhirn verarbeitet.

Aufgrund der Stärke der evolutionären Stammhirnmechanismen ist es nicht verwunderlich, wenn das Fernsehen nun zunehmend in den Sehbereich gerät, in dem die Hereinnahme des Neuen ursprünglich in Positionierung zum Nervensystem lokalisiert war, nämlich im seitlichen Sehbereich. In diesen seitlichen Sehbereich wird das Fernsehen heute mehr und mehr gebracht, sodass nur noch nebenher, dann, wenn etwas optisch oder akustisch Auffallendes geschieht, gezielt zu ihm hingeschaut wird. Bei diesem beiläufigen Fernsehen werden die Neuigkeiten wieder mit der kopfwendenden Orientierungsreaktion erfasst.

ZUSAMMENFASSENDER AUSBLICK

Bei der neurowissenschaftlichen Analyse des Medienverhaltens darf Wahrnehmung nicht als ein isolierter Abbildungsprozess verstanden werden, wenn man zu einer Wertung der speichernden und informationsverarbeitenden Hirnprozesse kommen will. Als Grundsatz der neurowissenschaftlichen Analyse muss festgehalten werden, dass dem Gehirn beim Wahrnehmungsvorgang nicht einfach nur die Außenwelt zugeordnet wird, sondern dass die Grenzziehung zwischen Innen- und Außenwelt und die Abbildung von beiden der Hirntätigkeit zuzuordnen ist. Die neurowissenschaftliche Analyse muss um eine phänomenologische Dimension erweitert werden, denn Informationsspeicherung erfolgt nicht nach abstrakten Kategorien, wie sie beispielsweise in der Philosophie zusammengestellt wurden, sondern nach lebensweltlichen Aspekten. Wenn man diese analysiert, muss als Erstes festgestellt werden, dass das Medium Fernsehen selber die Aufteilung von Innen und Außen in eine neue Bewegung gebracht hat. Das Leben schart sich nicht mehr um den Herd, sondern um den Fernseher. Damit ist im Innersten des Wohnbereiches plötzlich das Äußerste zum Auftritt gekommen. Nicht mehr Innen und Außen, sondern Außen, Innen und das Äußerste gliedern den Bereich, in dem sich Aneignung abspielen soll. Aneignung wird damit zu einem problematischen Vorgang, da das Eigenste sich nicht mehr im Innersten ungestört aufhalten kann. Wollte man Dinge als vom klaren Subjekt-Objekt-Schema beziehungsweise Innen-Außen-Schema abhängig denken, so wäre es gerechtfertigt, in diesen Mechanismen eine Grundlage für den «Verlust der Dinge» zu sehen. Die genauere, die Neurowissenschaften einbeziehende Analyse kann jedoch deutlich machen, dass die bisherigen Ding-Begriffe zu kurz griffen und in der sich heute öffnenden Multiplizität der Kategorien und Dimensionen überhaupt erst eine Öffnung für die Dinge stattfindet. Das, was heute als Verlust der Dinge bezeichnet wird, ist auf einer tieferen Ebene vielleicht bloß der Verlust der Beschränkung ihrer Zahl- und Erscheinungsformen. Das klassische Abbildungskonzept der Wirklichkeit ist sicherlich auch im Hinblick auf eine Neurologie des Fernsehens infrage zu stellen. Hier lässt sich demonstrieren, dass die evolutionären Mechanismen mit den neuen Medien eine neue Zuordnung der Informationsverarbeitung erhalten haben. Die Unterscheidung zweier visueller Systeme, eines, welches das Großhirn und eines, welches das Stammhirn versorgt, ist hierbei von besonderer Bedeutung. Das zweite visuelle System, welches der Orientierungsreaktion dient, ist beim Fernsehen ja nur vermindert beansprucht. Es diente unter anderem der Kopfwendung auf neue Ereignisse hin. Bei der Television kommen heutzutage die Informationen jedoch gewöhnlich aus der Mitte des Sehfeldes heraus. Dieser Inversion wird durch eine Neigung, den Fernseher bald mehr und mehr nur noch nebenher laufen zu lassen, entgegengetreten. Die zu wenig beanspruchten sensomotorischen Mechanismen des Nervensystems und insbesondere des Stammhirns kommen durch das En-passant-Fernsehen immer mehr ins Spiel. Die Analyse der zwei visuellen Systeme und der komplexer gewordenen Koordinaten der Wahrnehmung kann deutlich machen, in welchem Maße Interaktionen und Dynamik bei der Wahrnehmung in den Blick genommen werden müssen. Die Theorie der Archetypen kann in ihrem jetzigen Zustand der Komplexität der Situation nicht gerecht werden.

«JEDES TIER IST EINE KÜNSTLERIN»

BILDER VOM MENSCHEN: IST DER MENSCH EIN VERSTOSS GEGEN DIE MENSCHENWÜRDE?

Der Mensch geht nicht nur kopflos durch die Welt (er muss erst in den Spiegel schauen, um sich seiner auch visuell zu vergewissern), sondern auch in weitgehender Körperverborgenheit. Die Kleidung gehört zum menschlichen Körper. Dabei wäre es verkehrt, bei dessen ästhetischer Wahrnehmung den Körper als Substanz und die Kleidung vielleicht als Akzidenz zu deuten. Die Kleidung und Mode machen einen wesentlichen Teil des energetischen Zugangs zum Menschen aus. Nähme man das Medium als die Botschaft, dann wäre die Kleidung schon ein wesentlicher Teil des Mitgeteilten. Projiziert man die alte Substanzenmetaphysik in eine Medientheorie der Mode, so ließe sich sagen, dass der energetische Träger der wahrgenommenen Person zu einem gewissen Teil unserer Disposition unterliegt. Die Mode, die immer auch eine zeitbedingte Allgemeinheit zur Verfügung stellt, gestattet den Zugang zum Individuum über einen Allgemeinbegriff, der sich individuell «verkleidet» hat. Damit wird Mode fast zu einem Ermöglicher von Liebe, wenn man diese denn als «kategorienfehlerhafte» Umgangsweise mit einem Individuum, als ob es ein allgemeines sei, ansehen möchte. (Dieser Kategorienfehler ermöglicht die Energien und die Verrücktheit der Liebe zugleich, alltagssprachlich heißt es oft «der Andere bedeutet mir alles».)

Mittlerweile scheint auch die Erkenntnistheorie ihre Neigung zur Grundhaltung des «Sittenstrolchs» (sie wollte der Göttin der Wahrheit immer den Schleier vom Gesicht reißen, so zum Beispiel in den Lehrlingen zu Sais bei Novalis) zu überdenken. Offenbar hat sie sich mit der Tatsache abgefunden, dass die Kleidung zum Körper gehört und die Verhüllung sogar seine «energetische» Wahrheit ausmachen kann. Die Kleidung macht die bewusste Seite des Halbzombies aus und den Teil, in dem er seine Stimulation erfährt (die natürlich aus der Bewegung zwischen seinen beiden Hälften in entscheidenden Anteilen hervorgeht).

Vielleicht ist die Mode sogar eine Hilfe bei der Konstituierung der Menschenrechte, weil sie hilft, den Menschen in seiner abstrakten Allgemeinheit vorzustellen und daraufhin als Individuum zu respektieren. Die Abstraktheit der Menschenrechte, der ethischen Forderung nach der Respektierung des Individuums wird von manchen als Gewalt (so zum Beispiel von Derrida in seiner frühen Auseinandersetzung von Levinas) angesehen, und in der Tat geht sie ja auch nicht auf die Verführbarkeit des Einzelnen ein, sondern stellt ihn in seiner Allgemeinheit vor. Aber vielleicht sollte man Menschenrechts- und Verführungsdiskurs (oder besser: den amourösen Diskurs) nicht aneinander messen und damit zufrieden sein, dass beide in der Ausgestaltung des Menschen mit Lichtpunkten (Schmuck) als visuellen Blickattraktoren und «Blickattrappen» und Kleidungsstücken, die wie Geschmeide, Ketten und Gehänge nicht nur Klänge und Musik erzeugen, sondern in ihrer Farbenpracht das Auge erregen und die Erwartung des Tastsinns zu steigern vermögen. Die Idee der Berührbarkeit des Anderen bietet alle Tastqualitäten an und wird zur Darstellung der Omnipotenz des Anderen. Auf diese Weise durchschneidet die Mode die Kategorien von Allgemeinheit und Individualität, ja bringt die Blüte der Individualität im Gestaltungsverhalten der Mode besonders hervor.

Dennoch ergibt sich die Frage, welches Verhältnis der Mensch zu seinem Körper hat, und zwar über die Verhüllungen hinaus. Wird das Bild des menschlichen Körpers dann vielleicht zum Ärgernis für die Menschenwürde? Ausstellungen, in denen der plastisierte anatomische Körper zur Betrachtung freigestellt ist, wirken wie ein Schock und erlauben die Diagnose, dass der Mensch kaum Kenntnisse über sich selber hat.

Das große Interesse an derartigen Darstellungen ist Ausdruck eines Mangels des Umganges mit uns selbst. Meiner Meinung nach wäre es jedoch wünschenswert, dieses Defizit insbesondere dadurch auszugleichen, dass man beispielsweise Praktika der Pflege in Altenheimen und Krankenstationen für alle ermöglicht und fördert und auf diese Weise den Menschen seiner Konkretheit aussetzt, die vom Würdebegriff ja gerade eingeholt werden soll. Vielleicht könnte eine künstlerische Installation davon dem Pflegebedürftigen die Bettpfanne zu holen, eine Erleichterung auf diesem Wege sein. Die Zerschneidung des menschlichen Körpers in schubladenförmige Segmente, um ihn den Archetypen der Kunstgeschichte anzuähneln (so zum Beispiel ein Plastinat des Anatomen Gunter von Hagen in Anspielung auf ein Gemälde von Salvador Dalí) bringt eher zum Ausdruck, dass wir wieder einmal vorziehen, Ästhetik durch Angst vor dem Körper zu erzeugen.

Der kognitive Reichtum des menschlichen Körpers ist «beileibe» noch nicht ausgeschöpft. Die gegenwärtige Entwicklung genetischer Möglichkeiten und die Debatte um den Humanismus legen nahe, die künstlerische Tätigkeit des Austestens von «Grenzen» auch auf die Frage nach dem Tier zu fokussieren.

« JEDES TIER IST EINE KÜNSTLERIN »

Ein Großteil des Schicksals des Halbzombies Mensch hängt davon ab, wie er seinen unsichtbaren Bereich deutet. In den nicht ausgeleuchteten Bereich das Tier hineinzuprojizieren, stellt eine Einschränkung der Phantasie dar. Vor allen Dingen: Welches Tier sollte man hineinprojizieren? Mit der allgemeinen Formel des «animal rationale», des Menschen als «vernünftigem Lebewesen» wären auch intelligente biologische neuronale Netzwerke zu den Menschen zu rechnen. Die Bestimmung «Tier» oder «Lebewesen» ist zu allgemein und dadurch offen für Projektionen der Verachtung und der Verherrlichung gleichermaßen.

Unter den Vertretern des Tierreiches auf der Erde stehen die Insekten zahlenmäßig an erster Stelle. Gewöhnlich empfindet der Mensch sich den Insekten nur wenig verwandt, während er die Verhaltenseigenschaften und Anmutungsqualitäten von Katze, Hund, Wiesel, Affe und Maus gern auf Kommunikationsgebaren und Charakter seiner Mitmenschen überträgt. Solche Projektionen können philosophische Ausmaße annehmen, so, wenn der Maler Franz Marc im Gefolge von Nietzsches Tieren des Zarathustra den Tieren eine größere Reinheit als den Menschen zuspricht. Immer wieder ist es das Leiden an der Reflexion, an der Gebrochenheit, an der Notwendigkeit, die eigenen Bilder der Welt einem Reentry, einer Korrektur unterziehen zu müssen, welches dazu führt, sich nach vermeintlich ungebrochenen Lebensformen und Weltsichten zu sehnen. Bisweilen wird diese Ungebrochenheit auch Menschen zugeschrieben, die mit der Landschaft unmittelbarer verbunden scheinen. So der Bauer von Hölderlin bis Heidegger (Hölderlin: Wenn du im Denken nicht zur Einheit kommst, so lerne pflügen). Immer wieder findet sich die Vorstellung, dass die Reflexion den Menschen vom Glück abhält, das man sich als in einer seltsamen Vorstellung von Einheit verborgen denkt. Mit dieser Art von Einheitsglück charakterisiert man zum Teil das Tier, das dann in seiner Reflexionslosigkeit nicht als fürchterliche Bestie, sondern als von der Blässe des Gedankens nicht angekränkeltes reines Wesen gedeutet wird. Auf die Tierprojektionen des Menschen ist besonders zu achten, da mit ihnen zu tief greifenden Umgestaltungen der menschlichen Lebenswelt übergegangen werden kann.

Die positive Deutung des Tieres, träte sie in den Vordergrund, könnte durchaus zur Bestärkung biotechnologischer Verfahren führen, die auf die Grenzen zwischen Tier und Mensch keine Rücksicht nehmen. Dabei könnte die molekularbiologische Methode, welche die Differenzen zwischen den Spezies ohnehin nur als ein statistisches Geschehen zulässt, als Bestärkung einer das Tier in das Menschengeschlecht aufnehmenden Perspektive gelten.

Auf diesem Projektionshintergrund wurde das Tier schon einmal verherrlicht, zum Beispiel von dem Künstler Franz Marc, der in ihnen die Reinheit sah und meinte, dass der Mensch zu ähnlicher Ungebrochenheit am ehesten durch den Krieg finden könnte. Sicherlich, Reflexionen können mühselig sein, aber der Krieg ist bitter, schneidend, brennend und furchtbar. Aus evolutionsbiologischer Sicht muss die marcsche Perspektive ohnehin korrigiert werden, da man von Primatenuntersuchungen weiß, dass Mord bei Schimpansen auch innerhalb der Spezies vorkommt. Dennoch erscheint es mir wichtig, zu sehen, dass, um es in der Terminologie von Nietzsche zu formulieren, nicht nur der Mensch als das nicht festgestellte Tier, sondern auch das Tier hinsichtlich möglicher Projektionen durch den Menschen als nicht festgestellt anzusehen ist. Die Diskussion um das Tier ist für den Menschen von grundlegender Bedeutung, deswegen befassen sich auch zahlreiche zeitgenössische Künstler mit dieser Frage. Die Einrichtung des Schweinehauses auf der Documenta X in Kassel ist nur ein Beispiel dafür, wie die Künstlerinnen und Künstler sich intensiver mit dem Tier auseinander setzen. In dem Maße, wie das Tier der Wildnis keine Gefahr mehr für den Menschen darstellt und frei lebende Tiere nur noch mit Sender um den Hals oder Markierung an der Schwanzflosse auftreten, interessiert sich der Mensch zunehmend für seine Mitlebewesen. Die künstlerische Wiedereingliederung des «Hausschweines» in das Schweinehaus kann die Exilierung des Hausschweines in die Eiweißpäckchen herstellenden Großfabriken kaum rückgängig machen. Sicherlich wäre die Kunst ein interessantes Reservat für die Tiere (doch auch Rosemarie Trockel und Carsten Höller vollendeten die Geschichte ihrer Schweine mit einem Bratenfest für ihre Künstlerfreunde). Das Verhältnis des Menschen zum Tier kann angesichts der Tatsache, dass wesentliche Überlebensmöglichkeiten der Tiere auf dem Schoß und in den Fabrikationshallen der Menschen liegen, ungeahnte Wendungen nehmen. Vom Tier als Gegner im Dschungel (die Tigeraugen im Gebüsch) hat sich ohnehin schon eine Verschiebung zum Beispiel zum Tier als unbewusstes Gesicht unserer Stammesgeschichte vollzogen. Die freudige Begrüßung der Tiere wird heute, wo sie immer weniger werden (abgesehen von der Massenproduktion), leichter fallen.

Kurz vor dem Ersten Weltkrieg sah Franz Marc in dem Tier die Verheißung der Reinheit, die der Mensch erst durch den Krieg erreichen könnte. Ich denke nicht, dass in der Gentechnologie ähnliche Euphorien ihren expliziten künstlerischen Ausdruck gewinnen werden, aber man kann es nie wissen, denn die Industrie bedient sich ja durchaus der künstlerischen Mittel und der Künstler, ihre neuen Produktionsweisen attraktiv zu machen. Die Biotechnologie selber ist weitgehend indifferent gegenüber der Unterscheidung von Mensch und Tier. Auf molekularbiologischer Ebene spielen die Unterscheidungen nur eine statistische Rolle.

Unseren ethischen Leitprinzipien könnten noch harte Prüfungen bevorstehen. Prominente Ethiken, wie zum Beispiel die Immanuel Kants, bauen ihre Imperative letzten Endes auf der Respektierung des Menschengeschlechts auf. Diese vorherrschenden Ethiken, die vorwiegend auch bei der Begründung der Menschenrechte herangezogen werden, sind zurzeit erheblicher Relativierung der ihnen zugrunde liegenden Intuitionen ausgesetzt. Wenn Kant äußert, dass ihn am tiefsten bewegt der Sternenhimmel über ihm und das Sittengesetz in seiner Brust, so bringt er damit zum Ausdruck, dass der Umgang mit dem Menschen nicht in eine allgemeine Ordnung (so unvorhersehbar sie auch sein mag) eingefügt ist, sondern dass der Mensch mit seinen Moralprinzipien aus der Natur herausreicht und auf diese Weise auch mit der Naturwissenschaft der Natur entgegentreten kann, also zum Beispiel den Planeten- und Tierkörpern.

Diese Intuition ist relativiert, wenn das Sittengesetz in seiner Brust nun auch zum Gegenstand der naturwissenschaftlichen Analyse werden kann. In der genetischen Psychiatrie wird die Befähigung zum Sittengesetz zum Gegenstand der Konstruktionsüberlegung werden. Die bildgebenden Verfahren holen die ethischen Prozesse des Gehirns in die Sichtbarkeit. Wir werden Ethik immer mehr auch dort beginnen müssen, wo sich das Sichtbare ausbreitet. Vielleicht würde dafür ein neues kognitives Training hilfreich sein. Es gibt dies allerdings schon: in den Grenzexperimenten der Künstlerinnen und Künstler.

Rosemarie Trockels Formel «Jedes Tier ist eine Künstlerin» eröffnet eine neue Runde im Spiel der Tabubrüche und lässt durch die Kunst nachvollziehbar werden, was in der Molekularbiologie zu den Grenzüberschreitungen des Alltags gehört (etwa die Penetration von Hamsterweibchen-Eizellen durch menschliches Sperma in der Sprechstunde des Andrologen usw.). Die einst durch Tabus abgeschirmten Bereiche können jetzt vom Menschen als Mittel benutzt werden.

DIE ZUKUNFT DER KUNST

VOLLENDUNG DER KUNST IN DER TRANSARCHITEKTUR?

Die Klassifikation der Künste kann nicht mehr wie früher durchgeführt werden. Die Kunstschaffenden spielen selber mit den Grenzen der Kunstform und machen dieses Spiel bisweilen zum Gegenstand ihrer künstlerischen Aussage. Die Grenzen sind nicht nur innerhalb der Kunst für die verschiedenen Kunstformen noch schwer auszumachen, sondern auch im Hinblick auf andere Tätigkeiten des Menschen kaum noch deutlich bestimmbar. Die ästhetischen Vermögen des Menschen werden beim ersten Frühlingslicht, das die Gardinen in Flammen setzt, oder beim Betrachten eines histologischen Hirnschnittes, der die unglaublichen Formverzweigungen von Kleinhirnzellen präsentiert, vielleicht intensiver aktiviert, als dies bei manchen Installationen der Kunst der Fall ist. Doch viele ästhetische Ereignisse blieben sprachlos, wenn sie nicht von der Kunst in den Bereich von Öffentlichkeit und Urteil gezogen werden. So wird die Kunst zum Quell von Lavabächen, die den Alltag erwärmen können.

Nicht alles, was Kunst ist, wird von der linearen Geschichtsschreibung der Kunsthistorie notiert. Viele Familienähnlichkeiten zur Kunst gestalten in anderen Disziplinen ihre eigenen Welten. Die Poesie ist nicht tot, sie ist jedoch vom Darstellungsmittel des leidenden Individuums zum Präsentationsmedium des Werbetexters geworden, zumindest wenn man die Aufmerksamkeitsquoten der Öffentlichkeit betrachtet. Dennoch tut das geheime dichterische Wort auf seine eigene Weise noch seine

Wirkung. Die menschlichen Vermögen Sprache, Einbildungskraft und Fingerfertigkeit gehen angesichts der Erfordernisse beruflicher Strukturierung und seelischer Explosivität jeweils neue Konstellationen ein. Kunstgeschichte könnte man auch so fortschreiben, dass man nicht die Optionen und die Galerien und Museen zum Parameter ihrer Identität macht, sondern sie überall dort aufsucht, wo Kreativität, reflexible Kraft und Auseinandersetzung mit Schönheit die Chemie unvorhersehbarer Reaktionen in Bewegung setzt. Dabei fallen bisweilen gelbe Sulfate und klare Kristalle aus oder schichtet sich Zinnober darüber. Angesichts der Explosivität, aber auch des wechselnden Wärmegehaltes der verschiedenen Reaktionen wäre es jedoch problematisch, Kunst gleichsam an der energetischen Ladung festmachen zu wollen.

Schon immer hat es in Malerei und Plastik den mehr oder weniger offenen Wunsch gegeben, frei von der Schwerkraft sich den Gesetzen des Lichtes anheim geben zu können. Eduardo Chillida versuchte, sein bildhauerisches Werk als Ergebnis einer Wette gegen die Schwerkraft in die Welt zu «stellen». Von dieser Bewegung sind jetzt nicht nur die Gegenstände, sondern auch der menschliche Körper selber erfasst.

Die Begeisterung, nicht nur die Außenwelt, sondern auch den eigenen Körper zu virtualisieren, greift in den Computer- und Animationsstudios um sich. Transarchitekten entfernen Weltkonzepte, in denen die Körper ihre Form auf dem Weg durch die Landschaft verändern. Körperkünstler, die ihre physische Gegenwart durch technische Systeme (Roboterarm: Stelarc; Videokamera: Steve Mann) erweitern, gelten als Hoffnungsträger und Helden für «the big escape» des Menschen aus seiner naturorientierten Gebundenheit.

Wenn die Anzahl der Weltbevölkerung auf dreizehn Milliarden klettert, was von vielen als mit den Vorgaben der Welt in Einklang bringbar angesehen wird, dann wird an die Stelle der Natur in einem großen Maße Architektur getreten sein. Man soll es den Architekten lassen, dass sie dann nicht mehr Wohnzimmerkuben herstellen möchten, an deren Wände Produkte aus dem Kunstmarkt gehängt werden. Die Architekten möchten alles zum Ereignis machen und die Unterscheidung zwischen Wand als Gegenstand des Visuellen und Boden als Gegenstand der Körperwahrnehmung aufheben. Wände sollen dann beweglich werden und die Wohnhäuser zu einer Art Kirmes mit Schlafmöglichkeit. Die Kunst wird dann aus dem Rahmen fallen und sich über Fußboden und Wandschrägen ergießen.

Das an den Computer angeschlossene Leben wird zum digitalen Theater erklärt. Auf dem rauschenden Fest der Inszenierungen ohne Programm findet vielleicht doch noch jemand eine Gelegenheit, eine Chipkarte zu beschriften mit einer Botschaft, die darauf hinweist, dass in einem der Systemblöcke die Temperaturregulation ausgefallen ist und sich einige Systemkomponenten, die man vor der Einkopplung Menschen nannte, kalt fühlen. Vielleicht findet sich sogar in manch einem verkanteten Winkel dieser Architektur, möglicherweise am Sockel der Überwachungskamera, der Versuch, eine Sequenz solcher Chipnotizen aufzuzeichnen. Für den einen oder anderen Beobachter wäre dies die wahre Fortsetzung der Kunstgeschichte. Sollte dies die letzte Form der Eroberung des Unsichtbaren sein? (Vielleicht wird dabei ja auch einmal eine Botschaft der Freude ausgetauscht?)

DIE FÜNFTE KULTUREPOCHE

Wenn ich im Folgenden fünf Kulturepochen nennen will, dann nicht, um die fünfte als allein wirksame und die vorangegangenen als abgeschlossen zu markieren, sondern um fünf Startpunkte von Entwicklungen deutlich zu machen, die noch andauern, einander bedingen und in der fünften Epoche vielleicht einen neuen Impetus, und wenn nicht gegenseitige Situierung, so doch wechselseitige Würdigung erfahren. Zuvor die These, dass Kunst und Sexualität dem Mittelmeerraum entsprungene Dinge sind. Ich vermeide das Wort Abendland, da die wesentlichen Entwicklungen Europas auf die Levante, also das Morgenland, den Vorderen Orient verweisen.

Die Sexualität ist ein europäisches Phänomen, da sie in Europa zu verneinen versucht wurde. Dadurch geriet die Unterscheidung von Sexualität und Nichtsexualität zu einer möglichen Dichotomie menschlichen Lebens, die ohne den Versuch des europäischen Mönchtums, die Fortpflanzungsprinzipien der Evolution in ihrer Individualität nicht wirksam werden lassen, nicht zu einer bedeutsamen Kategorie des Lebens herangereift wäre. Die Sexualität hätte ohne die Mönche auch zum Leben gehört, mehr oder weniger, aber sie wäre nicht zum thematischen Fokus geworden. Nimmt man als Leitfaden für das Denken, dass Dinge erst durch ihre Negation ihre Kontur gewinnen, dann lässt sich für die Kunst ähnlich wie für die Sexualität behaupten, dass sie erst durch die Negation, in diesem Fall durch das Bilderverbot, zu dieser starken Kategorie geworden ist, die sie heute darstellt.

So wie nach diesem Denkmuster das Mönchtum die Ermöglichung des Sexuellen in seiner Explizitheit war, so oder so ähnlich wäre das Bilderverbot in den Blick zu nehmen, wenn das Entstehen der Kunst als eigene Kategorie thematisch wird.

DER NAME

Wenn man der Bilderwelt Ägyptens entflieht, fällt es nicht leicht, noch ein Gleichnis auf dieser Erde oder im Wasser oder in den Lüften zu finden, das ein Sinnbild eines Gottes in seiner Einzigartigkeit und Unverwechselbarkeit sein könnte. Vögel und Rinder, Katzen und Hunde, selbst der Mistkäfer waren in Ägypten in das Symbolsystem der Götter einverleibt. Ein Goldenes Kalb hätte die Unverwechselbarkeit gegenüber den zahlreichen ägyptischen Tiergottverhalten nicht garantieren können. Das Bilderverbot, das in den Zehn Geboten ausgesprochen wurde und sich zuallererst auf das Verbot bezog, Statuen herzustellen, welche eine Gottheit darstellen, wäre in seiner Kraft nicht genügend respektiert, wenn man nicht sähe, dass es der Herausstellung der Einzigartigkeit des Herrn zu Diensten ist. Auch wenn das ursprünglich als das Verbot der Herstellung metallener, steinerner oder hölzerner Statuen gemeint war, so hat es in der Geschichte doch einen erheblichen Einfluss auch auf den allgemeinen kognitiven Umgang mit Bildlichkeit gehabt. Es spornte das Denken an, sich nicht in einer Darstellungsweise festzufahren, und unterstützte den Respekt vor dem Namen des Herrn.

In dem Film «π» wird in Schnittfolgen eines technosoundähnlichen Taktes ein genialer Zahlentheoretiker vorgestellt, dem sowohl Börsenmakler als auch Anhänger der Kabbala auf der Spur sind. Eine Ameise hat auf ihrem Weg durch die Mikrochips seine Computeranlage durcheinander gebracht. Diese produziert plötzlich unmögliche Börsendaten. Die Prognose wird über eine zweihundertsechzigstellige Zahl ausgedruckt. Der Hauptdarsteller wirft den Ausdruck weg, weil er ihn für einen Fehler hält. Am nächsten Tag stellt sich heraus, dass die unerwartete Prognose eingetroffen ist. Er versucht, den Code, der offenbar in die Zukunft schauen lassen kann, wieder zu finden. Bei einem Gespräch an der Theke lernt er einen Kabbalisten kennen, der über die Umformung hebräischer Buchstaben in Zahlenwerte Bescheid weiß und ihn darauf hinweist, dass der Name des Herrn ebenfalls eine zweihundertsechzigstellige Zahl sein müsse, nach welcher schon Generationen von Rabbis sich den Kopf zermartern würden. Der Zahlentheoretiker in dem Film nähert sich dem Code, entwickelt im gleichen Maße aber auch unerträgliche Kopfschmerzattacken und epileptische Anfälle. Keiner kann den Herrn sehen, ohne vor ihm zu vergehen, und auch sein Name ist nicht ohne weiteres zugänglich. Tritt der letzte Code in den menschlichen Organismus ein, so sind Blendung und Zerstörung die Folge.

DAS LEIDEN

In dem Maße, wie sich der Name oder auch das letzte Zahlengesetz des Kosmos in das Fleisch einbrennt, geht dieses zugrunde. Diese Wirklichkeit des jüdischen Glaubensvollzugs kommt in einer Reflexionsspiegelung zur Darstellung, die Christentum genannt wird. Während in dem Film «π» die Annäherung an den Namen des Herrn den Körper in Konvulsionen versetzt, wird im Christentum ebendieses Leiden selber zum Thema und zur Religion. Als das Wort Fleisch wird, muss das Fleisch sterben, aber eben dieser Ort, das Eindringen des Wortes in das Fleisch, wird dadurch sichtbar gemacht: Es ist der Körper des Menschen. Damit wird die Abbildung des Leibes mehr als ein Bild, das im Gegensatz zum Wort stehen könnte. Das Bild stellt das Wort selber dar, und dieses Wort ist der Körper des Menschen. In dieser Transsubstanziation, in der das Bild eigentlich Wort ist, wird das Bilderverbot durchbrochen und als durchbrochen gedacht durch den, für den und von dem es ursprünglich aufgerichtet wurde.

Die Kunst bricht sich nun Bahn, Bilder zu malen, um das Wort zu zeigen. Dies sind nicht irgendwelche Bilder, sondern diejenigen, die aus der Kraft des Bilderverbots heraus mit dem Wort aufgeladen sind. Noch muss der Mensch festgesetzt werden, um in seiner Einzigartigkeit wahrgenommen zu werden. Festgenagelt und auf die Grundkoordinaten von Vertikale und Horizontale gespannt, wird das bisher durch die Büsche jagende Tier, das auch als schreibender Mensch auftreten kann, nun selber feststellbar. Fern von der Flatterhaftigkeit der Bewegungszentren nimmt die Gestalt des Menschen die Grundkoordinaten von Himmel und Erde ein. Die Jahrhunderte der Kruzifixmalerei können beginnen.

DIE UNENDLICHE LÖSUNG

Im Christentum wird der Körper selber zur Botschaft: «The medium is the message», sagt später Marshall MacLuhan. So konnte die Gestalt des Menschen in den Mittelpunkt rücken, die innige Einheit von Zeichen und Bedeutung vor Augen geführt werden. Doch erst bei Leonardo de Vinci wurde der Körper von der Nagelung befreit und blieb nicht Träger einer ihn zerstörenden Botschaft. Leonardo bringt eine neue Dynamik ins Spiel, in seinen Zeichnungen spielt das Christuskind nicht mit einem Lamm, sondern mit einer Katze. Die Menschengestalt, die er mit Kreis und Quadrat umgab und die mittlerweile auf jedem Krankenkassenchip zu sehen ist, zeigte sich als bewegt. Wie es erst später die Kubisten wagten, zeigte Leonardo den Menschen in verschiedenen Haltungen in einer Zeichnung zugleich.

In einer Pose reichten die Arme an die Kanten des Quadrats heran und in einer anderen an die Durchmesser des Kreises. Dies war mehr als ein bloßer Wegfall des Kreuzes, der Körper wurde hier zur Lösung des Problems selber. Seit der Antike hatte man nach der Quadratur des Kreises gesucht und keine Formel dafür gefunden. Nun war der Mensch selber die Lösung des Problems, in seiner tätigen Bewegung umspannte er Kreis und Quadrat zugleich. In eine mathematische Gleichung war der Mensch als Lösung eingesetzt und in seiner unendlichen Tätigkeit war er aufgerufen, das mathematisch Unmögliche zu vollenden. Der handelnde Mensch der Neuzeit, von 1500 bis 2000, war geboren. Der Mensch wurde zum Selbstläufer, zum nicht mehr festgestellten Tier. Er bewegte seinen Körper, um diesen selber zu verändern. Das Selbstbildnis und der Akt prägen die Malerei, aber es wird deutlich, dass der Mensch als Teil einer nicht gefundenen Formel situiert wurde. Der Rechenprozess erfasst seinen Körper selber. Die Gestalt des Menschen, als Lösung eines mathematischen Problems konzipiert, verschwindet in den Zirkelschlägen der Konstruktion. In den Kuben des 20. Jahrhunderts hat das Quadrat des Leonardo vom Menschen Besitz ergriffen. In der Aleatorik der Naturwissenschaften wird er vollends in die Zahlenreihen zurückgespeist.

AUF DER SUCHE NACH DEM PASSENDEN KÖRPER

Der Mensch wohnt nicht mehr im Haus des Nikolaus. Der Formenreichtum der Geometrie, der sich nicht auf Quadrat und Kreis beschränken lässt, durchquert die Mineralien des Organismus.

Wenn in der christlichen Botschaft die durch Angst und Tod frei werdenden Energien in die Hoffnung auf Dauer zirkulieren, wird in der Religion des Fortschritts dem Tod Technik entgegengesetzt und in der metallischen Transformation des Körpers erhofft, Dauer und Leben doch noch in eins bringen zu können. Unter dem Zeichen der «Kreuzabnahme» und Hineinstellung des Menschen in Kreis und Quadrat – auf jedem Krankenkassenchip als Programm eingraviert – wird die Veränderung des Körpers finanziert, die das längere und bessere Leben, man weiß noch nicht, was für eines das ist, ermöglichen soll. Man könnte meinen, dass der Mensch auf der Suche nach einem Geist für seinen veränderten Körper sein könnte, aber es ist eher umgekehrt, sodass für die mentale Disposition des ständigen technischen Ringens und die eigene Absicherung der passende Körper gefunden werden muss, der unter diesen Bedingungen noch etwas Glück in das Seelenmäulchen des Menschen zurückgeben könnte. So gehören die Künstler seit einigen Jahren oder Jahrzehnten zu den von der Technologie geförderten experimentierfreudigen Körpertransformierern und lassen sich auf der Suche nach einem Organismus für das informationsverarbeitende System, das in ihnen Platz gegriffen hat, ein drittes Ohr, einen dritten Arm wachsen oder sich in eine Maschine einbauen. Nicht Inkarnation oder Reinkarnation, sondern Dekarnation wird zum Motto, wobei man noch nicht weiß, wohin.

Künstler spüren auf ihrer Haut die tausend Veränderungen der Welt. Sie nehmen wahr, wie sich die Zeichen in ihre Schulterblätter einschreiben, wie bei der Künstlerin, die mit einer Rasierklinge das Ideal des Eigenheims mit Familie, das sie nicht erreichen kann, in ihre Haut einritzt. Nicht mehr der Körper wird im Bild gesehen, sondern die Bilder werden als Strapaze für den Körper erlebt. Die Inkarnation des Logos erwartet keine glückliche Erkenntnis, wenn sie der Leiter der Strafkolonie mit der Schriftegge auf seinem eigenen Körper vollzieht, wie dies noch in einer

Novelle aus dem ersten Viertel des 20. Jahrhunderts beschrieben wird. Die Künstler versuchen zurückzukehren vor die Zeit des kindlichen Jubilierens über das eigene Spiegelbild, das vermeintliche Einheit suggeriert. Zurückgeworfen in die Vielfältigkeiten der Kinästhesie versuchen sie zum Körper ohne Ebenbild zu werden und provozieren damit neue Adaptationsmöglichkeiten des Organismus. In dem Bemühen, die Spiegelungen und Spiegelbilder abzuschaffen, sind die Einschreibungen nicht beendet, sondern möglicherweise nur umgekehrt: Kafkas Schreibegge hört aufmerksam auf jede Bewegung des sich aufbäumend teilenden Hälftlings, um selber wie der Körper zu werden.

GERECHTIGKEIT

Sieht man die energetischen Aufladungen beziehungsweise den Möglichkeitsraum des Nervensystems als eine Art «Ich» an, dann läuft die Seele oder Psyche des Menschen Gefahr, in den Energiekonglomeraten, die sie für das Handeln bereitstellt, umzukommen und alle Differenzierungen zu verlieren. Das steuernde Ich herauszustellen, kann zum Freilassen eines Attraktors werden, in dem alles andere verschwindet. Erst in der Binnendifferenzierung bei Aufladungen des Nervensystems ist das Ich in der Lage, zu jenen Handlungen zu gelangen, die den Anforderungen der Welt gerecht werden können. So kann man die Tätigkeit von immer mehr Künstlern als diesen Versuch beschreiben, die eigene Kraft gerade dadurch zu retten, dass lieb gewordene Bilder des Selbst aufgegeben werden, um eine Gerechtigkeit greifen zu lassen, die nicht selber im Bild verendet, sondern in behutsamer Annäherung und Nichtnennung zugleich die turbulente Dynamik der Dinge in ihrer Evolution so zu balancieren versucht, dass die Zuschreibung von Würde jeweils zurückgewonnen werden kann. In der Gewissheit, dass auch Kafkas Maschine zerspringen wird, suchen sie nach dem Ausgleich zwischen Nennung und Verweigerung angesichts der unterschiedlichen, stets zu wechselnden Energieaufladungen, die täglich neue Strategien erfordern. Neue Körperbilder sind nicht verpönt, sie finden ihren Ort im Werden und Vergehen. Auch wenn der Markt die bezahlbare Geste wünscht, bewegen sie sich durch die Ateliers und Galerien, mal Farbtupfer hinterlassend, mal nicht. Vielleicht, dass der Malerkittel das Exponat wird, man kann es nicht planen. Genauso wie die Versenkung in die Stille. Spiegel werden als Bestandteil der Collage der Welt nicht verworfen, wenn auch nicht unmittelbar gesucht. Die Haltung des Abwägens will nicht selber im Bild verschwinden, sie situiert die Bilder, ohne selber einer der vielen Einordnungen in Bildflächen zu widerstehen.

Das Urteilen der Justitia, das mit verbundenen Augen geschieht, entzieht sich den aktuellen visuellen Eindrücken, um im visuellen Cortex (V1) eine Projektionsfläche für kognitive Schemata frei zu halten, die kaum fassbar, aber für die diskursiven und propositionalen Prozesse so hilfreich sind. Immer wieder werden Künstler versuchen, die in Urteilsprozessen des Geistes frei schwebenden Kognitionshilfen in eine Bildsprache zu zwingen. Immer wieder wird es hilfreich sein, auf solche Bildsprachversuche wie zum Beispiel bei Kandinsky und Klee zurückzugreifen, wenn man nach getaner Arbeit die Binde von den Augen nimmt. Die Einsicht der Hirnforschung, dass die Region V1 gleichermaßen für Sinneseindrücke wie für wachgerufene Bilder eine entscheidende Projektionsfläche darstellt, sollte nicht dazu verführen, anzunehmen, dass in diesen Repräsentationen selber das Geheimnis des Bewusstseins komprimiert sei. Hier holt sich das Bewusstsein die Merkzeichen, die es bei seinen Abwägeprozessen benötigt, welche es unter der Balantierkunst des Stirnhirns vollführt. Je nach Art der gestellten kognitiven Aufgabe wird in unterschiedlichem Maße Schema und Sinnlichkeit das Gebiet von V1 durchfahren, um sich darzustellen. Die Neuentwicklung der kognitiven Prozesse unter dem Einfluss neuer Medien, Takte, Zeiten, Anforderungen, Moden und Strategien wird zu immer neuen Darstellungsweisen wechselnder Segmente der Kognitionen führen.

Der Traum zeigt einen anderen Abschnitt unseres Denkens als die Betrachtung einer Wiese oder die Vervielfältigung einer Problemskizze. Die Kunst wird zu der Kunst, den verschiedenen Segmenten und Momenten des Denkens und Handelns gerecht zu werden, und die Visualität breitet ihre Arme aus, um immer neue Überblitzungen unserer tätigen Stimmungen in ihre Disponierbarkeit zu nehmen. Justitia, mal mit, mal ohne verbundene Augen, als Muse der Kunst? Und Kunst als die Fähigkeit, Musen zu sehen, wo Gerechtigkeit herrschen soll?

DIE ZUKUNFT DER KUNST: DAUERBELICHTUNG?

Der Künstler Michael Wesely stellt Kameras an der Pazifikküste auf und belichtet eine Fotoplatte über die Jahreszeiten hinweg. Sanfte horizontale Farbstreifen, ein mildes Grün für die Küste, eine leicht gebläute Helle für das Meer und ein anderer Farbton darüber für das Wetter sind das Ergebnis. Die Bilder regen zu Meditationen an, sie sind zärtlicher und weniger schroff als die Farbhorizontalen des Malers Marc Rothko. Darüber hinaus liefert die Erzählung von ihrer Herstellung eine besondere Eröffnung zur Welt und ihrer Zeit. Es sind Meditationsbilder, welche die Frage nach Licht, Zeit, Raum und endlich auch nach dem Menschen eröffnen.

Bei anderen Experimenten des Künstlers Michael Wesely kam eine besondere Pointe heraus, als er einen Ausstellungsraum über ein Jahr lang belichtete. Im Zeitalter der Computersummationsmöglichkeiten waren hier die Menschen einfach «weggemittelt». Tausende von Menschen waren vor der Kamera entlanggegangen, kaum ein Schatten blieb von ihnen übrig. Auch hier wird das Nachdenken über Licht und Raum am Ende über den Menschen, bei Wesely allerdings mit verschärfter Pointe, angeregt.

Bereits Ende der fünfziger Jahre experimentierte der Düsseldorfer Maler Heinz Mack, Mitglied der Gruppe Zero, mit der Erfahrung des Lichts. In vielfältig abgewandelten Formen, zum Teil bewegter Art, versuchte er, auf das Licht aufmerksam zu machen. In einem Sahara-Projekt reiste er im metallisch spiegelnden Raumanzug in die Wüste, um eine Lichtstele aufzustellen. Weiterführende Projekte beschäftigten ihn. So beabsichtigte er, ein Mausoleum für Künstler zu errichten, das von einer spiegelnden Quecksilberfläche umgeben sein sollte. Selbst das Nordlicht wollte er durch kleine Metallspäne in der Atmosphäre technisch in den Griff bekommen und damit dessen Dauerwahrnehmung ermöglichen.

Meditativ, pointiert oder auch manipulierend ist das Licht ein Thema des Halbzombies. Die Frage, warum er Licht erfährt, lässt sich nicht mehr in dem Sack des Sensualismus verschnüren. Im informationstheoretischen Horizont wird versucht, dies als «Qualium» in die Ecke der Nebenphänomene zu rücken. Die Frage nach dem Licht wird jedoch Mädchen, Frauen, Jungen, Männer, Seniorinnen und Senioren, Greisinnen und Greise in Bewegung halten. Die Kunst wird keine fixierte Sprache des Lichts entwickeln, jedoch auf die Gestalten und «Schemata», die es ermöglicht, verweisen und damit zeigen, wie wir zur Sprache kommen.

THESEN ZUR KUNST
(«MANIFEST» ZU KUNST UND GEHIRN)

Angesichts der großen Tradition der Manifeste in der Kunst scheint es angemessen, die Begegnung von Kunst und Gehirn auch in die Form eines Manifestes zu gießen:

1. Unser Bewusstsein ist von der Erfahrung von Licht, Helligkeit, Schattierung und Dunkel gekennzeichnet.
2. Dunkelheit ist auch eine Erfahrung des Bewusstseins.
3. Die Abwesenheit von Bewusstsein ist jenseits von Licht und Dunkelheit.
4. Die formale Beschreibung des Bewusstseins zum Beispiel als Ausgerichtetheit auf Gegenstände oder als Zustand des Wissens von etwas ist unzureichend.
5. Die Deutung des Bewusstseins als Gefühl reduziert den psychischen Haushalt auf nur ein Zimmer (oder nur eine Ecke darin).
6. Die Bewusstseinshelle geht durch mehrere Zimmer.
7. Bewusstsein ist an bestimmte elektromagnetische Konfigurationen gebunden.
8. Diese werden am ehesten durch differenzierte Kognition (unter anderem die Sprache) erreicht.
9. Kunst erfasst alle Komponenten der Kognition.
10. Die Erfahrung von Licht und Helligkeit kann man nur teilweise beeinflussen.
11. Das Licht kann sich einstellen, wenn man sich mit einer mathematischen Formel befasst.

12. Die Erfahrung kann im Zusammenhang mit der Tätigkeit bestimmter Sinnesorgane auftreten. Im Hinblick auf die Kognition kann man dies als einen Sonderfall ansehen.
13. Manche Einsichten kommen aus dunklem Abgrund.
14. Die Kunst verschiebt Gedanken zwischen Licht und Dunkel.
15. Kunst bewegt sich an der Front des Denkens. Sie hat Hegel überholt. Hegel meinte, das Denken habe die Malerei überholt. Doch seit zweihundert Jahren malen die Künstler gegen Hegel.
16. Kunst dreht die Kugel, damit sie nicht einseitig beschienen wird.
17. Wir sind Halbzombies. Nur ein Teil unserer Gehirntätigkeit geht in unser Bewusstsein. Die Kunst kann diesen Vorgang beeinflussen. Sie entscheidet, was ins Bewusstsein geht.
18. Durch das Aufschreiben von Träumen gelangen wir nicht zur Ganzheit.
19. Vollständigkeit ist nicht das Ziel.
20. Im Mangel blüht der gelbe Ginster der Erleuchtung.
21. Das Antlitz wird entkoppelt wahrgenommen. Die Kognition, auch wenn sie den Anderen betrifft, vergewissert sich nicht immer seines Gesichts, sie kann dadurch aber energetische Anregung erhalten.
22. Mendel W. Tronik sieht im Blick der Mutter die Vergewaltigung des Säuglings. Betrachtet man die damit verbundenen Bewegungsstürme des Kleinen, so könnte man in der Tat nicht nur von einer kultursanktionierten, sondern auch für die visuelle Kultur konstitutiven Überstimulation des Säuglings sprechen.
23. Während die visuelle Überstimulation in vielen Kulturen nicht nur gestattet ist, sondern auch weiterentwickelt wird (Blickkontakt, oft mit witzigen und zum Lachen reizender Fröhlichkeit), sind die Einschränkungen für die Hautsinne deutlicher. Die Haut, obwohl einer der am stärksten Energie schaffenden Rezeptoren, hat vielerorts auch die Funktion der Grenze übertragen bekommen.
24. An der eigenen Haut eine Grenze etablieren zu wollen, führt zu paradoxen Effekten, da sie eine der wichtigsten Energiequellen ist. Wer hier eine Grenze einrichten will, wird flugs zur Borderline-Persönlichkeit.
25. Auch das Gehirn ist kein sicheres Refugium für das Ich.

26. Die Innen-Außen-Grenze konstituiert sich insbesondere am Mandelkern (Amygdala, im Schläfenlappen) über die Funktionen von Angst, Liebe, Schuld und Wissen.
27. Erkenntnistheorie gehörte früher eher zur Angst als zum Wissen (das Wissen gehört auch eher zur Angst als zum Wissen).
28. Nicht nur in der Düsseldorfer Altstadt lassen sich auch noch andere Stimmungen für die Erkenntnistheorie aktivieren.
29. Innen und Außen spielen auf jenem Innen, auf das wir außen zeigen können (Gehirn). Das Innen des Gehirns hat nichts mit dem Innen des Herzens zu tun.
30. Nur ein totes System hat feste Grenzen zwischen Innen und Außen.
31. Das Wort schafft Dinge.
32. Bei Störungen reagiert das Gehirn mit Schwindel, Migräne oder Gewalt. Der Schwindel zeigt, dass die Vertikale Grundkonstituente des Gehirns ist. Von dieser leiten sich Modelle für Signifikanten (und auch klaffen) ab.
33. In der Semiotik treten Waffen als Signifikanten auf, denn nach de Saussure durchbohren Signifikanten ein Papier, um die Wortvorstellung (das Signifikat) aufzuspießen.
34. Ajax erhielt nicht die ihm zustehenden Waffen des gefallenen Achill. Stattdessen bekam sie Odysseus für seine kriegsentscheidende List, ein Holzpferd mit Soldaten zu füllen. Ohne den gewünschten Signifikant war er im Reich der reinen Signifikate: Das ist der Wahnsinn. Doch Odysseus, zu reich an Steuerungssystemen, wurde ein Opfer der Winde.
35. Nach dem Zeitalter des Clowns treten wir ins Zeitalter der Winde (mit der neuen List, Soldaten ohne Menschen zu schaffen: siehe Markus Lüpertz: Helme).
36. Die Sehnsucht nach dem Nichts wird so groß, weil die Existenz sich darin wie eine Waffe räkeln kann.
37. Die Beziehung von Kunst und Gehirn kann sich nicht darin erschöpfen, einzelnen Künstlerinnen und Künstlern umschriebene Hirnzentren zuzuweisen (Mondrian für V4, Farbesehen; Duchamp für V5, Bewegungswahrnehmung usw.). Künstlerinnen und Künstler sind Experimentatoren des ganzen Gehirns. Ihre größte Leistung

besteht darin, ein Hirnzentrum zu schaffen, das es vorher nicht gab (oder eines abzuschaffen ...).

38. Wichtiger als die Bilder sind die Trajektorien, mit denen sie zu uns kommen. Bei Levinas und Derrida kommen das Antlitz und die Frau nicht aus dem Gegenüber der Face-to-face-Kommunikation, sondern von oben. Bei Nishitani kommt auch der Tod nicht aus dem Gegenüber: Ich stehe auf meinem Tod. Wir hingegen deuten zu viel aus dem Gegenüber. Das ist unser Problem (das Vorgeworfene).
39. Die Frage nach dem stärksten Sinn ist nicht sinnvoll. Die Antwort hängt von den Worten ab, die gesprochen werden, und dem Lächeln, das einen streichelt.
40. Wenn verschiedene Kulturen und Epochen unterschiedliche Sinne betonen, dann liegt darin kein biologischer Unterschied. Von Interesse ist Mendel W. Troniks These, dass das visuelle System biologisch dominant ist, dass die Kulturleistung, das Gehör in den Vordergrund zu stellen, dadurch aber umso größer ist.
41. Brillenträger setzen zum Telefonieren bisweilen ihre Brille auf, um besser hören zu können (Schärfe und Unschärfe pflanzen sich im Netzwerk fort).
42. Das Bilderverbot schärft nicht nur das Hören, sondern auch das Sehen.
43. Das Bilderverbot ermöglicht es, dass in der Landschaft der Hirnkohärenzen die Visualität der Kognition noch freier dienen kann. Ob das Denken sich der Wahrnehmungszentren bedient oder zur Verlängerung der Wahrnehmung wird, hängt von den Leistungen der Kultur ab und ist nicht in einer allgemeinen Metaphysik zu entscheiden.
44. Zwischen den Sätzen «Video, ergo mortuus sum» und «Ich sehe mich als tot» besteht eine enge Beziehung. In beiden Fällen garantiert der Tod das Leben.
45. Ein Gott, der unter dem von ihm selbst erhobenen Bilderverbot erscheinen will, muss als toter erscheinen.
46. Hirsch, Horn, Hirn entspringen dem gleichen Wortstamm und bedeuten «das, was an der Spitze liegt».
47. Der Hirsch wird als Gestalt Christi angesehen (mit Kreuz zwischen dem Geweih). Es gibt Jäger, welche die Pirsch als Nachfolge deuten.

48. Wir tauschen mit dem Anderen die Identität, weil wir kopflos sind (in der Kommunikation sehen wir nur den Kopf des Anderen).
49. Im Totentanz nimmt Lüpertz den Tod auf die Hüfte.
50. Jakob trennte sich vom Engel, hatte sich dabei die Hüfte verrenkt.
51. Catull verschleuderte seine Lenden an einen Spatz.
52. Wenn man sich nicht um die Unterscheidung von Innen und Außen kümmert, hat man mehr Zeit für das Gesetz.
53. Dadurch, dass das Gesetz die Bilder verbietet, ermöglicht es die Fülle der Bilder.
54. Nimmt man den Anderen ernst, kann man ihn nicht verführen.
55. Wir machen uns nicht zu Klonen, wenn wir einander gleiche Rechte zusprechen. Die Rechte und das Gesetz sind Möglichkeit der Fülle der Individualität.
56. Die Gesetze des Gehirns (Einheit von Gewinn und Verlust in der neuronalen Entwicklung) zeigen, wie die Fülle instantan im Mangel eintritt.
57. Das Gehirn kann nicht unter die Herrschaft der Sprache gezwungen werden. Hier kommt Gnade ins Spiel. Bei Malewitschs Versuch, eine allgemeine Propagandasprache zu entwickeln, schlug das Absolute zurück.
58. Wenn man sich das Nachthemd von Magrittes Philosophie im Boudoir selber anlegt, erreicht man nicht das Absolute. Es muss einem schon jemand anlegen. (An dieser Stelle möchte man die Sprache der Politik vom Schmerz des reinen Anschauens der Flamme trennen. Doch wie sollte man die Trennung meistern?)
59. Der Versuch der Kunst, eine allgemeine Zeichensprache auch für die bisher unsichtbaren geistigen Regionen zu entwickeln (Klee, Kandinsky und andere), ist dem Versuch gewichen, den Zombieteil unserer Halbnatur in der Performanz zur Verwirklichung kommen zu lassen.
60. Das Gehirn besteht nicht aus zwei Halbkugeln (Hemisphären), sondern aus zwei Halbellipsen (Hemiellipsen), die zudem noch oval sind. Dies schrieb Tarin in der Enzyklopädie von Diderot und d'Alembert. Sie hätte eigentlich in Enellipsopädie umbenannt werden müssen.

61. Der informationelle Engpass des Balkens ist eine Prüfung der kognitiven Prozesse auf eine Kommunizierbarkeit nach außen.
62. Television ist Inversion. Das Fernsehen kehrt die evolutionäre Zuordnung zu den Hirnzentren für Gefahrwahrnehmung und Analyse um.
63. Das Gesicht ist ein starker Attraktor für das Gehirn. Hinter dem Gesicht nehmen wir das Unsichtbare an. Das Gehirn verfügt nicht über eine Abbildung des Gesichts. Es ist der Ort des Unsichtbaren.
64. Das Tier verfügt über einen Lageplan seines Bezwingers.
65. Die Idee der Freiheit kann ohne Domestikation gedacht werden.
66. Einige Insignien von Buddhas Antlitz können neurologisch gedeutet werden. Sie nehmen ihm nichts von der Würde, den gödelschen Satz in Form einer Lebenspraxis gefunden zu haben.
67. Warum das Unsichtbare sichtbar machen, wenn uns schon das Sichtbare die Sprache verschlägt?
68. Der Schleier dient der Dosierung des Lichts. Nicht in jeder Situation ist den Erwachsenen das Entzücken des Säuglings angemessen.
69. Nimmt man für das linke Frontalhirn eine Schauspielbühne mit artaudschen Stücken (ohne Programm) an, dann muss man dem rechten Frontalhirn eine Ausstellung abstrakter Kunst zuordnen.
70. Metabilder können in solch einer Fülle erfahren werden, dass sie einem die Fähigkeit zur Kommunikation nehmen.
71. Die Frage «Wie nicht sehen?» kann auch als Frage nach der Hingabe gelesen werden: «Wie sich hingeben, ohne als sich Hingebender gesehen zu werden?»
72. Wirklichkeit gewinnt man nicht durch Nichtbenutzung der Medien, sondern durch Benutzung des Wortes Auschwitz.
73. Bilderverbot heißt nicht Hoffnung verlieren.

DANKSAGUNG

Für Gespräche und Freundschaft danke ich Rosemarie Trockel, Carsten Höller, Markus Lüpertz, James R. Watson, Jason W. Brown und Werner Gephart. Siegfried Zielinksi danke ich für die Zurverfügungstellung von Unterlagen des Villem-Flusser-Archivs der Medienhochschule Köln. Für die Förderung des Projektes und die Lektüre des Manuskriptes danke ich Jens Petersen, Angelika Mette und vor allem Imke Hoffmann. Für die freundliche Überlassung von Abbildungen danke ich den Künstlerinnen und Künstlern ganz herzlich.

AUSGEWÄHLTE LITERATUR

Albert, M. K.: **Parallelism and the perception of illusory contours.** Perception 22 (1993), 589-595

Allman, J., Miezin F. and E. McGuiness: **Stimulus specific responses from beyond the classical receptive field: Neurophysiological mechanisms for local-global comparisons in visual neurons.** Ann. Rev. Neuroscience 8 (1985), S. 407-430

Amit, D. J.: **The Hebbian paradigm reintegrated: Local reverberations as internal representations.** Behavioral and Brain Sciences 18, (1995), 617-657

Augustinus: **Über Schau und Gegenwart des unsichtbaren Gottes. Mystik in Geschichte und Gegenwart.** Texte und Untersuchungen, Abteilung I, Christliche Mystik, Band 14, Frommann-Holzboog Verlag, Stuttgart-Bad Cannstatt 1998

Ballard, D. and C. Brown: **Computer Vision.** Englewood Cliffs, N.J.: Prentice-Hall 1982

Barbur, J. L., Watson, J. D. G., Frackowiak, R. S. J. and S. Zeki: **Conscious visual perception without V1.** Brain, 116 (1993), S. 1293-1302

Bartlett, J. C.: **Remembering Left-Right Orientation of Pictures.** Journal of Experimental Psychology: Learning, Memory and Cognition, Vol. 13, No.1 (1987), 27-35

Beckers, G. and V. Hömberg: **Cerebral visual motion blindness: transitory akinetopsia induced by transcranial magnetic** stimulation of human area V5. Proceedings of the Royal Society of London, B, 249 (1992), 173-178

Beckers, G. and S. Zeki: The consequences of inactivating areas V1 and V5 on visual motion perception. Brain 118 (1995), 49-60

Betzler, M.: Ich-Bilder und Bilderwelt. Wilhelm Fink Verlag, München 1994

Booth, M. C. A. and E. T. Rolls: View-invariant representations of familiar objects by neurons in the inferior temporal visual cortex. Cereb. Cortex 8 (1998), S. 510-523

Brefczynski, J. A. and A. E. DeYoe: A physiological correlate of the «spotlight» of visual attention. Nature Neuroscience 2 (1999), S. 370-374

Brown, J.: On Aesthetic Perception. Journal of Consciousness Studies, 6, No. 6-7 (1999), 144-160

Brumlik, M.: Schrift, Wort und Ikone. Wege aus dem Bilderverbot. Fischer Taschenbuch Verlag, Frankfurt a. M. 1994

Chalmers, D. J.: The conscious mind. Oxford University Press, Oxford 1996

Chelazzi, L., Biscaldi, M., Corbetta, M., Peru, A., Tassinari, G. and G. Berlucchi: Oculomotor activity and visual spatial attention. Behavioural Brain Research 71 (1995), 81-88

Church, J.: «Seeing As» and the Double Bind of Consciousness. Journal of Consciousness Studies, 7, No. 8-9 (2000), 99-111

Clausberg, K.: Neuronale Kunstgeschichte. Selbstdarstellung als Gestaltungsprinzip. Springer Verlag, Wien 1999

Clercq De, R.: Aesthetic Ineffability. Journal of Consciousness Studies, 7, No. 8-9 (2000), 87-97

Cohen, H.: Religion der Vernunft. Aus den Quellen des Judentums. Fourier Verlag, Wiesbaden, 2. Auflage 1988

Cowey, A. and C. A. Heywood: Cerebral achromatopsia: Colour blindness despite wavelength processing. Trends in Cognitive Sciences, 1 (1997), 133-139

Crick, F. and C. Koch: Are we aware of neural activity in primary visual cortex? Nature 375 (1995), 121-123

Crick, F. and C. Koch: The Unconscious Homunculus. Neuro-Psychonalysis, Vol. 2, No. 1 (2000), 3-59

Davis, C. H. and E. Alexander: Congenital Nasofrontal Encephalomeningoceles and Teratomas. Review of seven cases. Journal of Neurosurgery XVI, (1959), 365-377

Deleuze, G.: Das Bewegungs-Bild. Suhrkamp Verlag, Frankfurt a. M. 1997

Deleuze, G.: Das Zeit-Bild. Suhrkamp Verlag, Frankfurt a. M. 1997

Delhom, P.: Der Dritte. Lévinas' Philosophie zwischen Verantwortung und Gerechtigkeit. Wilhelm Fink Verlag, München 2000

Derrida, J.: Glas. Éditions Galilée, Paris 1974

Derrida, J.: Wie nicht sprechen, Verneinungen. Hrsg. P. Engelmann, Passagen Verlag, Wien 1989

Dobkins, K. R. and T. D. Albright: What happens if it changes color when it moves? Psychophysical experiments on the nature of chromatic input to motion detectors. Vision Research 33 (1993), 1019-1036

Durwen, H. F. und D. B. Linke: Temporäres Spiegelschreiben und Spiegellesen als Desinhibitionsphänomene? - Eine Fallstudie - Neuropsychologia 26, 3 (1988), 483-490

Durwen, H. F., B. M. Reuter und D. B. Linke: Ein Fall von Apraxie und globaler Aphasie bei fehlender Apraxie für Bewegungen der Körperachse. Schweizer Archiv f. Neurologie und Psychiatrie, Bd. 143, Heft 3 (1992), 197-209

Edelman, G. M.: The Remembered Present: A Biological Theory of Consciousness. Basic Books, New York 1989

Edelman, G. M.: Göttliche Luft, vernichtendes Feuer. Piper Verlag, München 1995

Farah, M. J. and G. Ratcliff: The neuropsychology of high-level vision: Collected tutorial essays. Hillsdale, N. J.: Lawrence Erlbaum, 1994

Fink, J. N.: Voluptuous Anguish. In: Rosenberg, A., J. R. Watson and D. B. Linke (Eds.): Contemporary Portrayals of Auschwitz, Humanity Books, New York 2000

Finkel, L. H. and G. M. Edelman: Integration of distributed cortical systems by reentry: A computer simulation of interactive functionally segregated visual areas. Journal of Neuroscience 9 (1989), 3188-3208

Flusser, V.: Für eine Philosophie der Fotografie. European Photography, Göttingen, 6. Auflage 1992

Flusser, V.: Hörapparate. Unveröffentliches Manuskript, Vilém Flusser Archiv, Kunsthochschule für Medien Köln, 1998

Foerster, H. von: Sicht und Einsicht. Vieweg & Sohn Verlag, Braunschweig 1985

Foucault, M.: Die Ordnung der Dinge. Suhrkamp Verlag, Frankfurt a. M. 1971

Gardner, H.: So genial wie Einstein. Schlüssel zum kreativen Denken. Klett-Cotta Verlag, Stuttgart 1996

Gephart, W.: Bilder der Moderne. Studien zu einer Soziologie der Kunst- und Kulturinhalte. Leske und Budrich, Opladen 1998

Gephart, W.: Gründerväter Soziologische Bilder. Leske und Budrich, Opladen 1998

Gephart, W.: Auf den Schultern von Riesen. Die Beobachter der sozialen Wirklichkeit. Ausstellungskatalog Bundesrechnungshof Bonn 2000

Goldenberg, G.: Neurologische Grundlagen bildlicher Vorstellungen. Springer Verlag, Wien 1987

Gross, Y., Franko, R. and I. Lewin: Effects of Voluntary Eye Movements on Hemispheric Activity and Choice of Cognitive Mode. Neuropsychologia, Vol. 16 (1978), 653-657

Grüsser, O.-J. and T. Landis: Visual agnosias and other disturbances of visual perception and cognition. Volume 12 of the series Vision and visual dysfunction, J. R. Cronly-Dillon (Ed.), CRC Press, Boca Raton 1991

Habermas, J.: Vom sinnlichen Eindruck zum symbolischen Ausdruck. Suhrkamp Verlag, Frankfurt a. M. 1997

Hardin, C. L.: Red and Yellow, Green and Blue, Warm and Cool. Explaining Colour Appearance. Journal of Consciousness Studies, 7, No. 8-9 (2000), 113-122

Harth, E.: The Emergence of Art and Language in the

Human Brain. Journal of Consciousness Studies, 6, No. 6-7 (1999), 97-115

He, S., Cavanagh, P. and J. Intriligator: **Attentional resolution and the locus of visual awareness.** Nature 383 (1996), 334-337

Heidegger, M.: **Die Kunst und der Raum, L'art et l'espace.** Erker Verlag, St. Gallen 1969

Heidegger, M.: **Der Satz vom Grund.** Neske Verlag, Pfullingen 1957

Helmstaedter, C., Kurthen, M., Linke, D. B. and C. E. Elger: **Right hemisphere restitution of language and memory functions in right hemisphere language-dominant patients with left temporal lobe epilepsy.** In: Brain (1994), 117 und Oxford University Press 1994, 729-737

Hirstein, W. and V. S. Ramachandran: **Capgras syndrome: A novel probe for understanding neural representation of the identity and familiarity of persons.** Proceedings of the Royal Society of London, B, 264, 1380 (1997), 437-444

Horgan, J.: **Der menschliche Geist.** Luchterhand Verlag, München 2000

Hufschmidt, H.-J.: **Das Rechts-Links-Profil im kulturhistorischen Längsschnitt.** Archiv für Psychiatrie und Nervenkrankheiten, 229 (1980), 17-43

Humphrey, N.: **Cave Art, Autism, and the Evolution of the Human Mind.** Journal of Consciousness Studies, 6, No. 6-7 (1999), 116-143

Hyde, L.: **The Gift. Imagination and the Erotic Life of Property.** Vintage Books, New York 1983

Initiative Mahnmal Homosexuellenverfolgung e. V. (Hg.): **Der Frankfurter Engel.** Eichborn Verlag, Frankfurt a. M. 1997

Ione, A.: **An Inquiry into Paul Cézanne. The Role of the Artist in Studies of Perception and Consciousness.** Journal of Consciousness Studies, 7, No. 8-9 (2000), 57-74

Jansson, G., Bergström, S. S. and W. Epstein: **Perceiving events and objects.** Hillsdale, N. J.: Lawrence Erlbaum, 1994

Jantzen, W.: **Die Zeit ist aus den Fugen.** BdWi-Verlag, Marburg 1998

Jay, M.: Downcast Eyes. The Denigration of Vision in Twentieth-Century French Thought. University of California Press, 1993

Joseph, R.: The Right Brain and the Unconscious. Discovering the Stranger Within. Plenum Press, New York 1992

Kamper, D.: Körper-Abstraktionen. Vilém Flusser Archiv, Kunsthochschule für Medien Köln, 1999

Kandinsky, W.: Über das Geistige in der Kunst. Benteli Verlag, Bern 1970

Kentridge, R. W., Heywood, C. A. and L. Weiskrantz: Attention without awareness in blindsight. Proc. Royal Society London B, 266 (1999), 1805-1811

Klein, R.: Gestalt und Gedanke. Zur Kunst und Theorie der Renaissance. Verlag Wagenbach, Berlin 1996

Koch, C. and G. Laurent: Complexity and the nervous system. Science 289 (1999), 96-98

Köhler, D.: Martin Heidegger. Die Schematisierung des Seinssinnes als Thematik des dritten Abschnittes von «Sein und Zeit». Bouvier Verlag, Bonn 1993

Kurthen, M., D. B. Linke, P. Hamilton: Connectionist Cognition. In: G. Dorffner (Hrsg.): Konnektionismus in Artifical Intelligence and Kognitionsforschung, Springer Verlag, Heidelberg 1990, 67-74

Kurthen, M. und D. B. Linke: Kriterien der Bewußtseinszuschreibung bei natürlichen und künstlichen kognitiven Systemen. Kognitionswissenschaft 3 (1993), 161-170

Kurthen, M. und D. B. Linke: Kognitivität - konstruktivistisch und anders. In: Die Wirklichkeit des Konstruktivismus, Hg. H. R. Fischer, Carl-Auer-Verlag, Heidelberg 1995

Kurthen, M. and D. B. Linke: The ontology of aspectual shape. In: Behavioral and Brain sciences 1995, 612-614

Lakoff, G.: Women, Fire, and Dangerous Things. The University of Chicago Press, Chicago 1987, Paperback Edition 1990

Lambon Ralph, M. A., Graham, K. S., Patterson, K. and J. R. Hodges: Is a Picture Worth a Thousand Words? Evidence from Concept Definitions by Patients with Semantic Dementia. In: Brain and Language 70 (1999), 309-335

Leopold, D. A. and N. Logothetis: **Multistable phenomena: Changing views in perception.** Trends Cog. Science 3 (1999), 254-264

Levick, S. E., Lorig, T., Wexler, B. E., Gur, R. E. and R. C. Gur: **Asymmetrical Visual Deprivation: A Technique to Differentially Influence Lateral Hemispheric Function.** Perceptual and Motor Skills 76 (1993), 1363-1382

Levy, J.: **Lateral Dominance and Aesthetic Preference.** Neuropsychologia, Vol. 14 (1976), 431-445

Linke, D. B.: **Heideggers Mandala.** Philosophisches Jahrbuch, 93 (1986), 286-300

Linke, D. B.: **Zu den Kopf-Raum-Stücken.** In: P. Weiermair (Hg.): Ausstellung Bernhard Leitner, Ton: Raum, 1987

Linke, D. B.: **Religionspsychologie.** In: H. Waldenfels (Hg.): Lexikon der Religionen, Herder-Verlag, Freiburg 1987, 550-553

Linke, D. B. und M. Kurthen: **Parallelität von Gehirn und Seele. Neurowissenschaft und Leib-Seele-Problem.** Enke-Verlag, Stuttgart 1988

Linke, D. B. und M. Kurthen: **Krank durch Wittgenstein, geheilt durch Gödel? Über Redlichkeit und Verzweiflung.** In: H. R. Fischer (Hg.): Janus-Wissenschaft 11 (1989), 89-104

Linke, D. B. und M. Kurthen: **Zur Philosophie der Zahl. Über Einklang und Schmerz.** In: H. R. Fischer (Hg.): Janus Wissenschaft 11 (1989), 123-130

Linke, D. B. und M. Kurthen: **Zur Lokalisation des Raumes des Ortlosen. Grundlagen für eine klinische Neuroinformatik.** Arbeitspapier der GMD, 385 (1989), 302-314

Linke, D. B., H. F. Durwen und M. Kurthen: **Spiegelbildliche Mitbewegungen in der Rehabilitation. Ein neuropsychologisches Modell.** In: K. von Wild, H.-H. Janzig (Hg.): Neurologische Rehabilitation, Zuckschwert-Verlag, München 1990, 226-228

Linke, D. B.: **Identität und Psychiatrie. Die Theorie der Hemisphärendominanz und die neurowissenschaftliche Grundlegung der Psychiatrie.** In: J. Glatzel et al. (Hg.): Vom Umgang mit Irren, Regensburg 1990, 107-120

Linke, D. B. und H. R. Fischer: **Kaum gedacht bist du zersprungen.** Janus-Verlag, Köln 1992

Linke, D. B.: **Im Schoße die Sonne. Hans Henny Jahnns Redefluß ohne Ufer.** Almanach deutscher Schriftsteller Ärzte, Manstedt Verlag, Marquartstein 1992

Linke, D. B.: **Leuchtende Tiefseefische bei André Gide.** Almanach deutscher Schriftsteller Ärzte, Manstedt Verlag, Marquartstein 1993

Linke, D. B. und R. Kappenstein: **Joseph Beuys: Zwei Hirnschalen und drei Kreuze.** Kunstforum International, Bd. 126 (1994), 176-178

Linke, D. B.: **Wieviel Attraktoren verträgt das Gehirn? Ein erweiterter Ethik-Ansatz für die Neuromedizin.** In: Jeohl, R., Terlinden, R. (Hg.): Künstler Zwillinge. Schwaben-Akademie Irrsee (1994), 64-67

Linke, D. B.: **Neurologie des Fernsehens: Inversion zum unbewegten Beweger.** In: Spuren Nr. 44, März 1994, 52-54, Wiederabdruck in: Vom Chaos zur Endophysik, Wissenschaftler im Gespräch, Hg. F. Rötzer

Linke, D. B. und H. R. Fischer: **Das Auge ohne Blick in Samuel Becketts «Film».** In: Die Wirklichkeit des Konstruktivismus, Hg. H. R. Fischer, Carl-Auer-Verlag, Heidelberg 1995, 325-327

Linke, D. B.: **Vom verzichtenden Körper springt ein Funke auf den Computer.** Kunstforum International, Bd. 133 (1996), 179-183

Linke, D. B.: **Die Neurologie der Medien.** In: Neue Räume, neue Medien. M. Schirner (Hg.), Concept Verlag, Düsseldorf 1997

Linke, D. B.: **Logarithmus der Entsprechung.** In: C. Höller und R. Trockel (Hg.): Ein Haus für Schweine und Menschen, Walter König Verlag, Köln 1997, 23-27

Linke, D. B.: **From Isolation to Implosion.** In: Politics-Poetics - Das Buch zur Documenta X. Cantz Verlag, Ostfildern 1997, 653

Linke, D. B.: **Die Hemisphärenbeziehung und das Neue.** In: Arbeiten mit Texten in der Aphasietherapie, Hochschulverlag, Freiburg 1998, 225-228

Linke, D. B.: **Konkrete Freiheit.** In: Werner Gephart: Gründerväter, Soziologische Bilder, Leske und Budrich, Opladen 1998, 107-111

Linke, D. B.: **Metakreativität: Innovationssteigerung durch Modelle der Hirnforschung?** In: Kreativität als Chance für den Standort Deutschland, Springer Verlag, Hamburg 1998, 51-58

Linke, D. B.: **Paarschrift.** In: Paare von Rosemarie Trockel, Günther Peill-Stiftung, Düren 1998, 12-16

Linke, D. B.: **Le discours des moustiques / Der Diskurs der Mücken.** In: Maisons / Häuser von Carsten Höller und Rosemarie Trockel (Hg.), Oktagon Verlag, Köln 1999, 86-89

Linke, D. B.: **Vielleicht ist in der Mitte ein Ornament?** In: Malhirn von Heinz Morszoeck, Katalog zur Ausstellung, Galerie Schargeshof, Willich-Anrath 1999

Linke, D. B.: **Zirkel.** In: Paragrana, Idiosynkrasien (Hg.: Kamper D. und B. Ternes), Akademie Verlag Berlin, Bd. 8 (1999), 219-223

Linke, D. B.: **Tanz auf dem Gehirn. Choreographie als Chronographie des Körpers?** Tanzdrama Nr. 51, Heft 2 (2000), 18-24

Linke, D. B.: **Neuronavigation für das trunkene Schiff.** In: Ich ist etwas Anderes, Dumont Verlag, Köln 2000, 65-67

Linke, D. B.: **Der vegetative Mensch.** In: Gehirn und Denken, Kosmos im Kopf. Hatje Cantz Verlag, Ostfildern 2000, 202-207

Linke, D. B.: **Zeit-Design, Plädoyer für Unsterblichkeit.** Kunstforum International, Bd. 151, Juli 2000, 91-95

Linke, D. B.: **The Lord of Time, Brain Theory and Eschatology.** In: Polkinghorne, J. and M. Welker (Eds.): The End of the World and the End of God. Trinity Press International, Harrisburg 2000, 117-123

Linke, D. B.: **Die Stärke des menschlichen Gehirns.** Der Architekt, Zeitschrift des Bundes Deutscher Architekten, Heft 9, September 2000, 21-23

Linke, D. B.: **Einsteins Doppelgänger. Das Gehirn und sein Ich.** C. H. Beck Verlag, München 2000

Linke, D. B.: **The Biophysics of Light.** In: H. H. Diebner et al. (Eds.): Sciences of the Interface. Tübingen, 2001, S. 185-191

Logothetis, N. and J. Schall: **Neuronal correlates of subjective visual perception.** Science 245 (1989), 761-763

Logothetis, N. K. and J. Pauls: **Psychophysical and physiological evidence for viewer-centered object representations in the primate.** Cereb. Cortex 3 (1995), 270-288

Logothetis, N.: **Single units and conscious vision.** Philosoph. Trans. Roy. Soc. London B 353 (1998), 1801-1818

Lüdeking, K.: **Zwischen den Linien.** In: Boehm, G.(Hg.): Was ist ein Bild?, Wilhelm Fink Verlag, München, 2. Auflage 1995, 344-366

Lüpertz, M.: **Vanitas: Struktur, Ornament, Norm.** Ausstellungskatalog Zollverein Essen, Dumont Verlag, Köln 1999

Lurija, A. R.: **The Working Brain.** Penguin Books, London 1973

Lyotard, J.-F.: **Intensitäten.** Merve Verlag, Berlin 1978

Lyotard, J.-F.: **Apathie in der Theorie.** Merve Verlag, Berlin 1979

Lyotard, J.-F.: **Essays zu einer affirmativen Ästhetik.** Merve Verlag, Berlin 1982

McLaughlin, J. P., Dean, P. and P. Stanley: **Aesthetic Preference in Dextrals and Sinistrals.** Neuropsychologia, Vol. 21, No. 2 (1983), 147-153

Metallinos, N.: **Television Aesthetics.** Lawrence Erlbaum Associates Publishers, Mahwah, NJ 1996

Mörike, E.: **Alte unnennbare Tage. Ausgewählte Gedichte.** Hg. von H. Hesse 1911 im Suhrkamp Verlag, Insel Verlag, Frankfurt a. M. 1978

Morris, J. S., Öhman, A. and R. J. Dolan: **Conscious and unconscious emotional learning in the human amygdala.** Nature, 393 (1998), 467-470

Münker, S. und A. Roesler (Hg.): **Mythos Internet.** Suhrkamp Verlag, Frankfurt a. M. 1997

Münker, S. und A. Roesler (Hg.): **Televisionen.** Suhrkamp Verlag, Frankfurt a. M. 1999

Mulder, Arjen: **The Rhythms of Happiness (Interview with Detlef B. Linke.** In: Machine Times, NAI Publishers/V2 Organisatie, Rotterdam 2000

Myn, E.: **Two Sciences of Perception and Visual Art.** Journal of Consciousness Studies, 7, No. 8-9 (2000), 43-55

Naumann, F. M.: **Marcel Duchamp: A Reconciliation of Opposites.**

In: Kuenzli, R. E. and F. M. Naumann (Eds.): Marcel Duchamp, Artist of the Century. MIT Press, Cambridge-London 1996

Newen, A.: **Selbst und Selbstbewußtsein aus philosophischer und kognitionswissenschaftlicher Perspektive.** In: Newen, A. und K. Vogeley (Hg.): Selbst und Gehirn. Mentis Verlag, Paderborn 2000

O Scalaidhe, S. P., Wilson, F. A. W. and P. S. Goldman-Rakic: **Areal segregation of face-processing neurons in prefrontal cortex.** Science 278 (1997), 1135-1138

van Peperstratten, F.: **Figure, Law, Silence.** In: Rosenberg, A., J. R. Watson and D. B. Linke (Eds.): Contemporary Portrayals of Auschwitz, Humanity Books, New York 2000

Pauls, J., Bricolo, E. and N. Logothetis: **View invariant representations in monkey temporal cortex: Position, scale, and rotational invariance.** In: S. K. Nayar and T. Poggio (Eds.): Early Visual Learning. Oxford University Press, New York 1996, 9-41

Perrett, D. I., Hietanen, J. K., Oram, M. W. and P. J. Benson: **Organization and functions of cell responsive to faces in the temporal cortex.** Phil. Trans. Roy. Soc. London B, 335 (1992), 23-30

Peterson, M. A. and B. S. Gibson: **Must figure-ground organization precede object recognition? An assumption in peril.** Psychological Science 5 (1994), 253-259

Podell, K., Lovell, M., Zimmerman, M. and E. Goldberg: **The Cognitive Bias Task and Lateralized Frontal Lobe Functions in Males.** In: Journal of Neuropsychiatry, Vol. 7, N. 4 (1995), 491-501

Poggio, T., Torre, V. and C. Koch: **Computational vision and regularization theory.** Nature 317 (1985), 314-319

Posèq, A. W. G.: **Left and Right in Leonardo.** Scandinavian University Press 1997

Putnam, H.: **Repräsentation und Realität.** Suhrkamp Verlag, Frankfurt a. M. 1999

Pynchon, T.: **Mason & Dixon.** Vintage Publishers, London 1997

Ramachandran, V. S.: **What neurological syndromes can tell us about human nature: Some lessons from phantom limbs, Capgras syndrome, and anosognosia.** Cold Spring Harbor Symposia on Quantitative Biology, 61 (1996), 115-134

Ramachandran, V. S. and W. Hirstein: **The Science of Art. A Neurological Theory of Aesthetic Experience.** Journal of Consciousness Studies, 6, No. 6-7 (1999), 15-51

Reisinger, P.: **Idealismus als Bildtheorie.** Klett-Cotta Verlag, Stuttgart 1979

Reuter, B. M., Kurthen M., Linke, D. B., Elger, C. E. und H. F. Durwen: **P3-Waves Recorded Prior To and During Intracarotid Amobarbital Test (Wada Test) Using Surface And Subdural Electrodes.** In: H. J. Heinze, T. F. Münte and G. R. Mangung (Eds.): New Development in Event-Related Potentials, Birkhäuser, Boston 1993, 313-318

Rode, C., Wagner, M. and O. Güntürkün: **Menstrual Cycle Affects Functional Cerebral Asymmetries.** Neuropsychologia, Vol. 33, No. 7 (1995), 855-865

Rössler, O. E.: **Endophysik.** Merve Verlag, Berlin 1992

Rusch, G., S. J. Schmidt und O. Breidbach (Hg.): **Interne Repräsentationen. Neue Konzepte der Hirnforschung.** Suhrkamp Verlag, Frankfurt a. M. 1996

Sacks, O.: **Eine Anthropologin auf dem Mars.** Rowohlt Verlag, Reinbek bei Hamburg 1995

Sandblom, Ph.: **Creativity and Disease.** Marion Boyars Publishers, New York, London 1992

Sartre, J.-P.: **Das Imaginäre.** Rowohlt Verlag, Reinbek, 2. Auflage 1980

Schama, S.: **Rembrandts Augen.** Siedler Verlag, Berlin 2000

Schiffer, F., Teicher, M. H. and A. C. Papanicolaou: **Evoked Potential Evidence for Right Brain Activity During the Recall of Traumatic Memories.** Journal of Neuropsychiatry 7 (1995), 169-175

Schmidbauer, W.: **Freud, Leonardo, Michelangelo.** In: Luzifer - Amor 10 (1992), 84-124

Selye, H.: **Vom Traum zur Entdeckung.** Econ Verlag, Wien, Düsseldorf, 1. Auflage 1965

Solso, R. L.: **The Cognitive Neuroscience of Art.** Journal of Consciousness Studies, 7, No. 8-9 (2000), 75-85

Steinweg, M.: **Donner sommeil/Schlaf geben.** In: Maisons/Häuser von Carsten Höller und Rosemarie Trockel (Hg.), Oktagon Verlag, Köln 1999, 90-115

Strik, W. K.: **Die psychische Erkrankung van Goghs.** Der Nervenarzt 5-97 (1997), 401-409

Thierse, W.: **«Das Ganze aber ist das, was Anfang, Mitte und Ende hat.»** In: Ästhetische Grundbegriffe. Studien zu einem historischen Wörterbuch, hg. von K. Barck, M. Fontius und W. Thierse, Berlin 1990, 378-414

Tononi, G. and G. M. Edelman: **Consciousness and complexity.** Science 282 (1998), 1846-1851

Tranel, D., Damasio, A. R. and H. Damasio: **Intact recognition of facial expression, gender, and age in patients with impaired recognition of face identity.** Neurology, 38 (1988), 690-696

Trevarthen, C.: **Mother and baby - seeing artfully eye to eye.** In: Gregory, R., Harris, J., Heard, P. and D. Rose (Eds.): The Artful Eye. Oxford University Press 1995

Tye, M.: **The Imagery Debate.** A Bradford Book, The MIT Press, Cambridge 1991

Uhlig, H.: **Das Bild des Buddha.** Safari Verlag, Berlin 1979

Virilio, P.: **Die Sehmaschine.** Merve Verlag, Berlin 1989

Virilio, P.: **Krieg und Kino, Logistik der Wahrnehmung.** Fischer Taschenbuch Verlag, Frankfurt a. M. 1989

Wackernagel, W.: **Subimaginale Versenkung.** In: Boehm, G. (Hg.): Was ist ein Bild? Wilhelm Fink Verlag, München, 2. Auflage 1995, 184-208

Wapner, W., Judd, T. and H. Gardner: **Visual agnosia in an artist.** Cortex 14 (1978), 343-364

Watson, J. R.: **Beyond the Real/Apparent World: From Signs to Imaging in Nietzsche.** History of European Ideas, Vol. 11 (1989), 1009-1014

Watson, J. R.: **Easy Becoming Uneasy Images: A Photogrammic Solarization of Caves.** In: Silverman, H. J. (Ed.): Questioning Foundations. Continental Philosophy V, Routledge, New York, London 1993

Watson, J. R.: **Hegel's camera lucida: manufactured transparency in Holocaust imagery.** Philosophy & Social Criticism, Vol. 21, No. 3 (1995), 111-125

Watson, J. R.: **Die Auschwitz Galaxy: Reflexionen zur Aufgabe des Denkens.** Turia und Kant, Wien 1998

Wegner, D. M. and T. Wheatley: **Apparent mental causation. Sources of the experience of will.** Amer. Psychologist 54 (1999), 480-491

Weinstein, A.: **Art after Auschwitz and the Necessity of a Postmodern Modernism.** In: Rosenberg, A., J. R. Watson and D. B. Linke (Eds.): Contemporary Portrayals of Auschwitz. Humanity Books, New York 2000

Wiener, O.: **Probleme der Künstlichen Intelligenz.** Weibel, P. (Hg.), Merve Verlag, Berlin 1990

Wiesing, L.: **Die Sichtbarkeit des Bildes. Geschichte und Perspektiven der formalen Ästhetik.** Rowohlt Verlag, Reinbek bei Hamburg 1997

Wittling W. and M. Pflüger: **Neuroendocrine Hemisphere Asymmetries: Salivary Cortisol Secretion during Lateralized Viewing of Emotion-Related and Neutral Films.** Brain and Cognition 14 (1990), 243-265

Wölfflin, H.: **Gedanken zur Kunstgeschichte.** Schwabe Verlag, Basel 1947

Zaidel, D. W.: **Memory for Scenes in Stroke Patients.** Brain, 109 (1986), 547-560

Zaidel, D. W.: **Hemi-Field Asymmetries in Memory for Incongruous Scenes.** Cortex 24 (1988), 231-244

Zaidel, D. W. and A. Kasher: **Hemispheric Memory for Surrealistic versus Realistic Paintings.** Cortex 25 (1989), 617-641

Zeki, S. and D. H. Fytche: **The Riddoch syndrome: insights into the neurobiology of conscious vision.** Brain 121 (1998), 25-45

Zeki, S.: **Inner Vision: An Exploration of Art and the Brain.** Oxford University Press, New York 1999

Zeki, S. and A. Bartels: **A theory of visual consciousness.** Consciousness and Cognit. 8 (1999), 225-259

Ziemke, A. und S. Cardoso de Oliveira: **Zum Repräsentationistischen Forschungsprogramm in der Kognitionsforschung.** In: A. Ziemke, O. Breidbach (Hg.): Repräsentationismus - Was sonst? Vieweg Verlag, Braunschweig/Wiesbaden 1996

Zihl, J., Cramon, D. von, Mai, N. and C. H. Schmid: **Disturbance of movement vision after bilateral posterior brain damage: Further evidence and follow up observations.** Brain 114 (1991), 2235-2252

Zizek, S.: **Das Fragile Absolute.** Verlag Volk & Welt, Berlin 2000

GLOSSAR

Corpus geniculatum laterale Umschaltkern im Sehhügel (Thalamus) für die Sehbahn auf dem Wege zur Hirnrinde.
Cortico-thalamische Verbindungsfasern Verbindungsfasern zwischen Hirnrinde und Thalamus.
Formatio reticularis Neuronales Netzwerk im Hirnstamm, das für Aufmerksamkeit und Aktivierung von großer Bedeutung ist.
Frontallappen Stirnlappen des Gehirns.
Parasympathicus Teil des vegetativen Nervensystems, weniger auf Außenaktivität ausgerichtet.
Sakkaden Augenbewegungen, man unterscheidet langsame und abrupte.
Sympathicus Teil des vegetativen Nervensystems, wesentlich auf Außenaktivität ausgerichtet (Stoffwechselsteigerung, Blutdruckerhöhung, Pupillenerweiterung).
Synapse Übertragungsstelle zwischen den Nervenzellen beziehungsweise Nervenzelle und Muskel. Impulse werden hier nicht elektrisch, sondern chemisch weitergeleitet.
Thalamus Thalamus bedeutet wörtlich «Schlafgemach». Anatomisch hat er eher die Struktur eines aus vielen Kissen gestapelten Doppelbettes. Er wird auch als «Sehhügel» bezeichnet. Hier erfolgt eine Umschaltung zwischen Sinnesorganen und Hirnrinde.

V1 Primäre visuelle Hirnrinde (auch «striärer Cortex»).
Weitere Verarbeitungszentren sind V2, V3, V4 (vor allem Farbe), V5 (vor allem Bewegung), V8 (Weiterverarbeitung von Farbe).

Vegetatives Nervensystem Teil des Nervensystems, wird in sympathisches und parasympathisches Nervensystem aufgegliedert. Abgrenzung gegen animalisches Nervensystem, das für die Fortbewegung (Sensomotorik) verantwortlich ist.

science

Die Reihe **rororo science** bietet Lesern, die sich für Naturwissenschaft und Technologien interessieren, aktuelle und verläßliche Informationen. Die Autoren sind Wissenschaftler und Wissenschaftsjournalisten, die ohne Formelhuberei und Fachkauderwelsch, dafür mit Sachverstand, Witz und farbiger Sprache, über verschiedene Bereiche der Forschung und deren Auswirkungen auf unser Leben berichten.

Hans-Peter Beck-Bornholdt / Hans-Hermann Dubben
Der Hund, der Eier legt *Erkennen von Fehlinformation durch Querdenken*
(rororo science 60359)

Hans Christian Baeyer
Das All, das Nichts und Achterbahn *Physik und Grenzerfahrungen*
(rororo science 60357)
«Der Autor ist ein Meister der Analogie, der das Abstrakte durch klug gewählte Beispiele mit dem Vertrauten verknüpft.»
bild der wissenschaft
Regenbogen, Schneeflocken und Quarks *Physik und die Welt, die wir täglich erleben*
(rororo science 19709)

Karl Ferdinand Braun
Geheimnisse der Zahl und Wunder der Rechenkunst
(rororo science 60808)

Federico Di Trocchio
Der große Schwindel *Betrug und Fälschung in der Wissenschaft*
(rororo science 60809)

Michael Monka / Manfred Tiede / Werner Voß
Gewinnen mit Wahrscheinlichkeit *Statistik für Glücksritter*
(rororo science 60730)

Gero von Randow
Das Ziegenproblem *Denken in Wahrscheinlichkeiten*
(rororo science 19337)
Roboter *Unsere nächsten Verwandten*
(rororo science 60553)

Gero von Randow (Hg.)
Der Fremdling im Glas *und weitere Anlässe zur Skepsis entdeckt im «Skeptical Inquirer»*
(rororo science 19665)
Mein paranormales Fahrrad *und andere Anlässe zur Skepsis, entdeckt im «Skeptical Inquirer»*
(rororo science 19535)

Weitere Informationen in der **Rowohlt Revue**, kostenlos im Buchhandel, oder im **Internet**: **www.rowohlt.de**

rororo sachbuch

science

Ausflüge in die Welt der Gehirn- und Bewußtseinsforschung:

Francis Crick
Was die Seele wirklich ist *Die naturwissenschaftliche Erforschung des Bewußtseins*
(rororo science 60257)
«Sie, Ihre Freuden und Leiden, Ihre Erinnerungen, Ihre Ziele, Ihr Sinn für Ihre eigene Identität und Willensfreiheit – bei alledem handelt es sich in Wirklichkeit nur um das Verhalten einer riesigen Ansammlung von Nervenzellen und dazugehörigen Molekülen.» *Francis Crick*

Detlef B. Linke
Hirnverpflanzung *Die erste Unsterblichkeit auf Erden*
(rororo science 60135)

Alexander R. Lurija
Das Gehirn in Aktion *Einführung in die Neuropsychologie*
(rororo science 19322)
Der Mann, dessen Welt in Scherben ging *Zwei neurologische Geschichten*
(rororo science 19380)

Gabi Miketta
Netzwerk Mensch *Den Verbindungen von Körper und Seele auf der Spur*
(rororo science 19662)

William Poundstone
Im Labyrinth des Denkens *Wenn Logik nicht weiterkommt: Paradoxien, Zwickmühlen und die Hinfälligkeit unseres Denkens*
(rororo science 19745)

Alfred Meier-Koll
Wie groß ist Platons Höhle *Über die Innenwelten unseres Buwußtseins*
(rororo science 60823)

Tor Nørretranders
Spüre die Welt *Die Wissenschaft des Bewußtseins*
(rororo science 60251)

Ulrich Schnabel / Andreas Sentker
Wie kommt die Welt in den Kopf? *Reise durch die Werkstätten der Bewußseinsforscher*
(rororo science 60256)

Weitere Informationen in er **Rowohlt Revue**, kostenlos im Buchhandel, oder im **Internet**: www.rowohlt.de

rororo sachbuch

Christoph Drösser
Stimmt's?
Moderne Legenden im Test
(rororo science 60728)

Stimmt es, dass der Mensch nur zehn Prozent seiner Gehirnkapazität nutzt? Dass man vom Nasswerden und Frieren eine Erkältung bekommt? Dass heißes Wasser schneller gefriert als kaltes? Dass Strauße bei Gefahr den Kopf in den Sand stecken?

Alltagsweisheiten auf dem Prüfstand: Drösser hat mit seiner ZEIT-Kolumne «Stimmt's?» ein großes Spiel angezettelt, das dieser Band dokumentiert. «Was ist eine typische ‹Stimmt's-Frage?›», schreibt der Autor. «Eine Alltagsweisheit, von der fast jeder schon einmal gehört hat, die aber selbst Professoren des einschlägigen Fachgebietes ins Grübeln bringen kann. Denn das habe ich bei meinen Recherchen schnell festgestellt: Mit den einfachsten Fragen beschäftigt sich die Wissenschaft erstaunlich selten.»